秦文明新探丛书

陈洪 著

流动、融合与秦的统一

秦文化考古学专题八讲

上海古籍出版社

图书在版编目(CIP)数据

流动、融合与秦的统一：秦文化考古学专题八讲 /
陈洪著. —上海：上海古籍出版社，2023.5
　（秦文明新探丛书）
　ISBN 978-7-5732-0688-6

　Ⅰ.①流…　Ⅱ.①陈…　Ⅲ.①考古学文化—文化研究
—中国—秦代　Ⅳ.①K871.41

中国国家版本馆 CIP 数据核字(2023)第 063527 号

秦文明新探丛书

流动、融合与秦的统一
——秦文化考古学专题八讲
陈　洪　著
上海古籍出版社出版发行
（上海市闵行区号景路 159 弄 1－5 号 A 座 5F　邮政编码 201101）
（1）网址：www.guji.com.cn
（2）E-mail：guji1@guji.com.cn
（3）易文网网址：www.ewen.co
上海天地海设计印刷有限公司印刷
开本 710×1000　1/16　印张 13.5　插页 7　字数 213,000
2023 年 5 月第 1 版　2023 年 5 月第 1 次印刷
印数：1—2,500
ISBN 978-7-5732-0688-6
K·3367　定价：68.00 元
如有质量问题,请与承印公司联系

谨以此书纪念秦始皇帝陵博物院建院 40 周年

彩图一　益门村二号墓出土的蚀花肉红石髓珠饰

（宝鸡市文物考古研究所：《秦墓遗珍——宝鸡益门二号春秋墓》，第163页图一五九，科学出版社，2016年）

彩图二　马家塬 M25MS 出土镶嵌肉红石髓金耳坠

（甘肃省文物考古研究所：《甘肃重要考古发现（2000～2019）》，第252页图二四，文物出版社，2020年）

彩图三　益门村二号墓出土的算珠形玛瑙珠饰

（宝鸡市文物考古研究所：《秦墓遗珍——宝鸡益门二号春秋墓》，第
165 页图一六〇，科学出版社，2016 年）

1　　　　　　2　　　　　　3　　　　　　4

1. M2：216　2. M2：217　3. M2：218　4. M2：219

彩图四　益门村二号墓出土的腰鼓形、管状玛瑙珠饰

（宝鸡市文物考古研究所：《秦墓遗珍——宝鸡益门二号春秋墓》，第 162～163 页图一
五五～一五八，科学出版社，2016 年）

复合材质项饰(M16临:1)

彩图五　马家塬 M16 出土绿松石、肉红石髓项饰

（甘肃省文物考古研究所：《甘肃重要考古发现（2000～2019）》，第 253 页图二六，文物出版社，2020 年）

绿松石(M2:185)

彩图六　宝鸡益门村二号墓出土的绿松石串饰

（宝鸡市文物考古研究所：《秦墓遗珍——宝鸡益门二号春秋墓》，第 158～159 页图一四八，科学出版社，2016 年）

彩图七　宝鸡益门村二号墓出土嵌绿松石铁剑金柄

（宝鸡市文物考古研究所：《秦墓遗珍——宝鸡益门二号春秋墓》，第 46 页彩图，科学出版社，2016 年）

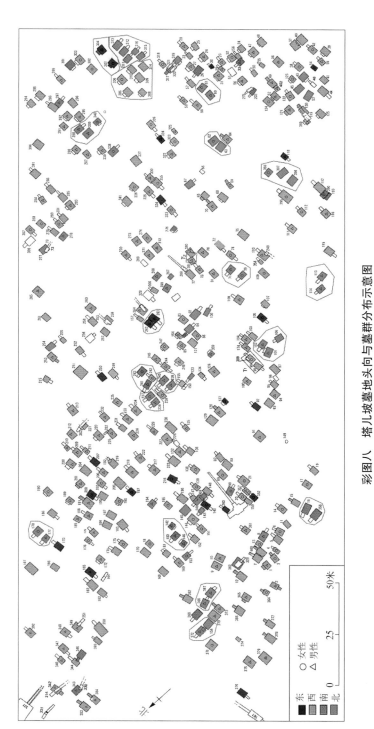

彩图八　塔儿坡墓地头向与墓群分布示意图

（据《塔儿坡墓地》第 2～3 页图二"塔儿坡墓葬平面分布图"改动着色制成）

东
西
南
北

○ 女性
△ 男性

0　　25　　50米

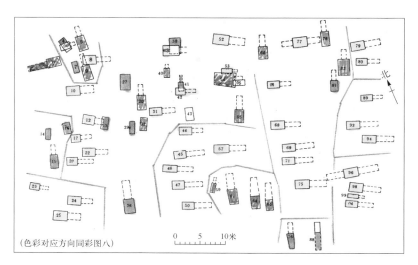

（色彩对应方向同彩图八）

彩图九　三里桥秦人墓分布图

（三门峡市文物工作队：《三门峡市三里桥秦人墓发掘简报》,《华夏考古》1993年第
4期,图二）

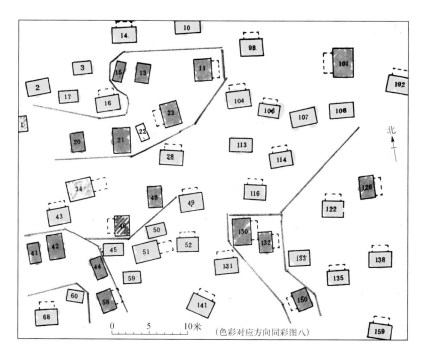

（色彩对应方向同彩图八）

彩图十　司法局秦人墓分布图

（三门峡市文物工作队：《三门峡市司法局、刚玉砂厂秦人墓发掘简报》,《华夏考古》
1993年第4期,图二）

"秦文明新探丛书"序

秦统一是中国历史上的一件大事,它不仅终结了诸侯林立的"封建"乱世,促成了血缘政治向地缘政治的体制嬗变,同时也为"百代秦政"的制度传承和中华文明走向世界打下了坚实的基础。

秦始皇是古代中国这场大变局的见证者和主导者,他所创建的皇帝制度,其精髓是以官僚体系和郡县制为保障的中央集权的治理模式。"书同文""车同轨",不但革除了旧有体制的弊端,也为民族文化的深度交流和融合清除了障碍。

作为中国历史上第一个中央集权制王权,虽然在 5 000 年文明长河中仅仅是昙花一现,但两千年的沧海桑田、王朝更迭,却一次次通过陈列在广阔大地上的遗产和书写于古籍里的文字,带给我们无限的惊喜和想象。

秦始皇帝陵是中国古代规模最大、结构最复杂、埋藏最丰富的帝王陵墓,是"世界最大的考古学储备之一",是 2 200 多年前人类智慧和劳动的结晶。兵马俑是 20 世纪世界上最伟大的考古发现之一,是中华民族的骄傲和宝贵财富,是中华文明的精神标识。其恢弘壮观的规模、丰富至高的内涵所体现的格局、气度、神韵以及理念、智慧,都充分彰显了重大的历史、科学、艺术以及社会思想价值。

四十多年前秦兵马俑的横空出世,揭开了秦始皇帝陵历史宝库的冰山一角。数十年几代学人的不辍耕耘,使这部尘封千年的历史巨著被一页页渐渐打开。在这里:象征虎狼之师的军事阵列,反映国家治理架构、皇家事务管理的神秘遗迹,展现社会标准化生产、精细化管理以及国家工程高超技艺的文物精品比比皆是。透过这些载体,映射给世人更多的是中华先民坚韧不拔、勇往直前的英雄气概,是大秦帝国开放包容、不拘一格的治国理念,是管理集团以身作则、层层传导的责任担当,是大国工匠精益求精、追求完美的敬业精神。

秦始皇帝陵博物院是以秦始皇帝陵为依托,在原秦始皇兵马俑博物馆的基础上，整合秦始皇帝陵陵园（丽山园）而建成的一座现代化的遗址博物馆。从1974年威武雄壮的兵马俑横空出世，到1979年一号兵马俑陪葬坑正式对外开放；从1986年"秦俑学研究会"盛大启幕，到1998～1999年石铠甲、百戏俑陪葬坑惊世再现；从2003年秦陵地宫神秘面纱初现端倪，到2006～2007年文吏俑、青铜水禽破土而出；从2010年秦始皇陵国家考古遗址公园建成开放，到2019年秦始皇陵基本格局豹斑隐现、陵西大型陪葬墓浮出水面，到最终催生"秦文明研究中心"落户秦始皇帝陵博物院和西北大学，几代秦俑人筚路蓝缕，攻坚克难，使大批重要的遗迹和古代艺术珍品重现于世，为全面解读秦始皇帝陵的内涵、价值与意义提供了可能，也为世界重新认识秦始皇及其时代打开了另一扇窗。

四十年弹指一挥间，在改革开放和煦春风的沐浴和"一带一路"国家倡议的指引下，秦始皇帝陵博物院已从土石滩上一座孤立简陋的保护大棚，发展成为集考古遗址本体及其历史环境风貌保护展示，融合了教育、科研、游憩、休闲等多项功能为一体的公共文化空间。

回顾数十年的学术历程，秦始皇帝陵博物院始终秉持科研兴院（馆）的理念，引导科研人员，不断提升业务能力和素质。学术团队从无到有、由弱渐强，研究范围也由考古学、历史学向外辐射，扩展到政治史、军事史、文化史、科技史、水利工程、建筑环境、雕塑艺术等诸多领域。先后编辑出版了"秦俑·秦文化丛书"（如《秦始皇帝评传》《秦军事史》《秦始皇陵兵马俑文物保护研究》等）、《秦文化论丛》（2011年更名为《秦始皇帝陵博物院院刊》）等多部丛书或书刊；出版了《秦始皇陵兵马俑坑一号坑发掘报告（1974～1984）》《秦始皇陵铜车马发掘报告》《秦始皇陵铜车马修复报告》《秦始皇帝陵园考古报告》（1999～2010年，共5册）《秦始皇帝陵出土一号青铜马车》《秦始皇帝陵出土二号青铜马车》《回顾与创新——秦始皇兵马俑博物馆开馆三十周年纪念文集》《守护传承　创新发展——秦始皇帝陵博物院建院四十周年纪念文集》《秦文字类编》《秦文字通假集释》《秦始皇陵考古发现与研究》《日出西山——秦人历史新探》《秦文字通论》《秦文化考古学之研究》《秦始皇帝陵一号兵马俑陪葬坑发掘报告（2009～2011年）》《礼仪与秩序——秦始皇帝陵研究》等学术专著近百部。举办了"辉煌时代——罗马帝国文物特展""文明之海——从古埃及到拜占庭的地中海文明""庞贝：瞬间与永恒""曙光时代——意大利伊特鲁里亚文明""不朽之旅——古埃及人的生命观"

"玛雅：重现的文明"等世界文明展览系列；"平天下——秦的统一""传承与谋变——三晋历史文化展""泱泱大国——齐国历史文化展""幽燕长歌——燕国历史文化展""神秘王国——古中山国历史文化展""南国楚宝　惊采绝艳——楚文物珍品展""水乡泽国——东周时期吴越历史文化展""寻巴——消失的古代巴国""帝国之路·陇东记忆——秦文化与西戎文化考古成果展""帝国之路·雍城崛起——秦国历史文化展""铜铸滇魂——云南滇国青铜文化展"等东周历史文化展系列；以及"溢彩流光——陕西出土秦金银器展""萌芽·成长·融合——东周时期北方青铜文化臻萃""破译秦朝：里耶秦简中的帝国真相""'丽山园'遗珍——秦始皇陵园出土文物精华展"等专题展览，为促进中国古代历史文化，尤其是秦汉历史、考古、科技、艺术等研究做出了重要贡献。

多年来，与秦始皇帝陵和兵马俑的考古发现、学术研究相呼应，全国各地有关秦的考古发现也此起彼伏、层出不穷，极大地带动了全球秦文明、秦文化以及秦历史研究的纵深发展。尤其甘肃早期秦文化遗存、陕西凤翔雍城、宝鸡阳平、阎良栎阳城、郑国渠遗址、西安上林苑建筑群、废丘遗址（"三秦"之雍王章邯所都废丘）、秦咸阳城、咸阳早期秦王陵、临潼秦东陵、湖南里耶古城、湖北荆州胡家草场秦墓、湖北宜城楚皇城、四川渠县城坝遗址（"宕渠"县城）等考古发现，以及云梦简、放马滩简、王家台简、周家台简、里耶简、岳麓简、清华简、北大简、相家巷封泥等大批地下出土文献资料的面世，极大地弥补了文献记载的不足，促进了秦史、秦文化研究的长足进步。

纵观百年来中国乃至世界关于秦史、秦文明、秦文化研究的广度、深度与维度，以及新时期社会对博物馆保护、研究、展示、传播职责和功能的认知和期盼，秦始皇帝陵博物院所做的工作显然微不足道。由此，我们立足于秦始皇帝陵和兵马俑目前的考古发现和专题研究，结合全国各地最新考古发现、文献释读以及专题研究等领域的热点问题，决定联合上海古籍出版社，组织知名学者编写这套"秦文明新探丛书"，以推进秦始皇帝陵博物院乃至全球秦文明、秦史、秦文化的专题研究和价值阐释，为保护遗产、传承文明、弘扬文化提供支撑。

"秦文明新探丛书"第一批图书，包含 13 个选题。这些选题将以秦统一的进程和意义为主线，在全球视野下用最新的政区扩张、战争防御、官僚制度、法治思维、文字档案、行政管理、社会治理、交通组织、民族融合等多维度视角，对秦始皇

"奋六世之余烈,振长策而御宇内"的伟大壮举进行解读和诠释,以反映秦统一对中国历史的贡献和影响。

为了保证图书的权威性、可读性和客观性,项目组还邀请国内知名专家担任审稿专家和学术顾问,对所有书稿进行审核。在此,谨向付出劳动的所有专家、撰稿人及工作人员表示诚挚的谢意!

未来项目组还将根据学术研究和展示需要,择时组织丛书续编。

"秦文明新探丛书"的出版发行,是秦始皇帝陵博物院学术研究"立足陕西,面向全国,放眼全球"的一次有益尝试,也是博物馆人落实习近平总书记"强化中华民族精神标识"(兵马俑)"一个博物馆就是一所大学校"讲话精神的具体实践。两千多年来,秦文化早已融入中国传统文化的洪流之中,并部分沉淀为民族文化基因,成为过去、现在乃至未来治国理政、资政育人的重要源泉。今天,我们坚定文化自信,离不开对中华文明、中国历史的认知和自觉。期待"秦文明新探丛书"能够使更多的人"记得起历史沧桑、看得见岁月留痕、留得住文化根脉"。

感谢上海古籍出版社对丛书出版的支持!

秦始皇帝陵博物院院长

侯宁彬

目　　录

"秦文明新探丛书"序 / 1

前言 / 1

第一讲　关陇地区秦墓所出蜻蜓眼式珠 / 3

一、蜻蜓眼式珠研究现状及相关课题 / 3

二、关陇地区秦墓所出蜻蜓眼式珠 / 6

三、蜻蜓眼式珠等料珠的出土位置、用途及使用者的身份、性别 / 18

四、秦墓所出蜻蜓眼式珠的成分分析、产地来源及相关问题 / 24

五、蜻蜓眼式珠的来源及文化内涵 / 34

六、本文收获及未来研究方向 / 35

第二讲　秦地肉红石髓、玛瑙与周秦时期的国际贸易 / 42

一、肉红石髓、玛瑙相关学术史及存在的课题 / 42

二、关陇地区秦墓出土的肉红石髓及其嵌饰 / 46

三、关陇地区秦墓出土的玛瑙珠饰 / 56

四、肉红石髓、玛瑙的出土位置、用途及使用者的性别、身份地位 / 60

五、秦地肉红石髓、玛瑙的产地来源及其制作工艺 / 66

六、周秦时期的国际贸易与"史前丝绸之路" / 69

七、结语 / 73

第三讲　秦地出土绿松石 / 75

一、秦墓出土绿松石研究及相关学术史 / 75

二、关陇地区秦墓出土的绿松石 / 78

三、绿松石使用者的身份地位及性别 / 86

四、绿松石的判别及其加工制作工艺 / 89

五、两周时期出土的绿松石产地及来源 / 91

六、秦墓出土绿松石的色彩及等级划分 / 95

七、绿松石之作用及文化内涵 / 97

八、结语 / 99

第四讲　从出土实物看秦国铁农具的生产制造与管理 / 103

一、中国冶铁的起源与秦国铁制农具的出现 / 103

二、秦文化考古发现中的铁制掘土工具/农具 / 108

三、秦墓出土直口铁锸的计量统计分析 / 114

四、由计量统计分析结果看秦对铁器制造业的管理 / 117

五、结语 / 119

第五讲　云梦地区秦墓出土陶器的量化统计分析 / 120

一、湖北云梦周边秦墓地遗址 / 121

二、云梦一带出土陶器的量化统计分析 / 124

三、戳印"安陆市亭"与秦的陶器生产标准化 / 130

四、结语 / 136

第六讲　云梦睡虎地秦墓殉牲 / 137

一、云梦睡虎地秦墓地的殉牲现象及其目的 / 137

二、周秦时期墓葬中的殉牲现象 / 141

三、睡虎地墓地殉牲现象分析 / 154

四、从头向看睡虎地有殉牲墓主的籍贯来源 / 160

五、结语——睡虎地墓地殉牲葬俗的渊源 / 170

第七讲　墓葬头向所见战国晚期的秦国移民 / 173

一、相关学术史及研究现状 / 173

二、分析方法和分析步骤 / 175

三、关陇地区秦墓地中的头向 / 175

四、分析与考察 / 182

五、结论 / 186

第八讲　三门峡地区战国晚期至秦末汉初的人群流动 / 188

一、学术史及存在的课题 / 188

二、墓地分析 / 190

三、秦人墓地周边的环境与历史背景 / 202

四、结语 / 205

后记 / 207

前　言

　　拙著名为《流动、融合与秦的统一——秦文化考古学专题八讲》，由《关陇地区秦墓所出蜻蜓眼式珠》《秦地肉红石髓、玛瑙与周秦时期的国际贸易》《秦地出土绿松石》《从出土实物看秦国铁农具的生产制造与管理》《云梦地区秦墓出土陶器的量化统计分析》《云梦睡虎地秦墓殉牲》《墓葬头向所见战国晚期的秦国移民》《三门峡地区战国晚期至秦末汉初的人群流动》八个专题构成。八个专题看似松散，但它们有着一个共同的时代背景——"秦的大一统"，旨在透过"物与人的流动"，观察秦统一六国时期社会各方面的变化，以及秦的大一统对整个社会的影响。"物的流动"——贸易交流，通常会伴随着人的流动；而社会性的人员流动——战争、徙民或驻军等，也必然会带来不同程度的民族融合。贸易与战争，伴随着有史以来的人类社会。贸易的目的是获取近处或远处的各种珍稀物品，而周秦时期的战争，其终极目的亦不外是土地、民人以及各种珍稀物品。

　　拙著对秦地出土蜻蜓眼式珠、肉红石髓及玛瑙、绿松石的讨论属于"物的流动"话题。丰厚的中介利润以及人们对远方珍奇物品的喜好，催发了短途以至于长途贸易。物品在交换流动的同时，与之相关的文化内涵、风俗习惯等也会随之传播扩散。例如来自西亚的蜻蜓眼式玻璃珠，曾携带着它固有的辟邪观念在欧亚草原广泛流传。我国新疆尼雅东汉中晚期墓葬 MN1M3 发现的一枚蜻蜓眼式玻璃珠，被墓主用一根细皮带贴身斜背在背上，从这种珍视程度看，墓主携带它的目的极可能是看重其辟邪功用。

　　《从出土实物看秦国铁农具的生产制造与管理》《云梦地区秦墓出土陶器的量化统计分析》通过对铁锸、陶器等手工业产品进行计量统计分析，探讨统一六国进程中，秦国内部是否已有针对铁锸、陶器等手工业产品的标准化要求。秦在统一六国后颁布了统一货币、度量衡、文字等的政策，实际上，早在商鞅变法时就已经在秦国内部开始推行类似的政策。战国晚期秦国推行的一系列政治、经济政策实现了小范围的统一。而攻灭六国后，原本局限于秦地的统一政策顺势被推广至全国。如果说后者是"大一统"，那么前者可以算是"小一统"吧。

《云梦睡虎地秦墓殉牲》《墓葬头向所见战国晚期的秦国移民》《三门峡地区战国晚期至秦末汉初的人群流动》这三个专题主要讲"人的流动"。不同头向代表不同的人群，透过墓地分析可以观察与统一战争相伴的人群迁徙。三门峡地区秦墓地中除了秦人，还有来自其他地区的人，而且每个墓地的人员构成（人群来源）各不相同。秦占领楚国后，秦人——包括部分戎人及其后裔，把西北地区的殉牲习俗从秦地带到楚地，这一习俗在移居安陆的秦人群体中代代传承。秦统一六国战争有着残酷的一面，但也带来了空前的人群流动与民族融合。

《关陇地区秦墓所出蜻蜓眼式珠》《秦地肉红石髓、玛瑙与周秦时期的国际贸易》《从出土实物看秦国铁农具的生产制造与管理》《墓葬头向所见战国晚期的秦国移民》的部分或主要内容曾公开发表过，刊载的具体期刊或论文集文末已有说明。上述各讲最近又补充了新出土资料，因而结论虽然未变，但内容与原作已是不同。

本书各讲的最终结论，均据已发表的考古发掘及研究成果，再通过合理分析推论而来，当然，也不排除将来或可能有与这些结论相左的考古新发现面世。笔者近年来主要从事编辑工作，知识面有限，以笔者目前之学识，拙著定会有自己尚未发现的不足之处，还望各位专家学者及读者提出宝贵意见。

第一讲　关陇地区秦墓所出
蜻蜓眼式珠

　　本文所说的蜻蜓眼式珠,是指外表装饰了一个或几个眼睛图案的人工合成珠。其具体做法是在珠体上嵌入不同颜色的玻璃,形成眼睛状图案。这些眼睛或一层或多层,或平面或立体。珠体多呈圆形,也有极少数呈圆角方形或其他形状。我国考古界及收藏界通常称之为"蜻蜓眼"或"蜻蜓眼式玻璃珠"。西方学界称这种玻璃珠为"Eye Bead",即"眼式珠",或"Compound Eye Bead",即"复合眼式珠"①。考古学界称不透明的早期玻璃为"料器",半透明的为"琉璃",透明的为"玻璃",近期也有考古发掘报告及成分分析文章使用其外文音译"费昂斯"(法语"Fayence"或者英语"Faience"的音译,一种石英烧结体)。实际上,秦墓出土的蜻蜓眼式珠,既有不透明、半透明的,也有透明的。加之早期玻璃的材质区分不属于本文讨论的内容,为避免概念混乱,方便读者理解,本文将这些人工合成的早期镶嵌蜻蜓眼玻璃珠统称为"蜻蜓眼式珠",以区别于琥珀、玛瑙等各种自然材质的玉石珠。对于没有镶嵌蜻蜓眼的人工合成珠子——早期玻璃制品,则遵从以往考古发掘报告的习惯,称其为"料珠""料器"。

一、蜻蜓眼式珠研究现状及相关课题

　　20 世纪 30 年代末,加拿大传教士怀履光(White W. C.)在洛阳金村发现了一些古老的蜻蜓眼式珠。怀履光来中国之前曾在加拿大多伦多大学任考古专业教师,因而对文物有着敏锐的嗅觉。他推测这些蜻蜓眼式珠很可能出自洛阳金村东周王陵墓。后来怀履光亲自带人发掘了洛阳金村的东周王陵墓,所获颇丰。

---

① 赵德云:《中国出土的蜻蜓眼式玻璃珠研究》,《考古学报》2012 年第 2 期。

国外专家对这些来自洛阳金村东周王陵墓的蜻蜓眼式珠进行鉴定后发现,其主要成分不同于西亚的钠钙玻璃,属于铅钡玻璃,于是认为它们是中国本土生产制作的玻璃珠①。这些洛阳金村的珠饰现分别收藏于加拿大皇家安大略博物馆、英国维多利亚博物馆及日本东京博物馆。

研究表明,西亚、北非等地是原始玻璃及蜻蜓眼式珠的发源地。据现有考古发掘资料,在公元前 3000 年前后,最早的玻璃出现于埃及地区及两河流域。在传入中土之前,"蜻蜓眼"玻璃珠已经在西亚、中亚、北非(埃及)、西欧、北欧流行了两千多年。在传入我国之后,中原工匠利用本土原料开始仿制出成分与西亚不同的铅钡玻璃。

关于蜻蜓眼式珠向中国的传播路径,目前学界大致有两种看法:一是陆路,二是海路。主张陆路传入的李会等学者认为,西汉以前,通过欧亚大陆草原,中国与地中海以及伊朗高原有过密切贸易往来,而国内外的考古资料均无法证实西汉以前的蜻蜓眼式珠是从印度经云南和沿海传入中原及内地的②。我国年代最早的蜻蜓眼式珠发现于新疆地区西周早期至春秋中期的墓葬中,其成分与西方的钠钙玻璃非常相似。赵德云等学者认为,蜻蜓眼式珠最初是从埃及、地中海沿岸、伊朗中亚地区经游牧民族之手辗转传入新疆地区,之后并未沿河西走廊向东传播,而是经阿尔泰地区进入米努辛斯克及蒙古高原,再南下进入中国北方地区③。主张海路传入的后德俊、张正明等学者认为,西方的钠钙玻璃首先传到印度,再经东南亚的马来半岛、越南等地传入中国的云南以及两广地区,再辗转传入楚地④。

后德俊、林梅村等学者均认为,战国时期《庄子》《韩非子》等文献中提到的"隋侯之珠",即是蜻蜓眼式珠。曾侯乙(随侯)墓出土了 174 件蜻蜓眼式珠,后德

　　① 于春、陈继东:《中国古代"蜻蜓眼"珠》,《文物鉴定与鉴赏》2011 年第 6 期。
　　② 李会、郑建国:《从早期蜻蜓眼式玻璃珠的传入看汉以前的中外交通》,《四川文物》2010 年第 2 期。
　　③ 赵德云:《中国出土的蜻蜓眼式玻璃珠研究》,《考古学报》2012 年第 2 期。刘光煜:《试论中国早期出土的蜻蜓眼式玻璃珠之功用》,《丝绸之路》2014 年第 18 期。
　　④ 后德俊:《楚国的矿冶髹漆和玻璃制造》,第 258～268 页,湖北教育出版社,1995 年。张正明:《料器与先秦的滇楚关系》,《江汉论坛》1988 年第 12 期。

俊认为，它们很可能是随国自己生产的①。然而，这些玻璃珠只有几件经过分析检测，属于钠钙玻璃，由于分析标本偏少，绝大多数珠子的成分未知。因而林梅村等学者反对上述观点，认为曾侯乙墓出的蜻蜓眼式珠均来自西方，并非中土制造②。

从 20 世纪 90 年代开始，国内多位学者尝试采用 X 射线荧光光谱分析、拉曼光谱分析和扫描电镜能谱分析等手法，对国内各地区年代较早的、东周时期墓葬出土的蜻蜓眼式珠进行科学分析检测，在加深认知的同时探究其产地、来源③。结果表明，这些散布在新疆、甘肃、陕西、河南、湖北等地的蜻蜓眼式珠样本，只有极少数成分属于钠钙玻璃，多数属于具有中国本土特色的铅钡玻璃，各家论点详见后文分析。

赵德云《中国出土的蜻蜓眼式玻璃珠研究》④一文，将所有不透明、半透明、透明的蜻蜓眼式珠统称为"蜻蜓眼式玻璃珠"。该文在梳理世界范围内蜻蜓眼式玻璃珠的发现及文化内涵的基础上，搜集中国各地蜻蜓眼式玻璃珠的出土资料并进行形制分类，探讨中国各地蜻蜓眼式玻璃珠的渊源以及外来蜻蜓眼式玻璃珠进入中国的途径，就对其在中国引发的模仿与变异等进行了系统研究。据该文统计，全国各地出土的西周至两汉时期的蜻蜓眼式玻璃珠已有千余枚⑤。赵德云则认为："中国出土的蜻蜓眼式玻璃珠有的是外来传入的，有的是模仿西方同类产品制造的，有的则是在西方产品的基础上加入本土文化的若干影响进行的新创造。"赵德云将中国出土的蜻蜓眼式玻璃珠分为 9 个（A～I）类别⑥。该文

①　后德俊：《楚国的矿冶髹漆和玻璃制造》，第 280 页，湖北教育出版社，1995 年。

②　林梅村：《丝绸之路考古十五讲》，第 70 页，北京大学出版社，2006 年。

③　何堂坤、后德俊、张宏礼：《荆门罗坡岗战国墓出土料珠的初步考察》，《江汉考古》1998 年第 4 期。李青会、周虹志、黄教珍、干福熹、张平：《一批中国古代镶嵌玻璃珠化学成分的检测报告》，《江汉考古》2005 年第 4 期。黄晓娟、王丽琴、严静、孙周勇、孙占伟、李建西：《陕北寨头河墓地出土硅酸盐类装饰珠的分析研究》，《考古与文物》2018 年第 2 期。

④　赵德云：《中国出土的蜻蜓眼式玻璃珠研究》，《考古学报》2012 年第 2 期。

⑤　赵德云：《中国出土的蜻蜓眼式玻璃珠研究》，《考古学报》2012 年第 2 期。

⑥　A 型，层状眼珠（Aa 型，瞳孔位于眼眶正中，即同心圆纹眼珠。该类型是中国的蜻蜓眼式珠中年代最早的。Ab 型，瞳孔位于眼眶一侧，即离心圆纹眼珠。具有眼睛斜视的效果）。B 型，简易点状眼珠（Ba 型，平齐点状眼珠。Bb 型，凸出点状眼珠）。C 型，嵌环眼珠。D 型，角锥状眼珠。E 型，套圈眼珠，一个大圆圈中有几个小圆圈，小圆圈多为 6～7 个。F 型，镶嵌玻璃料卷眼珠。G 型，整体眼珠。H 型，几何线间隔眼珠。I 型，组合型，即复合眼珠，集多种装饰手法于一体，工艺复杂。

文末附表中，列举了关陇地区秦墓蜻蜓眼式玻璃珠的出土地点及出土数量，但未见收录陇东地区出土蜻蜓眼式玻璃珠的资料[①]。

迄今为止，关陇地区秦墓出土的蜻蜓眼式珠已有数十枚，尚未见学界有针对关中及陇山地区秦墓出土蜻蜓眼式珠的系统研究，因而该地区蜻蜓眼式珠的分布特点、分布状况、珠子成分及产地来源等情况尚属未知。本文拟广泛收集该地区蜻蜓眼式珠出土资料，在把握整体信息基础上，尝试分析解决上述问题，并探讨该地区蜻蜓眼式珠被赋予的文化内涵。

二、关陇地区秦墓所出蜻蜓眼式珠

（一）西安半坡战国墓地[②]

西安半坡秦墓 M105 出土 2 枚管状蜻蜓眼式珠。珠子呈圆柱形，中部穿孔，外敷绿色釉质并刺有小孔。"出土时位于人骨架颈部，系当时所用的悬饰"。报告内文未提及珠子尺寸，根据线图提供的比例尺，笔者测得其尺寸为直径 1.2、高 1.6、孔径 0.4 厘米。该墓为小型墓，年代为战国时期。

（二）大荔朝邑战国墓地[③]

该墓地 M112 出土料珠数量不详，标本 M112：⑥，为透明的呈方圆形珠子，"外有自然的'○'形白色图案环纹 5 层，每层有环纹一个，环内呈普蓝色，环外呈绿色，中有穿孔一个。珠径 2、高 2、孔径 0.8 厘米"。该墓年代为战国中晚期。

（三）甘肃平凉庙庄秦墓地[④]

庙庄 M6、M7 共发现 16 枚蜻蜓眼式珠及大量绿色、蓝色米粒状小料珠。蜻

---

①　赵文发表于 2012 年，但文中并未收录《文物》2009 年第 10 期发表的马家塬战国墓地及之后的蜻蜓眼式珠出土资料，因此，笔者推测该文相关资料的收集、完稿应该是到 2009 年左右。

②　金学山：《西安半坡的战国墓葬》，《考古学报》1957 年第 3 期。

③　陕西省文管会、大荔县文化馆：《朝邑战国墓葬发掘简报》，《文物资料丛刊（2）》，文物出版社，1978 年。

④　甘肃省博物馆魏怀珩：《甘肃平凉庙庄的两座战国墓》，《考古与文物》1982 年第 5 期。

蜓眼式珠呈不透明宝蓝色，大小不等，"上有镌窝，以白、绿、黄等色相间填充，磨制出偏心圆花纹，似孔雀翎眼形"。所出蜻蜓眼式珠虽多，但简报仅提供了其中1枚的尺寸。标本庙庄 M7：30，是该墓地所出玻璃珠中最大的一枚，表面有橘红色半透明涂层，直径 2.2、高 2 厘米。庙庄 M6、M7 出土的蓝、绿色小料珠质地松脆，易破损。这些蜻蜓眼式珠及大量的小料珠均未经成分分析。庙庄 M6、M7 年代为战国晚期。

（四）咸阳市黄家沟墓地[①]

该墓地共出土 9 枚玻璃器，有耳塞、鼻塞和玻璃珠。7 枚玻璃珠出土于人骨头、胸部，标本黄家沟 M46：3 和 M46：4 为蜻蜓眼式珠，珠体为透明的天蓝色，珠表面饰同心圆。标本 M46：3，直径 2、孔径 0.5 厘米；标本 M46：4，直径 15[②]、孔径 0.5 厘米。此外，该墓地 M40 出土 3 枚料珠，M25 出土 2 枚料珠，简报均未提供尺寸及特征，不知是否为蜻蜓眼式珠。上述 3 墓年代简报均定为战国晚期。

（五）咸阳石油钢管钢绳厂秦墓

石油钢管钢绳厂 M27063[③] 出土 3 枚镶嵌绿松石[④]蜻蜓眼式珠。其中 2 枚直径 0.7、孔径 0.3 厘米，1 枚呈六棱形，绿松石脱落，残存直径 0.8、孔径 0.45、厚 0.45 厘米。该墓年代为战国晚期前段。

（六）甘肃秦安上袁家秦墓

上袁家 M6[⑤] 出土 16 枚蜻蜓眼式珠。珠呈圆球形，大小基本相同，表面有凹

---

① 秦都咸阳考古队：《咸阳黄家沟战国墓发掘简报》，《考古与文物》1982 年第 6 期。

② 《咸阳黄家沟战国墓发掘简报》正文中对玻璃珠 M46：4 的描述是"直径 15 厘米"，而玻璃珠 M46：3 则是"直径 2 厘米"。观察图版壹可以发现，两个玻璃珠的直径相差无几，因此，笔者以为，玻璃珠 M46：4 的直径"15 厘米"或应是"1.5 厘米"之误。

③ 咸阳市文物考古研究所：《咸阳石油钢管钢绳厂秦墓清理简报》，《考古与文物》1996 年第 5 期。

④ 赵德云指出，原发掘简报所说的镶嵌绿松石，应是凸出的圆斑状眼珠。详见赵德云：《中国出土的蜻蜓眼式玻璃珠研究》，《考古学报》2012 年第 2 期，第 183 页。

⑤ 甘肃省文物考古研究所：《甘肃秦安上袁家秦汉墓葬发掘》，《考古学报》1997 年第 1 期。

下的圆窝,填以白、黄、绿等色琉璃,形成凸起的圆圈纹。简报中仅有 1 枚蜻蜓眼式珠的尺寸,标本 M6∶24,直径 2.7、孔径 0.5 厘米。报告将 M6 年代定为秦代。

（七）咸阳塔儿坡战国墓地①（图一）

该墓地共出土 39 枚蜻蜓眼式珠,珠子外观多呈球形或扁球形,少数呈四棱柱状。"球体上有多组圆圈纹或线条组成的图案。质地较脆,胎上有一层玻璃质"。珠体底色繁多,有紫、乳白、蛋黄、深蓝、灰白等色彩。珠面上饰红色、浅蓝色、黄色、白色圆圈纹。发掘报告公布了 7 个标本的尺寸及形状、花纹特征。

标本 25086∶1,球形,底色紫红,珠面饰朱红色带状菱形纹及浅蓝、黄色、白色圆圈纹。直径 2.6、孔径 0.8、高 2.2 厘米。标本 48292∶3,扁球形,底色乳白,珠面饰朱红色带纹及黄色、朱红、浅蓝圆圈纹。最大径 2.9、孔径 0.8、高 2.1 厘米。标本 22369∶4－2,球形,底色深蓝,珠面饰大小不等的白色圆圈纹。直径 2.3、孔径 0.8、高 2.1 厘米。标本 46386∶2－2,球形,底色淡黄,珠面饰浅蓝色菱形纹,上镶嵌浅蓝色圆圈纹,菱形纹间饰紫红色圆圈纹。直径 1.6、孔径 0.3～0.5、高 1.25 厘米。标本 46386∶2－1,球形,底色淡黄,珠面饰三条平行带纹,带上饰浅蓝、紫红色圆圈纹。直径 2、孔径 0.4～0.85、高 1.6 厘米。标本 48386∶2－3,球形,底色紫红,珠面饰 6 个椭圆形圆圈,每个椭圆圈内有 7 个小的白色圆圈纹。直径 2、孔径 0.6～0.8、高 1.75 厘米。标本 22369∶4－3,体略宽扁,穿孔上下两端平,两侧弧形,底色深蓝,珠面饰大小相套的白色圆圈和圆点纹。直径 2、孔径 0.5、高 1.3 厘米。

上述几座墓葬的年代均在战国晚期至秦末。除蜻蜓眼式珠外,塔儿坡墓地还出土了 10 枚无纹料珠。这些无纹珠与蜻蜓眼式珠相比珠体较小,呈不透明的灰白色,质地松脆,珠体多为扁圆形。

---

① 　咸阳市文物考古研究所:《塔儿坡秦墓》,第 176～179 页,三秦出版社,1998 年。

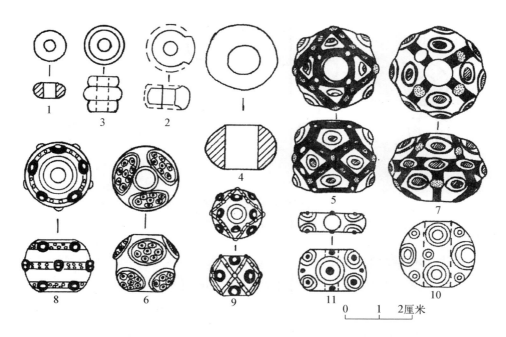

1. 素面料珠(22009：1)　2. 素面料珠(47391：2-2)　3. 素面料珠(22369：4-1)
4. 素面料珠(47391：2-1)　5. 花纹料珠(25085：1)　6. 花纹料珠(48292：3)
7. 花纹料珠(463862：2-1)　8. 花纹料珠(46386：2-3)　9. 花纹料珠(46386：3-2)
10. 花纹料珠(22369：4-3)　11. 花纹料珠(22369：4-2)

图一　咸阳塔儿坡战国墓地出土蜻蜓眼式珠①

(咸阳市文物考古研究所：《塔儿坡秦墓》，第177页图一三四，三秦出版社，1998年)

(八) 西安南郊秦墓地②(图二、图三)

茅坡光华胶鞋厂秦墓地出土9枚蜻蜓眼式珠(图二)。标本M49：4，扁球状，珠体底色为灰白色，中有穿孔，珠面有黑、浅蓝、白色圆圈纹，直径1、孔径0.4、高0.6厘米。西安南郊茅坡光华胶鞋厂M115出土5枚蜻蜓眼式珠，其中2枚直径1.5、孔径0.6、高1.1厘米，3枚直径1、孔径0.4、高0.7厘米。该墓另出有3枚横截面呈六瓣花形的无纹玻璃珠，直径1、孔径0.6、高0.6厘米。

---

① 图一序号等信息依从《塔儿坡秦墓》。
② 西安市文物保护考古所：《西安南郊秦墓》，陕西人民出版社，2004年。

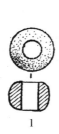 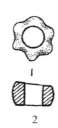 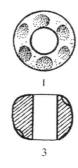 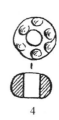

1、2、3. 琉璃珠(M115 出土)　4. 料珠(M49∶4)(1/1)

图二　西安南郊茅坡秦墓出土蜻蜓眼式珠及料珠

(西安市文物保护考古所:《西安南郊秦墓》,第 135 页图一二三,陕西人民出版社,2004 年)

茅坡邮电学院秦墓地出土 5 枚蜻蜓眼式珠。标本基槽 M11∶18,绿色胎体上有白色圆圈,圆圈内镶嵌 3 枚绿松石,直径 1.8、孔径 0.45、高 1.8 厘米(图三,1 右);标本基槽 M11∶20,珠体蓝色,镶嵌物及彩绘均已脱落,直径 1.4、孔径 0.35、高 1.2 厘米(图三,1 左)。标本 M3∶4,珠体深蓝色,表面饰白色圆圈,圆圈为多层同心圆,中间镶嵌 1 枚绿松石,直径 2.1、孔径 0.6、高 1.8 厘米。标本 M82∶1,胎体深蓝色,镶嵌物已部分脱落,表面饰白色圆圈、绿松石及麻点图案,直径 2.3、孔径 0.7、高 2.1 厘米(图三,2)。标本 M35∶9,珠体上镶嵌的眼纹均已脱落,直径 1.5、孔径 0.5、高 1.2 厘米。

1. 料珠 (左基槽 M11∶20, 右基槽 M11∶18)　　　　2. 料珠 M3∶4

图三　西安南郊邮电学院秦墓出土蜻蜓眼式珠

(西安市文物保护考古所:《西安南郊秦墓》,彩版九,陕西人民出版社,2004 年)

潘家庄世家星城出土 4 枚纵剖面近方形的蜻蜓眼式珠,质地均很差,表面已风化。标本 M212：10-2,为平面圆形的扁圆柱体,中有穿孔,珠体灰白色,表面嵌有约 18 个略凸起的双层圆圈纹,圆圈呈白色。另有 2 枚纵剖面呈圆角菱形的料珠。

上述墓葬年代均在战国晚期至秦统一或秦末。

(九) 西安北郊秦墓地①(图四)

该墓地共出土 12 枚蜻蜓眼式珠,形体较大,分球形和扁圆形两种。球形蜻蜓眼式珠共 2 枚。

99 乐百氏 M9 出土 2 枚蜻蜓眼式珠。标本 99 乐百氏 M9：3①,球形花纹珠,直径 2、孔径 0.4 厘米。该珠是北郊秦墓地所出蜻蜓眼式珠中体型最大的一个,中有穿孔,表面饰大小交替排列的外凸乳钉,大乳钉呈蓝色,小乳钉呈淡黄色,底色呈银白色,乳钉及颜色均有不同程度脱落。标本 99 乐百氏 M9：3②,直径 1.25、孔径 0.45、高 0.8 厘米。该珠形体扁圆,圆弧形珠面饰大小相间的乳钉纹。大乳钉呈蓝色,小乳钉呈淡黄色,琉璃质,乳根有一圈乳白色圈带,深蓝底色。

标本 01 文景 M1：3,1 枚,直径 1.4、孔径 0.4 厘米。该珠中有穿孔,珠表面饰六个呈淡蓝色的大乳钉,乳钉几乎全部脱落,在珠面上形成浅浅的凹槽,底色灰白。扁圆形蜻蜓眼式珠共 10 枚,均形体扁宽,中有穿孔,上下两面穿孔处略平,外缘呈圆弧形,珠体表面饰乳钉纹。

标本 98 交校Ⅲ区 M44：4④,1 枚,直径 1.3、孔径 0.45、高 0.85 厘米。该珠形体扁圆,圆弧形珠面饰大小相间的乳钉纹。深蓝色底,乳钉呈淡黄色,琉璃质,底色脱落严重。

01 明珠 M17 出土 17 枚蜻蜓眼式珠。有的已残损,弧面饰大小相同的乳钉。标本 01 明珠 M17：7①,1 枚,直径 1.6、孔径 0.4、高 1.1 厘米。该珠形体扁圆,表面饰九个大小相同的乳钉。乳钉呈酱紫色,乳根有一圈白色,浅蓝色底,琉璃质,表面坚硬光滑。标本 01 明珠 M17：7②,1 枚,直径 1.3、孔径 0.5、高 1.1 厘

---

① 陕西省考古研究所:《西安北郊秦墓》,三秦出版社,2006 年。

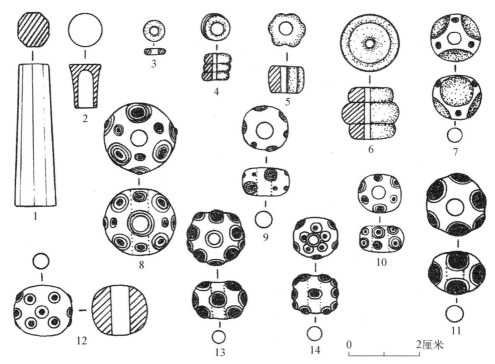

1. 肛塞(01 文景 M17：7)　2. 耳塞(98 交校Ⅲ区 M44：2)　3. 单环状珠(99 乐百氏 M9：3③)
4. 三环柱状珠(98 交校Ⅲ区 M44：4①)　5. 梅花状珠(98 交校Ⅲ区 M44：4③)　6. 三环柱状珠(98
交校Ⅲ区 M44：4②)　7. 球形花纹珠(01 文景 M1：3)　8. 球形花纹珠(99 乐百氏 M9：3①)
9. 扁圆形花纹珠(98 交校Ⅲ区 M44：4④)　10. 扁圆形花纹珠(99 乐百氏 M9：3②)　11. 扁圆形花
纹珠(01 明珠 M17：7①)　12. 扁圆形花纹珠(01 明珠 M25：5)　13. 扁圆形花纹珠(01 明珠 M17：
7②)　14. 扁圆形花纹珠(01 明珠 M17：7③)

图四　西安北郊秦墓地出土蜻蜓眼式珠及其他料器

(陕西省考古研究所：《西安北郊秦墓》,第 310 页图二〇五,三秦出版社,2006 年)

米。该珠形体扁圆,较瘦高,表面饰十五个大小相同的乳钉。乳钉呈淡蓝色,乳
根有一圈白色,深蓝色底,质坚硬,面光滑。标本 01 明珠 M17：7③,5 枚,直径
1.6、孔径 0.6、高 1.2 厘米。底色及乳钉为紫色,乳根一圈为白色,胎灰白或棕
色,质疏松。标本 01 明珠 M25：5,1 枚,珠体近圆形,孔面较平,弧面上饰大小
相同的淡黄色乳钉十二个。乳钉已大部分脱落,脱落后形成球面浅凹槽,底色为
银白色。直径 1.8、孔径 0.5、高 1.5 厘米。

　　除蜻蜓眼式珠外,该墓地还出土 13 枚素面无纹料珠。这些素面珠形体较
小,质地松脆,呈灰白色,外观呈环柱形或梅花形。

上述墓葬除 98 交校 Ⅲ 区 M44 年代为战国晚期前段外,其余墓葬年代为秦代。

(一〇) 张家川马家塬战国墓地

马家塬 M6[①] 出土 7 枚蜻蜓眼式珠。其中一个通体墨绿色(M6:201),上有 5 个浅绿、白色相间的蜻蜓眼纹,直径 1、孔径 0.3 厘米(图五,1)。通体淡绿色的玻璃珠 5 枚(M6:200),上有 6 个蜻蜓眼纹,中心的眼珠呈蓝色,眼纹由内向外分别呈蓝、白、褐、白色,直径 1、孔径 0.3 厘米(图五,2)。残损的蓝色复合式眼纹玻璃珠 1 枚(M6:199),该珠是一个大的白色眼圈内有 7 个小的蓝白色眼纹,眼纹呈六瓣花形,六瓣花中心的小眼纹是蓝眼珠位于眼白正中,白色眼纹呈圆圈形,而外围的 6 个小眼纹的白色眼纹均呈新月形(图五,3)。该珠因残损尺寸不详。马家塬 M6 是座大型墓,墓主性别不明。该墓盗扰严重,大型器物被洗劫一空。除蜻蜓眼式珠外,还出土多枚肉红石髓以及大量的汉紫、汉蓝、铅白珠、管珠。

1. A 型蜻蜓眼式玻璃珠 (M6:201)　2. B 型蜻蜓眼式玻璃珠 (M6:200)　3. C 型蜻蜓眼式玻璃珠 (M6:199)

图五　张家川马家塬 M6 出土蜻蜓眼式珠

(早期秦文化联合考古队、张家川回族自治县博物馆:《张家川马家塬战国墓地 2007~2008 年发掘简报》,《文物》2009 年第 10 期,图十三、十四、十五)

马家塬 M14[②] 也出有蜻蜓眼式玻璃珠,花纹尺寸不详。据发掘简报,墓主的胸、手部发现大量各种形状的肉红石髓珠、蜻蜓眼式珠、绿松石珠、汉紫和汉蓝珠

---

① 早期秦文化联合考古队、张家川回族自治县博物馆:《张家川马家塬战国墓地 2007~2008 年发掘简报》,《文物》2009 年第 10 期。

② 早期秦文化联合考古队、张家川回族自治县博物馆:《张家川马家塬战国墓地 2007~2008 年发掘简报》,《文物》2009 年第 10 期。

以及金银珠、金管饰,推测原本这些器物应是一组串饰①。

马家塬 M15 出有镶嵌蜻蜓眼式珠的羊首纹金带饰(M15:3-2),金带饰呈长方形,长 4.7、宽 2.5 厘米。由上下交错相对的两只羊头构成,羊眼睛部位镶嵌 2 枚蜻蜓眼式珠②。耳部和上下边缘的镂空部位镶嵌了多枚弯月形、水滴形的肉红石髓。镶嵌物多已脱落。

马家塬 M4 出土多枚白、蓝、紫、灰色小料珠及蜻蜓眼式玻璃珠,珠子直径大小不一,部分保存状况较差③。黄晓娟文中提到的 11 枚玻璃珠样品中有一件完好无损的蜻蜓眼式珠(样品编号 MJY-M4-25)。该珠直径 6.7 毫米,呈蓝色算盘珠状,珠体上有 3 个大的蜻蜓眼纹,出土时位于 M4 墓主右腿边。推测其用途是连接腰带与珠袋④。

马家塬 M62 也有蜻蜓眼式玻璃珠出土。据发掘报告,M62 局部露出蜻蜓眼式玻璃珠及肉红石髓珠、汉紫汉蓝珠等物品⑤。因墓主身体部位尚未完全清理,蜻蜓眼式玻璃珠的数目不详。

简报将马家塬战国墓地所有已发掘墓葬的年代定在战国晚期,因而马家塬 M6、M14、M4 自然也应在战国晚期。

(十一)甘肃礼县六八图遗址⑥

六八图遗址 M25 出土 2 枚淡绿色蜻蜓眼式珠(M25:4),一大一小,均呈球状,中部穿孔。小珠体表"有螺旋状蜻蜓眼式纹,饰呈淡绿彩,眼部饰绿彩,出土于墓室棺内西北部"。M25 为偏洞室墓,墓主人仰身屈肢,头西脚东,共出的还

①　早期秦文化联合考古队、张家川回族自治县博物馆:《张家川马家塬战国墓地 2007~2008 年发掘简报》,《文物》2009 年第 10 期。

②　早期秦文化联合考古队、张家川回族自治县博物馆:《张家川马家塬战国墓地 2007~2008 年发掘简报》,《文物》2009 年第 10 期。

③　黄晓娟、严静、王辉:《甘肃马家塬战国墓地 M4 出土硅酸盐珠饰的科学分析研究》,《光谱学与光谱分析》2015 年第 10 期。

④　黄晓娟、严静、王辉:《甘肃马家塬战国墓地 M4 出土硅酸盐珠饰的科学分析研究》,《光谱学与光谱分析》2015 年第 10 期。

⑤　早期秦文化联合考古队、张家川回族自治县博物馆:《甘肃张家川马家塬战国墓地 2012~2014 年发掘简报》,《文物》2018 年第 3 期,第 22 页。

⑥　参见"甘肃秦文化研究会第四次学术研讨会"(2019 年 10 月 22~23 日在甘肃省礼县举办)会议资料《甘肃礼县六八图遗址考古新发现》(发言人:孙晨),资料尚未正式发表。

有陶罐、铜镜、铜带钩、铜印章、碳棒、黄色及蓝色釉陶环、陶环、玛瑙珠等物。

（十二）西安张家堡秦墓①（图六）

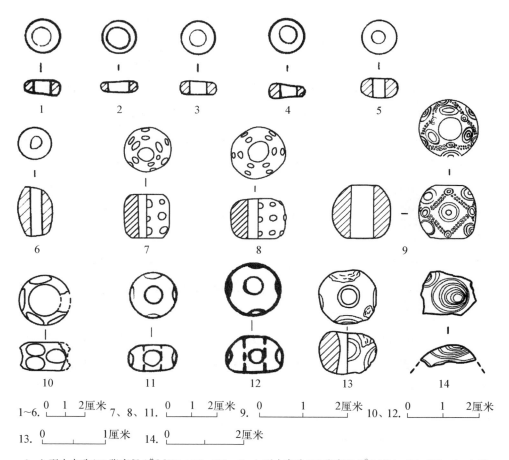

1~6. [0 1 2厘米]　7、8、11. [0 1 2厘米]　9. [0 1 2厘米]　10、12. [0 1 2厘米]

13. [0 1厘米]　14. [0 2厘米]

1. A型小串珠（05 张家堡 2#M274：35－11）　2. A型小串珠（05 张家堡 2#M274：35－23）　3. A型小串珠（05 张家堡 2#M274：35－55）　4. A型小串珠（05 张家堡 2#M274：35－74）　5. A型小串珠（05 张家堡 2#M274：35－94）　6. A型小串珠（05 张家堡 2#M274：35－110）　7. B型料珠（95 世泰思 M1：9）　8. B型料珠（95 世泰思 M1：25）　9. B型料珠（95 世泰思 M22：6）　10. B型料珠（04 张家堡 7#M122：3）　11. B型串珠（05 张家堡 2#M274：35－106）　12. B型串珠（05 张家堡 2#M274：35－109）　13. B型料珠（10 中登花园 M5：6）　14. B型料珠（10 中登花园 M64：8）

图六　西安张家堡秦墓出土蜻蜓眼式珠及其他料器

（陕西考古研究院：《西安张家堡秦墓发掘报告》第265页图二六三，陕西科学技术出版社，2019年）

———————

① 陕西考古研究院：《西安张家堡秦墓发掘报告》，第270页，陕西科学技术出版社，2019年。

西安张家堡秦墓地共出土 164 枚琉璃串珠,其中 151 枚素面无纹,13 枚为表面有乳钉纹的蜻蜓眼式玻璃珠。

标本 95 世泰思 M1:9、25,均呈淡黄色,大小不同,体较高,侧面呈方圆形,中有穿孔。弧形珠体表面饰大小不同的小乳钉纹,颜色多已脱落。M1:9,外径 1.8、内径 0.6、高 1.75 厘米;M1:25,外径 2.3、内径 0.9、高 1.65 厘米。

标本 95 世泰思 M22:6,圆形。珠体呈淡蓝色。珠体中心有一圆形穿孔。双排小点纹组成菱形图案,菱形内有一大乳钉纹,菱形四角各饰一小乳钉纹,小乳钉纹上下各有一大乳钉纹。直径 2.1、孔径 0.8、高 1.9 厘米。

标本 04 张家堡 7#M122:3,珠体原本为圆形,已残破。中心有一圆形穿孔。表面饰乳钉纹。珠体呈深蓝色。直径 1.6、孔径 1、高 0.8 厘米。

标本 05 张家堡 2#M274:35,7 件。标本 M274:35 - 106,珠体呈浅棕色,弧面饰圆形白色乳钉纹。直径 0.94、孔径 0.35、高 0.52 厘米。标本 M274:35 - 109,珠体呈黑色,弧面饰浅白色乳钉纹。直径 0.7、孔径 0.25、高 0.53 厘米。

标本 10 中登花园 M5:6,体扁圆、透明,呈蓝色,表面风化层为灰白色。中心有一圆形穿孔。穿孔两端孔径大小不一,表面饰多个大小相间的乳钉纹。外径 0.95、孔径 0.3、高 0.4 厘米。

标本 10 中登花园 M64:8,残破为数块。珠体呈透明的蓝色,表面饰有多重组合圆圈纹。最大的一块残片径约 1.5 厘米,弧形表面残存一个完整的组合圆圈纹,由 8 个大小相间的白色圆圈套合而成。

(十三)临潼新丰秦墓地

临潼新丰秦墓共出土 11 枚蜻蜓眼式珠。胎体多呈绿色。墓葬年代在战国晚期至秦末。

新丰 M17 出土 4 枚蜻蜓眼式玻璃珠[①]。标本 M17:16,扁椭圆形,珠体较小,表面有小圆圈纹组成的菱形格子,菱格内有大圆圈纹,其上镶嵌物已脱落。直径 2.4、高 1.76 厘米。标本 M17:17,扁球状,体小。灰色胎体上有白色圆

---

① 陕西考古研究院:《临潼新丰——战国秦汉墓葬考古发掘报告》(上册),第 52~55 页,科学出版社,2016 年。

圈,直径2、孔径1.1、高1.8厘米。标本M17∶18,球状,蓝色胎体,珠体表面饰大小相套的白色彩圈组合,大圈内有7个圆形小彩圈。直径1.76、孔径0.46、高1.6厘米。标本M17∶19,球形,白色胎体,表面有圆圈纹组成的纹饰,直径0.86、高0.7厘米。

新丰M50出土1枚蜻蜓眼式玻璃珠。标本M50∶4,圆球形,绿色胎体上点缀大小圆圈纹,圆形镶嵌物已脱落。直径2.4、高1.9、孔径0.9厘米[①]。

新丰M247出土6枚料珠,其中有5枚蜻蜓眼式玻璃珠,1枚素面珠[②]。标本M247∶10-2,直径0.74、孔径0.2、高0.62厘米。标本M247∶10-3,直径1.72、孔径0.52、高1.32厘米。标本M247∶10-4,直径1.5、孔径0.4、高1.28厘米,胎体呈暗绿色,中有穿孔,珠体表面饰白色彩圈,彩圈内有7个圆形小凸起构成的花形图案。标本M247∶10-5,直径1.8、孔径0.34、高1.64厘米。标本M247∶10-6,直径1.2、孔径0.36、高0.84厘米。

新丰M286出土1枚蜻蜓眼式玻璃珠。标本M286∶5,残损严重,胎体绿色,珠体上有圆形小凸起。残长1.32、宽1.14、高0.5厘米[③]。

笔者根据报告提供的直径、高度及孔径数据,制作了蜻蜓眼式珠的直径/高度散点图(图七)及孔径柱状图(图八)。图七横轴表示玻璃珠直径,纵轴表示玻璃珠高度。图八横轴表示玻璃珠的孔径,纵轴表示玻璃珠个体数量,共31枚。通过观察图七、八可知,这些蜻蜓眼式珠直径多在1厘米至2.5厘米之间,高度多在0.5厘米至2厘米之间;孔径多在0.4厘米至0.5厘米之间,孔径为0.6厘米、0.8厘米的各有4枚,孔径为0.3厘米的有5枚。根据散点图的分布,可知这些蜻蜓眼式珠多呈圆形、扁圆形,珠子大小不一,尺寸十分随意。由于蜻蜓眼式珠属于纯手工烧制,不能模制或批量生产,因而珠子的外观各不相同,每一枚都是独一无二的。

---

① 陕西考古研究院:《临潼新丰——战国秦汉墓葬考古发掘报告》(上册),第144~146页,科学出版社,2016年。

② 陕西考古研究院:《临潼新丰——战国秦汉墓葬考古发掘报告》(上册),第601~604页,科学出版社,2016年。

③ 陕西考古研究院:《临潼新丰——战国秦汉墓葬考古发掘报告》(上册),第680~682页,科学出版社,2016年。

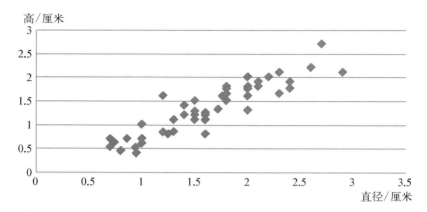

图七　蜻蜓眼式珠直径/高度散点图(横轴：直径，纵轴：高度，单位：厘米)

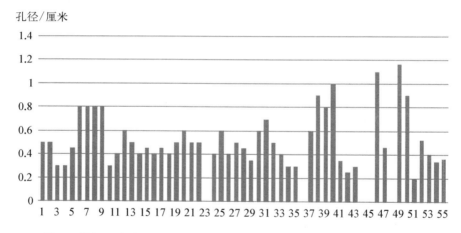

图八　蜻蜓眼式珠孔径柱状图(横轴：珠子个体，纵轴：孔径，单位：厘米)

三、蜻蜓眼式珠等料珠的出土位置、
用途及使用者的身份、性别

自新石器时代起，随葬品就已经能够反映墓主人的性别及社会分工，如大汶口、仰韶文化墓葬，男性多随葬斧、锛、凿、骨镞等生产及狩猎工具，而女性多随葬纺轮、骨针之类的生活用具。据目前研究成果，东周时期中原地区及长城地带墓葬中,随葬兵器的几乎均为男性①,女性则多随葬纺轮②。因而是否随葬兵器是判别墓主性别的重要依据。马芳芳曾按照这一标准推测马家塬墓地墓主的性别,认为不出兵器的 M4、M14、M29 墓主是女性,有兵器的 M8、M12、M13、M15、M16、M20 墓主是男性③,其中 M13、M16 简报已经鉴定为男性④。本文将按照学界这一通行标准,以是否随葬兵器、纺轮,来判断随葬蜻蜓眼式珠秦墓墓主的性别。

　　秦安上袁家 M6 出土的 16 枚蜻蜓眼式珠,有 3 枚位于墓主头部侧上方,或许是头饰,其余的散布在墓主身体左侧,混杂在随葬的铜器、陶器中间,这些珠子无疑是衣物或物品上的饰件。上袁家 M6 为一平面呈“凸”字形、面积 11 平方米的竖穴土圹墓。随葬品丰富,有青铜器、玉器、铜镜等。墓室南侧有车马坑,内有 1 辆木车。车马坑内放置牛、马、羊头计 18 个,这些动物头骨均朝向东方。该墓属于高等级墓葬,经人骨鉴定墓主为老年女性。随葬品中有一枚“翠”字印章,应该就是该女性墓主的名字。“印者,信也”,印章在古代是人与人交接上的信用保证。它是官员身份的象征,也是封检物品的凭信。在秦汉时代,有一定身份地位的人才会有私人印章。上袁家 M6 墓主应该是当时一位身份地位颇高的女性高级贵族。

　　平凉庙庄 M6 棺内出土 5 枚宝蓝色蜻蜓眼式珠,同出的还有 1 枚绿松石珠。这些珠子出土于墓主腹部,部位偏下。它们或许是一串项链,也有可能是衣物或物件上的装饰。墓主人腿骨附近覆盖了质地似绢的红色丝织物,表面缀满孔雀蓝色的小玻璃珠。M6 第一号车子左右轴头两车䡊上悬挂了长 35～40 厘米的珠帛飞軨,同样满缀绿色小玻璃珠。庙庄 M6 随葬 1 辆髤漆驷马木车,两匹马及两个马头。从发掘简报提供的平面图看,在车坑南侧,右车轮的下前方,出土有

---

　　① 据《陇县店子秦墓》发掘报告,人骨鉴定结果表明,陇县店子秦墓地随葬武器的墓主性别全部是男性。

　　② 虽然不排除有后母辛、花木兰那样的从军女性,但概率极小。甘肃秦安上袁家 M6 墓主左手边放置铜镜及铁匕首等物,还有一枚篆文“翠”字印章。简报鉴定墓主性别为成年女性。按照简报比例尺,笔者推算铁匕首长度约 30 厘米,相当于短剑的长度。匕首既可以作为小型兵器,还可以用作日常切割用具。

　　③ 马芳芳:《马家塬墓地出土服饰及人体装饰品复原研究》,《天水师范学院学报》2017 年第 1 期。

　　④ 早期秦文化联合考古队、张家川回族自治县博物馆:《张家川马家塬战国墓地 2008～2009 年发掘简报》,《文物》2010 年第 10 期。

柲的铁矛和铁旌首,铁旌首两边有两串排列整齐的料珠,报告认为,这两串料珠或应是铁旌首上悬垂的装饰。铁旌首弯曲的前段有一小穿,两串料珠出土时位于小穿下方,呈草绿色和宝蓝色。这些料珠共有 41 枚,中间的料珠呈细长棒状,两侧的料珠呈扁圆形,均中有穿孔。铁旌首器身扁平,弯曲似镰,旌首带柲,柲通体髹红色漆。庙庄 M6 虽然未曾进行人骨鉴定,但内外棺之间出土 1 件铜戈,因此,墓主极有可能是男性。平凉庙庄 M7 墓主的胸颈部位出土蜻蜓眼式珠 11 枚以及绿松石珠、玛瑙珠各 1 枚,此外还出铜印章、金环、玉璧等。从出土部位来看,这 11 枚玻璃珠和绿松石珠、玛瑙珠或应是墓主的一串项链。M7 棺内和飞轺上还发现有大量麦粒状绿色穿孔小玻璃珠。庙庄 M7 出土了 1 件保存完好的铁削(M7:14)木鞘,木鞘表面髹漆,装饰了红黑相间的横条纹,木鞘边清理出 5 枚玻璃珠。这些玻璃珠应是木鞘或铁削环头上的串饰。庙庄 M7 与 M6 的葬制规格相同,均随葬 1 辆髹漆驷马木车,两匹马及两个马头。二墓均属大型墓。庙庄 M7 同样未曾进行人骨鉴定,且未出土可以证实墓主性别的武器、纺轮之类的随葬品,因而墓主性别无从知晓。

咸阳石油钢管钢绳厂 M27063[①] 的 3 枚镶嵌绿松石料珠出土于墓主胸部,同出的还有 2 枚素面玉璧。玻璃珠 2 颗呈圆形,1 颗呈六棱形,六棱形玻璃珠上的镶嵌绿松石已经脱落。它们与同出的玛瑙珠、玉珠等共同组成一串项链,这串项链有 10 枚珠子。值得注意的是,该墓在墓主右脚下方靠近棺板处还出土 1 件铜镈(95XGM27063:15),上有刻铭"十九年大良造庶长鞅……之造殳"。奇怪的是,该墓仅有"镈"而未见"殳"头[②]。"殳"属于非实战用兵器,是一种有棱无刃的长柄兵器,用竹或木做成,在行进中起撞击或前导作用。而"镈"则是包在竹木杆长柄下端的圆柱形金属套。简报认为这个"十九年"就是秦孝公十九年。这件"镈"是时任大良造庶长的商鞅督造的。该墓除铜镈外,还出土 1 件通体鎏金的

---

① 咸阳市文物考古研究所:《咸阳石油钢管钢绳厂秦墓清理简报》,《考古与文物》1996 年第 5 期。赵德云认为,原发掘简报所说的镶嵌绿松石,应是凸出的圆斑状眼珠。详见赵德云:《中国出土的蜻蜓眼式玻璃珠研究》,《考古学报》2012 年第 2 期,第 183 页。

② 细看发掘简报,该"镈"出于棺内西侧南端,与镈相对的棺内西侧北端同时出有铁器一件,两者相距 2.02 米,锈蚀严重,已不辨器形。笔者以为该铁器或应为铁质的武器或者是旗杆头装饰。墓主头向北(350度),锈蚀铁器位于头部侧上方。据此可以推测,入葬时,这枚有着二米长木柄的器物恰好放置在他的右手边。

铜戚形器(95XGM27063：2)，形状似铜戚而体量较小，应是明器。该器长度仅5.1厘米，前端呈半圆形，尾端呈一长一短的两股叉形[1]。模仿铜戚制作明器，且通体鎏金，充分说明了它的珍贵以及墓主对它的重视。随葬兵器，说明墓主是男性，且生前曾是秦军的一员。笔者赞成报告的看法，即墓主应是当时军队里的一名下级军官。该墓在整个墓地中属于中型墓，该墓出土的铜器、玉器在当时都是身份及社会地位的象征，因而从葬制及随葬品看，墓主生前家境不错，生活比较优裕。

　　张家川马家塬 M4 出土了大量的白色、蓝色、紫色、灰色的纯色无纹料珠。这些珠子大小不一，直径在 0.2～0.67 厘米之间，形状多样，有圆形、扁圆形、长圆形、算盘珠状。黄晓娟等人根据各种珠子的出土位置对其具体用途及珠饰的形状进行了推测[2]。出土于头部的长圆形白色珠子(长 6.5～7.5 毫米，直径 3.6 毫米)与肉红石髓珠一起串成菱格纹的头饰，出土于脚部的扁圆形白色珠子(长 8.5 毫米，直径 5 毫米，孔径 2 毫米)与碳晶珠、玛瑙珠组成脚边的装饰。墓主的面部、颈部及两腿边出土了一些浅蓝色、紫色、白色的圆形珠子(直径 2 毫米)，用线串成单排或双排菱格纹，推测它们用于面纱边缘及珠袋。腰部及颈部出土的蓝绿色珠子已裂成碎渣，珠子出土时排列成长条状，推测应是腰带及颈部的装饰。墓主右腿旁出土了一排算盘珠形的蓝色珠子(直径 6.2 毫米)，珠子基本完好，推测它们的用途是连接铁器与珠袋。颈部出土的灰色珠子(长 8.2 毫米，直径 4.5 毫米)风化严重，推测属于墓主的项链，用于项链金片的内部穿连。另有一些泥土色的圆形珠子(直径 4 毫米)出土于头部，排列凌乱，推测其用途是连接腰带与珠袋。右腿旁出土的蓝色圆球状单颗珠子，推测是腰带装饰[3]。马家塬 M4 墓主身份无疑应为戎人高级贵族。

　　西安南郊茅坡光华胶鞋厂 M49 的 1 枚蜻蜓眼式珠出土于墓主左上腹部。该墓为小型墓，方向 360 度，墓主屈肢葬式。与蜻蜓眼式珠共出的还有 1 件绿松

---

　　[1]　据《韩非子·五蠹》："当舜之时，有苗不服，禹将伐之。……乃修教三年，执干戚舞，有苗乃服。""干戚"就是盾牌和大斧。

　　[2]　黄晓娟、严静、王辉：《甘肃马家塬战国墓地 M4 出土硅酸盐珠饰的科学分析研究》，《光谱学与光谱分析》2015 年第 10 期。

　　[3]　黄晓娟、严静、王辉：《甘肃马家塬战国墓地 M4 出土硅酸盐珠饰的科学分析研究》，《光谱学与光谱分析》2015 年第 10 期。

石环、5 件相互叠压的桥形铜饰片——铜璜。此外,该墓还随葬纺轮、小口陶罐各 1 件①。西安南郊茅坡光华胶鞋厂 M115 出土 8 枚料珠,其中 5 枚是蜻蜓眼式珠,3 枚截面呈六瓣花形。墓主屈肢葬式,墓主头下左右两侧各有 1 枚蜻蜓眼式珠,腹上部有 6 枚料珠。随葬品除了 8 枚料珠外,还出土陶纺轮、陶罐、铜镜、铜带钩各 1 件②。M115 及 M49 均为小型墓,M115 出土料珠相对较多。两座墓均随葬纺轮,说明墓主都是女性,且身份均应为平民。

西安南郊茅坡邮电学院 M35 仅出土 1 枚蜻蜓眼式珠(M35∶9)。从报告所载图例看,这枚蜻蜓眼式珠似位于墓主腹部③。该墓为小型墓,方向 275 度,随葬 1 枚蜻蜓眼式珠及壶、罐、钵、釜等 8 件陶器。该墓仅剩 3 段肢骨,葬式不清。该墓墓主身份应为平民。

茅坡邮电学院秦墓基槽 M11 是座西头向的小型墓,随葬品有几件陶器和料珠、铜环、玉环、骨饰等。未出土可以证实墓主性别的随葬品。

西安北郊 01 文景 M1 是座西头向的小型墓,墓主仰身屈肢,仅出土铜印、铜铃、铁刀及 1 枚料珠。铁刀属于武器,说明墓主应为男性。该墓无棺无椁,墓主家境应较为清贫。西安北郊 98 交校Ⅲ区 M44 出土 1 串料珠。其中 10 枚素面珠,灰白色,三环叠压而成,1 枚蓝底淡黄乳钉的蜻蜓眼式珠。这些料珠出于墓主足下部位,与料珠共出的还有 12 件通高 3～4 厘米的铜铃。头侧一端壁龛内出土鼎、壶、盒、瓮等陶器。墓主头向南,仰身屈肢,性别不清。西安北郊 01 明珠 M17 墓主头部上方出土 7 枚蜻蜓眼式料珠,与料珠共出的还有 12 件铜璜、铜铃及钮钟各 1 件及骨管、骨环、玉佩等小件器物。除这些小件器物外,无其他随葬品。墓主为男性,侧身屈肢葬式。西安北郊 01 明珠 M25 被盗掘,随葬品仅余 4 件陶器及 1 枚蜻蜓眼式料珠,料珠出于墓主头部上方。墓主性别不清。

西安张家堡秦墓 95 世泰思 M1 除 7 枚料珠外,还随葬鼎、蒜头壶、盒等 4 件陶器及 2 件玉器、3 件铜铃。该墓年代为秦代。西安张家堡秦墓 95 世泰思 M22 除 1 枚蜻蜓眼式玻璃珠外,出土鼎、瓮、盒等 4 件陶器及炭精塞 1 枚。上述 2 座墓年代均在秦代,且墓主均采用了东头向及直肢葬。2 墓均为小型墓,墓主身份

①　西安市文物保护考古所:《西安南郊秦墓》,第 48～49 页,陕西人民出版社,2004 年。
②　西安市文物保护考古所:《西安南郊秦墓》,第 96～97 页,陕西人民出版社,2004 年。
③　西安市文物保护考古所:《西安南郊秦墓》,第 238～239 页,陕西人民出版社,2004 年。

应为平民。

西安张家堡秦墓 04 张家堡 7#M122 为小型墓,仅出土蜻蜓眼式珠、木耳珰、炭精塞各 1 枚及 3 枚料珠。墓主东头向,性别不清,墓主身份应为平民。该墓年代在秦代。

西安张家堡秦墓 05 张家堡 2#M274 出土料珠较多,计有 22 枚大料珠及 120 枚黑、绿、土黄、乳白色的扁圆形小料珠,小料珠中至少有 2 枚是蜻蜓眼式玻璃珠。该墓随葬品较多,有陶器(鼎、蒜头壶、盒、缶等)11 件、铜容器(鍪、匜、盂) 3 件、铜钱 944 枚、铜铃 12 件、铜镜 1 枚、铁器 2 件。墓主南头向,葬式不清。该墓属于中型墓,墓主应是小贵族。其年代在秦末汉初。

西安张家堡秦墓 10 中登花园 M5 随葬鼎、盒、瓮、壶等 4 件陶器,西安张家堡秦墓 10 中登花园 M64 随葬鼎、盒、盆、缶等 4 件陶器。2 座墓有很多共同点,即年代均在战国晚期后段,均为小型墓,墓主均为西头向,各随葬 1 枚料珠,墓主身份应为平民,性别不清。

临潼新丰 M17 属于中型墓,4 枚蜻蜓眼式珠与铜、陶器共出于墓主头侧,该墓随葬铜鼎 2 件及铜茧形壶、盆、匜各 1 件,另有 5 件陶器及漆器底座、手柄、玉带钩等器物随葬。新丰 M50 出土的 1 枚蜻蜓眼式珠位于墓主头颈部,其他随葬品有铜镜、铜带钩、铜印章各 1 件。新丰秦墓 M286 的 1 枚蜻蜓眼式珠出土于棺内墓主左臂外侧,随葬品有陶壶、罐、盂、釜等 4 件陶器。

新丰秦墓 M247[①] 出土的几枚蜻蜓眼式珠,与 2 件铜铃、2 件骨器及 1 件铜带钩共出于竖穴墓道与墓室封门处内侧。从发掘报告提供的 M247 平面图看,蜻蜓眼式珠具体位置在木棺外侧,紧贴木棺朽迹。秦汉时期的木棺上通常覆盖荒帷之类的针织品,推测这些蜻蜓眼式珠及铜铃或应是荒帷的装饰。当然,还有一种可能,即木棺放置了墓主的 1 件有铜带钩的衣服,而蜻蜓眼式珠,则有可能是墓主衣带或者荷包之类物件上的装饰品。除蜻蜓眼式珠、铜铃、铜带钩外,M247 还随葬陶鼎、壶、盂、甑、釜、大口罐等 6 件陶器。墓主仰身屈肢,头西足东,性别不清。

① 陕西考古研究院:《临潼新丰——战国秦汉墓葬考古发掘报告》(上册),第 601～604 页,科学出版社,2016 年。

随葬蜻蜓眼式珠的新丰秦墓年代均在战国晚期至秦末,墓主均为西头向。除新丰 M17 属于中型墓,墓主为小贵族外,M50、M247、M286 均为小型墓葬,墓主应是家境较为富裕的平民。

综上所述,关陇地区秦墓出土的蜻蜓眼式珠,常与纯色料珠以及琥珀、玛瑙、绿松石珠、玉珠、肉红石髓等珠饰相伴出土。出土时虽多已散乱,但大多位于墓主头部或胸部,有的出土于腰部或脚端。根据关陇秦墓蜻蜓眼式珠、纯色料珠出土部位及共出物品,推测其用途主要有如下几方面:一是用作项链、头饰;二是用作随身携带的铁削鞘及收纳各种物品的小袋子上的装饰或坠饰;三是用针线缝制在覆面、被子、木车飞轭之类的布帛上作为装饰;四是用作车厢、车轮、马头的装饰。由此可见,在战国晚期秦人的日常生活中,蜻蜓眼式珠及纯色料珠已经应用得非常广泛。由此也可以推测,蜻蜓眼式珠及纯色料珠当时很可能已经在中国本土大批量生产。

本文统计分析结果表明(附表),除性别不清的之外,出土蜻蜓眼式珠的墓葬,其墓主性别有男也有女,几乎男女各半。这说明蜻蜓眼式珠及一般料珠是一种超越性别的随葬品。蜻蜓眼式珠多出于战国晚期秦墓,这些墓葬多属于级别较高的大、中型秦墓,小型墓较少。说明蜻蜓眼式珠主要流行于战国晚期秦国的权贵富庶阶层,与身份地位、经济能力密切相关,因而,说它是当时的奢侈品也不为过。可以想见,能够拥有几枚色彩斑斓的蜻蜓眼式珠,将其与其他珠玉一同做成项链佩戴在胸前,或者是作为刀鞘吊坠、腰带挂件等装饰,无论是会客还是出行,都可以彰显身份,引起关注。

四、秦墓所出蜻蜓眼式珠的成分分析、产地来源及相关问题

(一)秦墓所出蜻蜓眼式珠的成分、特点及产地推测

由于各方面条件有限,20 世纪针对秦墓出土蜻蜓眼式珠的成分分析所做的工作不多。塔儿坡战国墓地以及平凉庙庄、西安南郊等地出土的料器均未曾进行成分分析测试,仅近年发现发掘的西安北郊秦墓、张家川马家塬战国墓地、西安张家堡秦墓出土的蜻蜓眼式珠有成分分析测试结果。

　　2006 年,《西安北郊秦墓》发掘者对该墓地出土的 23 枚早期玻璃制品中的 6 枚进行了样品分析①。6 枚样品分别是:01 明珠 M17∶7①,1 枚;01 明珠 M17∶7②,1 枚;01 明珠 M25∶5,2 枚;98 交校Ⅲ区 M44∶4④,1 枚;99 乐百氏 M9∶3,1 枚。主要采用了荧光 X 射线分析及 X 射线回折测定法。荧光 X 射线分析是在无损状态下进行的,测定数值显示了料珠表面风化层的成分构成,与料珠原本的成分稍有不同。X 射线回折测定法则是从标本 01 明珠 M17∶7①与 98 交校Ⅲ区 M44∶4④珠体上提取了少量白色琉璃质,以检测其主要矿物质含量及构成。测定结果表明,其成分主要是石英(SiO_2)、碳酸铅($PbCO_3$),还有极少量的硫酸钡($BaSO_4$)②。上述分析结果表明,西安北郊秦墓经过分析检测的几件玻璃制品,均属于铅钡玻璃,应是在中国本土生产的。

　　2015 年,黄晓娟等人对张家川马家塬战国墓地 M4 出土珠饰的化学成分和物相组成进行了无损分析。样品共有 11 枚,颜色分白、蓝、紫、灰色,外观有圆形、长圆形、扁圆形、圆柱形、球形、碎片等不同形状。对马家塬 M4 出土的蓝绿色料珠样品的内层砂芯和半透明的釉质外层分别进行 X 射线衍射分析发现,该样品的内芯(样品编号 MJY - M4 - 14)成分更接近釉砂,外层具有低温铅釉的特征。因而,这些铅料可能源于青铜冶炼的残渣,这种珠子应是从釉砂珠向玻璃珠转变的过渡阶段产品③。根据分析结果,将样品分为钠钙硅酸盐玻璃、铅钡硅酸盐玻璃、釉砂三种类型。分析结果表明,"钠钙硅酸盐蜻蜓眼式玻璃珠的蓝色眼珠部分采用 Co^{2+} 着色。拉曼光谱分析在铅钡体系硅酸盐样品中检测到了人工合成的硅酸钡铜系中国蓝和中国紫颜料,在钠钙蜻蜓眼玻璃的白色区域检测到了锑酸钙($CaSb_2O_6$)乳浊剂/着色剂"④。这些含有中国蓝和中国紫的珠子,其原材料和制作工艺受到了秦人的影响,而含有钠钙硅酸盐的蜻蜓眼式玻璃珠,其成

　　① 陕西省考古研究所:《西安北郊秦墓》,第 390～391 页,《附录三　西安北郊秦墓出土玻璃样品分析》,三秦出版社,2006 年。

　　② 陕西省考古研究所:《西安北郊秦墓》,第 390～391 页,《附录三　西安北郊秦墓出土玻璃样品分析》,三秦出版社,2006 年。

　　③ 黄晓娟、严静、王辉:《甘肃马家塬战国墓地 M4 出土硅酸盐珠饰的科学分析研究》,《光谱学与光谱分析》2015 年第 10 期。

　　④ 黄晓娟、严静、王辉:《甘肃马家塬战国墓地 M4 出土硅酸盐珠饰的科学分析研究》,《光谱学与光谱分析》2015 年第 10 期。

分特点与西北地区出土的同类珠子有相似之处。黄晓娟等人认为，戎人的玻璃制作技术，同时接受了秦文化和北方草原文化的影响。中国蓝和中国紫样品最早发现于甘肃礼县早期秦墓中，最新研究结果显示，中国蓝、中国紫的兴衰与春秋战国时期秦国的发展息息相关①。马家塬 M4 出土的珠饰，既有与西亚类似的钠钙硅酸盐玻璃，也有中土特色的铅钡硅酸盐玻璃。就是说，马家塬战国墓地的部分钠钙硅酸盐玻璃珠或应源自西亚，源于长途贸易。

西安张家堡秦墓出土的玻璃珠已经有了分析检测报告。陕西考古研究院采用了 X 荧光光谱分析及扫描电镜能谱分析两种检测手法，对张家堡秦墓发掘出土的包括蜻蜓眼式珠在内的各式玻璃珠进行了分析检测，这些样本出土墓葬年代均在秦代至西汉早期。样品中 M22 的蜻蜓眼式珠，镶嵌的部位几乎完全脱落，对残留镶嵌物进行能谱分析发现，镶嵌物的铅含量较高，这说明镶嵌物与珠体本身可能使用了不同材料。其中样品 M274－35－2 和 M274－35－2，均呈蓝绿色透明环状，"中心部位未风化部分各元素含量十分接近"，电镜观察发现"未风化部分玻璃化程度高，玻璃相连续分布，是比较典型的铅钡玻璃珠"。分析结果表明，这些样本均属于铅钡硅酸盐制品②。

咸阳塔儿坡战国墓地出土了多枚蜻蜓眼式珠，也在进行成分分析，检测结果尚未发表。据相关人员透露，它们的成分大都是铅钡硅酸盐制品，也就是说具有中国本土生产蜻蜓眼式珠的成分特点③。

（二）东周时期其他地区蜻蜓眼式珠及料珠的成分分析

1998 年，何堂坤、后德俊等人选取湖北荆门罗坡岗战国墓所出蜻蜓眼式珠的残片，对"蜻蜓眼"部位的各种颜色进行了科学分析检测。分析结果表明，珠体属于铅钡硅酸盐。乳白色料层中的铁、铜含量均较低；浅绿色料层的铅、钡含量较高，其着色素主要是铜；棕黄色料层的铁及铅含量较高，含钡较少，其着色素主

---

①　Yin Xia, Qingling Ma, Zhiguo Zhang, et al. Journal of Archaeological Science, 2014, 49：500.

②　陕西考古研究院：《西安张家堡秦墓发掘报告》，第535～538页，《附录三：西安张家堡秦墓出土玻璃珠的分析检测报告》，陕西科学技术出版社，2019年。

③　受咸阳文物考古研究所委托，南京大学王晓琪女士曾对咸阳塔儿坡墓地的几枚蜻蜓眼式珠样本进行成分分析，分析结论尚待发表。其具体成分以正式发表为准。

要是铁①。罗坡岗战国墓发掘者推断该墓地年代在战国中期晚段至战国晚期晚段，是一处秦统一六国前后的楚人墓地②。罗坡岗战国墓所出蜻蜓眼珠体属于铅钡硅酸盐这一分析结果，与上文黄晓娟等人对甘肃张家川马家塬 M4 所出蜻蜓眼式珠的分析结果相同。

2005 年，李青会、周虹志等采用结合外束质子激发 X 荧光和能量色散 X 射线荧光分析技术，对中国新疆、湖北、四川、广东等地出土的古代镶嵌玻璃珠（蜻蜓眼）的化学成分进行检测，结果表明，新疆拜城克孜尔墓地出土的西周至春秋时期的镶嵌玻璃珠成分为 $CaO-MgO-SiO_2$ 玻璃，战国时期的中国境内，同时存在着 $PbO-BaO-SiO_2$（铅钡硅酸盐）和 $Na_2O-CaO-SiO_2$（钠钙硅酸盐）两种不同成分的蜻蜓眼式玻璃珠③。

2012 年，赵德云搜集我国各地蜻蜓眼式珠出土资料并展开各项综合研究，认为河南固始侯古堆 M1、淅川徐家岭 M10、湖北随县曾侯乙墓等墓葬的蜻蜓眼式玻璃珠，属于西方的钠钙玻璃。侯古堆 M1 年代在春秋末至战国初年，徐家岭 M10 及曾侯乙墓年代均在战国早期。上述钠钙成分的玻璃蜻蜓眼式珠，其出土年代均偏早，因而它们很可能并非中国本土生产④。

干福熹根据分析检测结果，提出新疆拜城克孜尔出土的玻璃珠是我国境内发现最早的玻璃珠的观点，认为它们是在学习古代西方玻璃制造方法、成分配方基础上，在当地制造的，时间大约在西周末年至春秋初年。而河南淅川徐家岭和湖北随县擂鼓墩墓地出土的镶嵌（蜻蜓眼）玻璃珠，则是迄今为止我国最早的蜻蜓眼式玻璃珠，年代在战国初年。最新研究结果表明，这些镶嵌（蜻蜓眼）玻璃珠来自西方，"它促进了 200 年后中国古代自制的镶嵌玻璃的产生"⑤。

2018 年，黄晓娟等人曾对陕西黄陵寨头河墓地出土的 10 件战国时期料珠样品进行科学分析，分析手段包括 X 射线荧光光谱分析、拉曼光谱分析和扫描电镜

---

① 何堂坤、后德俊、张宏礼：《荆门罗坡岗战国墓出土料珠的初步考察》，《江汉考古》1998 年第 4 期。
② 湖北省文物考古研究所、荆门市博物馆：《荆门罗坡岗与子陵岗》，科学出版社，2004 年。
③ 李青会、周虹志、黄教珍、干福熹、张平：《一批中国古代镶嵌玻璃珠化学成分的检测报告》，《江汉考古》2005 年第 4 期。
④ 赵德云：《中国出土的蜻蜓眼式玻璃珠研究》，《考古学报》2012 年第 2 期，第 189 页。
⑤ 干福熹：《玻璃和玉石之路——兼论先秦硅酸盐质文物的中、外文化和技术交流（英文）》，《硅酸盐学报》2013 年第 4 期。

能谱分析等。结果表明，该样品可分为钾钙硅酸盐体系、铅钡硅酸盐体系两种类型。其中蜻蜓眼式珠样品的化学成分组成，与湖北、四川、湖南地区出土的同时期、同类样品十分相似，"仅 MgO 的含量规律有所不同"[①]。黄陵寨头河墓地墓葬年代集中在战国早中期，是一处文化内涵复杂且"与魏国关系密切的戎人墓地"[②]。

陇东、陕北一带是诸戎的居住地，历来是北方游牧文化与中原农耕文化的交错地带，也是文化传播的媒介地带，更是古代东西方陆上贸易、人员往来的必经之地。战国早中期的黄陵寨头河战国时期料珠，有钾钙硅酸盐、铅钡硅酸盐两种类型。后一种铅钡硅酸盐成分的料珠应是本土料珠，然而前一种钾钙硅酸盐料珠，有可能来自西方原产地。

事实上，直至清代，国内都有直接来自西方的蜻蜓眼式玻璃珠。北京昌平沙河镇清代墓葬出土了 3 枚蜻蜓眼式玻璃珠，杨菊等人对其进行了无损分析[③]。分析结果表明，该玻璃化学成分属于钠钙硅酸盐，因而它们很可能是来自外国的舶来品。这个出土案例告诉我们，即便是中土玻璃制作技术很成熟、发达的近现代，依然会有人特意并收藏来自国外的蜻蜓眼式玻璃珠。正因为这些蜻蜓眼式玻璃珠来自原产地，比中土仿制品更正宗，价格也更昂贵，似乎就更能彰显拥有者的身份地位及财力。可想而知，在蜻蜓眼式玻璃珠流行的东周、秦汉时期，来自国外的蜻蜓眼式玻璃珠或许会更多。当然也不排除这种可能，即有人会看重其宗教内涵或者是辟邪作用。

（三）秦墓出土蜻蜓眼式珠的特点及相关问题

如前文所述，赵德云将中国出土的蜻蜓眼式珠分为 9 个（A～I）类别。关陇地区只发现其中的 Ba、Bb、E、I 型几个类别。如上袁家 M6 及西安茅坡邮电学院基槽 M11∶20 属于该分类的 Ba 型，平齐点状眼珠。Ba 型主要流行于战国中晚期至秦末的北方地区。咸阳石油钢管钢绳厂 M27063 属于该分类的 Bb 型，凸出点状眼珠。塔儿坡 M48386∶2-3 属于 E 型，6 个大圆圈内各有 7 个小圆圈。I

---

　　①　黄晓娟、王丽琴、严静、孙周勇、孙占伟、李建西：《陕北寨头河墓地出土硅酸盐类装饰珠的分析研究》，《考古与文物》2018 年第 2 期。

　　②　孙周勇、孙战伟、邵晶：《黄陵寨头河战国墓地相关问题探讨》，《考古与文物》2015 年第 3 期。

　　③　杨菊、赵虹霞、于璞：《北京昌平沙河镇出土蜻蜓眼玻璃珠的科学分析与研究》，《文物保护与考古科学》2012 年第 2 期。

型,组合型,即复合眼珠,秦墓出土的大多属于该类型,如咸阳塔儿坡 M25086:
1、塔儿坡 M46386:2-1、新丰 M17:16 等。

马家塬战国墓地发现的蜻蜓眼式玻璃珠较少,但汉紫、汉蓝、铅白珠的出土
却很普遍。如马家塬 M13 墓主腰腿部出土大量汉紫、汉蓝珠,多呈紫色、绿色。
标本 M13:7,圆珠,孔径 0.15～0.4、直径 0.3～0.6 厘米[1]。马家塬 M20 墓主
右侧胫骨处发现较多陶珠及汉蓝、汉紫珠[2]。马家塬 M59 靠近墓门处散落有大
量管状汉蓝珠及其他玻璃珠[3]。马家塬 M1、M2、M3、M7、M8、M13、M15、M20、
M29、M59 等墓葬中均发现有大量质地属于原始玻璃的汉紫、汉蓝、铅白珠。这
些小珠子或应是衣物或其他物件上的装饰。

咸阳、西安一带战国晚期秦墓出土料器数量多,且形状、用途都比较多样化,
其中以料珠数量最多,在各种料器中占绝对多数。咸阳黄家沟墓地出土 9 枚料
器,其中料珠 7 枚,耳塞、鼻塞各 1 枚。西安北郊秦墓出土 12 枚蜻蜓眼式珠及 13
枚素面无纹料珠。西安南郊秦墓地除蜻蜓眼式珠外还出土数十枚各种形状的淡
蓝色、黄绿色料珠。西安北郊秦墓地出土的 25 枚料器,除 2 枚为九窍塞中的肛
塞、耳塞外,其余 23 枚为串珠。

咸阳塔儿坡战国墓地共出土 80 枚料器,其中 39 枚为蜻蜓眼式珠,10 枚为
无纹珠,其余的属于管、环、塞等物件。值得注意的是,除了圆形蜻蜓眼式珠外,
塔儿坡墓地其他形状的玻璃器(即报告中的料器),器表同样装饰了蜻蜓眼,如四
棱柱形及圆柱形料管、料环、半圆形及三角形料饰等,这样的蜻蜓眼意匠料器共
有 14 枚。其中扁而宽的圆形料环有 3 枚,底色呈浅蓝或青灰色,环上有白色、蓝
色圆圈纹(眼纹)。标本 28034:2,底色浅蓝,环体上下两面等间距装饰有 5 个
圆圈纹,圆圈纹由白色、浅蓝色相套,外径 3.2 厘米,内径 1.25 厘米[4]。四棱柱形
料管有 2 枚,中有穿孔。标本 41342:3,底色紫红,八个角饰大小相套的圆圈

① 早期秦文化联合考古队、张家川回族自治县博物馆:《张家川马家塬战国墓地 2008～2009 年发
掘简报》,《文物》2010 年第 10 期。

② 早期秦文化联合考古队、张家川回族自治县博物馆:《张家川马家塬战国墓地 2010～2011 年发
掘简报》,《文物》2012 年第 8 期。

③ 早期秦文化联合考古队、张家川回族自治县博物馆:《张家川马家塬战国墓地 2010～2011 年发
掘简报》,《文物》2012 年第 8 期。

④ 咸阳市文物考古研究所:《塔儿坡秦墓》,第 178～179 页,三秦出版社,1998 年。

纹,圆圈纹内有白色圆点。四面饰内有 3 个小白点的大圆圈纹,边长 1.4 厘米,高 1.5 厘米,孔径 0.3～0.4 厘米。半圆形饰 3 件,大小及形制、花纹相同,共出于 M42167。标本 M42167:6,底色浅蓝,呈半圆形,外侧弧形,内侧方折,圆弧外侧饰大小不等的白色圆圈纹,长 2.65 厘米(图九)。

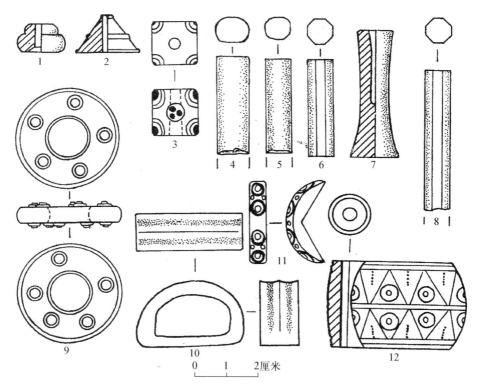

1. 蜗牛形料饰(21376:3) 2. 三角形料饰(43178:1) 3. 四棱柱形料管(41342:3) 4. 圆柱形料塞(35241:1) 5. 圆柱形料塞(34230:3) 6. 八棱柱形料塞(35249:2) 7. 喇叭形料塞(26078:6) 8. 八棱柱形料塞(23020:1) 9. 料环(28034:2) 10. 桥形料饰(26078:18) 11. 半圆形料饰(42167:6) 12. 圆柱形料管(21376:11)

图九   咸阳塔儿坡战国墓地出土料饰、管、塞、环

(咸阳市文物考古研究所:《塔儿坡秦墓》,第 179 页图一三五,三秦出版社,1998 年)

沈嘉禄《奇谲瑰丽的蜻蜓眼》一文,记录了 3 枚一组的蓝胎蜻蜓眼弯月形饰物[1],其一侧圆弧、一侧方折的外观形态,圆弧上两两相对的眼纹布局以及通体

---

[1] 沈嘉禄:《奇谲瑰丽的蜻蜓眼》,《检察风云》2014 年第 4 期。

淡蓝的色彩,均与塔儿坡发掘报告对 M42167 所出半圆形蜻蜓眼料饰的描述相似。遗憾的是,该文对于图片来源出处未有明确说明,因而不知是否为同一料饰。沈文所载蓝胎七星纹蜻蜓眼图片(图一○),在构图、造型上与图一塔儿坡 M48292 所出蜻蜓眼(图一,8)非常相似,两者唯色彩稍有不同。据沈嘉禄文,今山东淄博一带还有作坊在烧制蜻蜓眼,主要用于供应国外客户。至今中亚国家一些玻璃作坊仍保留着烧制蜻蜓眼的传统工艺,主要由妇女承担这项工作。

蓝胎蜻蜓眼弯月形饰物

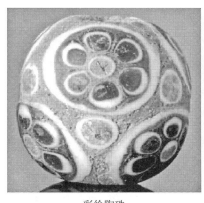 

彩绘陶珠　　　　　　　　　蓝胎七星纹蜻蜓眼

图一○　蓝胎蜻蜓眼弯月形饰物

(沈嘉禄:《奇谲瑰丽的蜻蜓眼》,《检察风云》2014 年第 4 期)

咸阳塔儿坡的这些料饰造型独特,其外观与西方传统的蜻蜓眼式珠迥然不同,却又融入了蜻蜓眼的眼珠(圆圈)意匠,更重要的是,中土之外的西亚、中亚等地区并不见类似形状料饰出土。显然,它们应该是中土琉璃制作匠人们匠心独运的结果。这也从侧面说明,彼时琉璃制作技术或已本土化,中土的琉璃制作技术已经比较成熟。

战国晚期至秦末的秦都咸阳，是咸阳都城史上最辉煌的时刻。那时，这里商贾云集，各种手工业均很发达。近年来，咸阳周边曾发现陶器、骨器、铜器铸造、制作石铠甲等手工作坊①。期待今后关中一带有与烧制玻璃相关的考古新发现。

学界多认为，我国古代的玻璃烧制技术与冶铜及原始瓷器烧制关系密切，中国釉砂大约源于西周至春秋时期。2009 年，干福熹、胡永庆等利用外束质子激发 X 射线荧光、X 射线衍射、激光拉曼光谱及扫描电子显微镜等技术手法，对河南平顶山应国墓地出土的西周早期至春秋早期的料珠、料管展开系统分析，并得出中国釉砂最早可追溯到西周中期的结论②。该文指出，西周早期的料珠成分属于硅酸镁质玉石，而西周中期至春秋早期料珠和料管，则是在较纯的石英砂中刻意添加少量青铜冶炼炉渣或矿渣，在 700～800℃ 低温状态下烧制而成的釉砂，即石英砂（英文 faience），它们是古玻璃的前身。

据赵德云文，楚地以及与楚文化关系密切的周边地区，还出土有表面装饰了圆圈纹（眼纹）的陶、石、骨、木、象牙等各种材质的珠子。其中以陶珠出土范围最广，如湖北松滋 M32③、江陵望山 M1④、荆门罗坡岗 M59⑤、江陵九店 M286⑥、黄州 LM6⑦、湖南长沙战国楚墓⑧、河南辉县赵固 M1⑨、陕西汉中石英砂厂 M3⑩、成都光荣小区土坑墓⑪等墓葬，上述墓葬年代大多在战国中晚期。这些陶珠表面有黄色、乳白色、蓝色等色彩的陶衣，陶衣上用红、绿、蓝、白等色彩描绘出各种

---

① 咸阳石铠甲作坊发现的铠甲，形状色彩均与秦陵周边所出石铠甲陪葬坑出土的非常相似。

② 干福熹、胡永庆、董俊卿、王龙正、承焕生：《河南平顶山应国墓地出土料珠和料管的分析》《硅酸盐学报》2009 年第 6 期。

③ 湖北省文物管理委员会：《湖北松滋县大岩嘴东周土坑墓的清理》，《考古》1966 年第 3 期。

④ 湖北省文物考古研究所：《江陵望山沙冢楚墓》，第 39～41 页，文物出版社，1996 年。

⑤ 湖北省文物考古研究所、荆门市博物馆：《荆门罗坡岗与子陵岗》，第 95 页，科学出版社，2004 年。

⑥ 湖北省文物考古研究所：《江陵九店东周墓》，第 333 页，科学出版社，1995 年。

⑦ 湖北省文物考古研究所、黄冈市博物馆、黄州博物馆：《湖北黄州楚墓》，《考古学报》2001 年第 2 期。

⑧ 湖南省博物馆：《长沙楚墓》，《考古学报》1959 年第 1 期。

⑨ 中国科学院考古研究所：《辉县发掘报告》，第 120 页，科学出版社，1956 年。

⑩ 何新成：《汉中石英砂厂清理三座战国墓》，《文博》1987 年第 6 期。

⑪ 成都市文物考古工作队：《成都市光荣小区土坑墓发掘简报》，《文物》1998 年第 11 期。

凸起或不凸起的眼纹,其外观与同时期的蜻蜓眼式玻璃珠极其相似,很明显是模仿蜻蜓眼式玻璃珠制作而成的高仿品。这种蜻蜓眼陶珠自春秋末叶出现于楚地,战国中期以后出土地点增多且出土范围扩大,甚至一直到东汉末期楚地都有零星出土①。

上述材质各异,表面彩绘、刻划或镶嵌了圆圈(眼珠)纹图案的灵感,都应源于蜻蜓眼式玻璃珠。这些陶、石、骨、木、象牙等材质的仿蜻蜓眼珠子,不见于古代其他国家及地区,仅发现于中国本土,应是蜻蜓眼式玻璃珠传入中国后与本土文化融合的结果②。由此可知,在彼时的楚文化圈,使用蜻蜓眼式玻璃珠已然成为一种流行趋势。

类似的陶珠在秦墓中也有出土,如湖北云梦睡虎地秦墓 M9 出土了 2 枚陶珠(M9∶23)。陶珠一大一小,侧视为六面体,每面有 2 个乳钉,乳钉间有两排由小白点连接成的点线纹,从表面花纹看,该陶珠应属赵式分类的 H 型。大陶珠高 1.8、径 2 厘米,小陶珠高 1.3、径 1.8 厘米。笔者曾推测睡虎地 M9 墓主应是出土大量竹简的 M11 墓主"喜"的母亲或父亲③。睡虎地秦汉墓地多数墓葬随葬品丰厚,墓葬等级分类表明,他们中的大多数人生活比较富足,生前或应是秦南郡地方政府官员及其家属④。让人稍感意外的是,该墓地已发掘的数十座墓葬中,除了这 2 枚仿蜻蜓眼陶珠外,并未发现蜻蜓眼式玻璃珠。

然而,秦汉乃至魏晋时期的史书中并未见有关烧制琉璃的记载,史书所记中原地区琉璃的生产及普及,是在更晚的南北朝时期。据《魏书·西域传》载:"大月氏国,都卢监氏城,在弗敌沙西,去代一万四千五百里。……世祖(即北魏第三位皇帝世祖拓跋焘)时,其国人商贩京师,自云能铸石为五色琉璃,于是采矿山中,于京师铸之。既成,光泽乃美于西方来者。乃诏为行殿,容百余人,光色映彻,观者见之,莫不惊骇,以为神明所作。自此中国琉璃遂贱,人不复珍之。"⑤说

① 参见赵德云:《中国出土的蜻蜓眼式玻璃珠研究》,《考古学报》2012 年第 2 期,第 200～201 页。
② 参见赵德云:《中国出土的蜻蜓眼式玻璃珠研究》,《考古学报》2012 年第 2 期,第 203 页。
③ 据睡虎地 M11 出土竹简《编年记》,M11 墓主"喜"生于南郡设立 16 年后的秦昭襄王四十五年(前 262 年),死于始皇帝三十年(前 217 年),《编年记》中还记载了始皇帝十六年(前 231 年)喜的父亲、五年后母亲的相继去世。
④ 陈洪:《秦文化之考古学研究》,第 222～226 页,科学出版社,2016 年。
⑤ 魏收:《魏书》,中华书局,1974 年,第 2275 页。

的是北魏世祖拓跋焘在位期间(公元 424—452 年在位),有个西域大月氏国的商贾来到京城,因其熟知琉璃制作工艺,便在洛阳附近就地取材,采矿烧制琉璃。刚烧制出来的琉璃珠,其外表未经磨损,光泽自然要好过经长途贩运、表面已不同程度磨损的西亚琉璃珠。那之后,中国的琉璃珠价格不再昂贵,也就不再为人珍视。南北朝时期中原战乱频仍,西域商贾带来的琉璃制作技术一度失传。到了隋代,何稠经过钻研古图,终于成功烧制出了绿色琉璃。据《隋书·何稠传》,何稠曾监管细作署,历任都督、御府监。"(何)稠博览古图,多识旧物。……时中国久绝琉璃之作,匠人无敢厝意,稠以绿瓷为之,与真不异"。自隋代以后,中国烧造琉璃的技术得以代代传承,绵延不绝。

蜻蜓眼的珠体或许是用滚沾法或粘贴法制作而成的,与珠体色彩不同的"眼"饰,则有可能是预先模铸的[①]。古代蜻蜓眼的制作工艺还有待今后的模拟实验来证实。

五、蜻蜓眼式珠的来源及文化内涵

近几十年来,我国各地陆续出土了数百枚蜻蜓眼式珠,大多分布在位于长江中下游的楚地及其周边地区,其中出土最集中的当属湖北随县曾侯乙墓,多达174 枚[②]。关陇地区经发掘的上千座墓葬中,仅出土 40 枚蜻蜓眼式珠。当然,这或许与秦人生活简朴,不崇尚奢华艳丽有关。

前文提到,西亚、北非等地是蜻蜓眼式珠及原始玻璃的发源地,东亚地区的古代蜻蜓眼式珠最初源于西方。古代埃及、地中海沿岸及伊朗中亚地区的蜻蜓眼式珠,其原本文化内涵是驱灾辟邪。来自西亚的蜻蜓眼式珠,在斯基泰等游牧民族及欧亚草原广泛流传。这种流传不仅仅是物品的流动,还伴随着它固有的辟邪观念的传播[③]。这种辟邪观念的流传在新疆地区的墓葬中也可以看到,如新疆尼雅东汉中晚期墓葬 MN1M3 出土了一枚中穿圆孔的蜻蜓眼式珠,圆孔中

---

① 何堂坤、后德俊、张宏礼:《荆门罗坡岗战国墓出土料珠的初步考察》,《江汉考古》1998 年第 4 期,第 84 页。
② 湖北省博物馆:《曾侯乙墓》,文物出版社,1989 年。
③ 赵德云:《中国出土的蜻蜓眼式玻璃珠研究》,《考古学报》2012 年第 2 期。

穿有一根长 130 厘米的细皮带,由墓主贴身斜背在身上。这样的出土情境,说明这枚珠子对于墓主来说重要且珍贵。发掘者由此推测,这枚蜻蜓眼式珠应该具有辟邪祈福的功用①。这是迄今为止中国唯一一个可以确切推断其原有的"恶眼意识"及辟邪功能的出土案例。其余的出土案例虽然很多,但当时人的思想意识已伴随着肉体的消失而烟消云散,因而我们已无从知晓中原地区出土的蜻蜓眼式珠的内涵、是否有辟邪功能。

赵德云认为,蜻蜓眼式珠在传入中国以后,如果没有中介者的参与,其原有的"恶眼意识"及其相关的辟邪功能会大大减弱甚至发生变异②。我国各地发现的早期的蜻蜓眼式珠多出土于高等级墓葬,通常作为串饰、各种装饰品使用,其原有的辟邪功能已被极大地弱化甚至是忽视,其可能已转为象征身份、地位、财力的奢侈品③。秦墓出土的蜻蜓眼式珠,从其出土时的位置及状态看,通常与其他珠玉项链等共出,或作为刀鞘的吊坠等各种物件的装饰使用。

蜻蜓眼式珠至今仍然在欧洲一些国家尤其是土耳其地区非常流行,常用作手镯、项链、身上或房间的挂饰,也是土耳其各大旅游景点、纪念品商铺常见的纪念品。我们通常称之为"蓝眼睛"。据去过土耳其的人说,土耳其人的家里大都挂有"蓝眼睛"装饰。其流行程度有些像我们的中国结,随处可见,甚至日常乘坐的公交车里都会悬挂"蓝眼睛"。当今土耳其人仍然称蜻蜓眼为"邪恶之眼"(英译为 evil eye),是土耳其传统的辟邪之物。一些土耳其人认为,这种观念源于中东吉卜赛人的巫术,人们相信在家里或在身上挂一个"邪恶之眼",可以吸走外来者的邪气及妒忌心。

六、本文收获及未来研究方向

本文全面收集关陇地区秦墓出土的蜻蜓眼式珠资料,对其尺寸及分布特点、使用者的身份、成分及产地来源、文化内涵等情况进行了系统研究梳理。关陇地区秦墓所出的蜻蜓眼式珠通常为圆形、椭圆形、扁圆形,偶有方形、长方形、环形

---

① 王炳华:《尼雅 95 一号墓地 3 号墓发掘报告》,《新疆文物》1999 年第 2 期。
② 赵德云:《中国出土的蜻蜓眼式玻璃珠研究》,《考古学报》2012 年第 2 期。
③ 赵德云:《中国出土的蜻蜓眼式玻璃珠研究》,《考古学报》2012 年第 2 期。

等其他形状。蜻蜓眼式珠主要发现于较高等级秦墓,在秦国权贵阶层或富庶平民中流行,应属当时的奢侈品。

该地区秦墓所出早期玻璃制品主要是串珠,少数用作九窍塞以及其他形状饰件,晚期玻璃制品之形状、用途趋向多样化并凸显中土特色,使用者也趋向平民化。由此我们有理由推测,至少在战国晚期,来自西方的早期玻璃器已经适应中土习俗并开始本土化,中土或已掌握了玻璃烧制技术,这些玻璃器很可能就是在中土(抑或是秦地)生产的,只是秦地尚未发现玻璃烧制作坊。

关陇地区秦墓出土的蜻蜓眼式珠中,五十余枚有详细资料[①]。其中仅西安北郊秦墓、张家川马家塬战国墓地出土的一些蜻蜓眼式珠已有成分分析测试结果,其余的,如咸阳塔儿坡、咸阳黄家沟、平凉庙庄、西安南郊等地的蜻蜓眼式珠等料器均未曾有成分分析测试结果发表。尤其是咸阳塔儿坡秦墓出土的蜻蜓眼式珠,大圆圈(眼珠)中套有 5～8 个细小的圆圈纹,其制作工艺较之一般的"蜻蜓眼"更加复杂。不仅是蜻蜓眼式珠,塔儿坡秦墓中还有一些管状、蜗牛形、三角形、半圆形等形状的料器,上面也点缀了不同颜色的蜻蜓眼。今后,在条件允许的情况下,对上述秦墓所出蜻蜓眼式珠及料器进行科学分析,从而明确其主要成分,是铅钡玻璃还是钠钙玻璃,进而推测其产地,探讨关中秦墓蜻蜓眼式珠的制作工艺,并思考中原地区从何时开始自己生产制作蜻蜓眼式珠非常重要。

蜻蜓眼式珠源自西方,人们赋予了它驱灾辟邪的文化内涵。它在最初传入中土时是带着原本的辟邪功能的,相信秦墓所出蜻蜓眼式珠也应有相同的辟邪功能。蜻蜓眼式珠见证了古代绵绵不断的东西方文化交流。

附记:本文大部分内容曾以《关陇地区秦墓所出蜻蜓眼式珠》之名发表于《丝绸之路与秦汉文明——丝绸之路与秦汉文明国际学术研讨会论文集》(第 134—148 页,文物出版社,2020 年)。最近又增补了一些蜻蜓眼式珠出土资料及成分分析等相关内容。

---

① 张家川马家塬战国墓地一些发现蜻蜓眼式玻璃珠的墓葬尚未彻底清理,清理之后数量应会增加。

附表：关陇地区秦墓所出蜻蜓眼式珠一览表(按墓葬年代早晚排序)

序号	出 土 墓 葬	形状	数量	直径/厘米	高/厘米	孔径/厘米	年 代	资料出处
1	西安半坡秦墓 M105	圆柱形	2	1.2	1.6	0.4	战国时期	《考古学报》1957 - 3
2	大荔朝邑 M112：⑥	方圆形	1	2	2	0.8	战国中晚期	《文物资料丛刊(2)》1978
3	甘肃平凉庙庄 M7：30	圆形	1	2.2	2		战国晚期	《考古与文物》1982 - 5
4	咸阳黄家沟 M46：3	球形	1	2	2	0.5	战国晚期	《考古与文物》1982 - 6
5	咸阳黄家沟 M46：4	球形	1	1.5	1.5	0.5	战国晚期	《考古与文物》1982 - 6
6	张家川马家塬 M6：201	圆形	1	1	1	0.3	战国晚期	《文物》2009 - 10
7	张家川马家塬 M6：200	圆形	5	1	1	0.3	战国晚期	《文物》2009 - 10
8	张家川马家塬 M4	扁圆形	1	0.67			战国晚期	《光谱学与光谱分析》2015 - 10
9	咸阳石油钢管钢绳厂 M27063	球形	1	0.7	0.7	0.3	战国晚期前段	《考古与文物》1996 - 5
10	咸阳石油钢管钢绳厂 M27063	球形	1	0.7	0.7	0.3	战国晚期前段	《考古与文物》1996 - 5
11	咸阳石油钢管钢绳厂 M27063	六棱形	1	0.8	0.45	0.45	战国晚期前段	《考古与文物》1996 - 5
12	西安北郊 98 交校Ⅲ区 M44：4④	扁圆形	1	1.3	0.85	0.45	战国晚期前段	西安北郊秦墓地
13	西安张家堡 10 中登花园 M5：6	扁圆形	1	0.95	0.4	0.3	战国晚期后段	《西安张家堡秦墓发掘报告》
14	西安张家堡 10 中登花园 M64：8	残	1	1.5			战国晚期后段	《西安张家堡秦墓发掘报告》

序号	出土墓葬	形状	数量	直径/厘米	高/厘米	孔径/厘米	年代	资料出处
15	咸阳塔儿坡 25086：1	球形	1	2.6	2.2	0.8	战国晚期至秦	《塔儿坡秦墓》
16	咸阳塔儿坡 48292：3	扁球形	1	2.9	2.1	0.8	战国晚期至秦	《塔儿坡秦墓》
17	咸阳塔儿坡 22369：4-2	球形	1	2.3	2.1	0.8	战国晚期至秦	《塔儿坡秦墓》
18	咸阳塔儿坡 46386：2-2	球形	1	1.6	1.25	0.3	战国晚期至秦	《塔儿坡秦墓》
19	咸阳塔儿坡 46386：2-1	球形	1	2	1.6	0.4	战国晚期至秦	《塔儿坡秦墓》
20	咸阳塔儿坡 48386：2-3	球形	1	2	1.75	0.6	战国晚期至秦	《塔儿坡秦墓》
21	咸阳塔儿坡 22369：4-3	扁球形	1	2	1.3	0.5	战国晚期至秦	《塔儿坡秦墓》
22	西安南郊茅坡邮电学院基槽 M11：18	圆形	1	1.8	1.8	0.45	战国晚期至秦统一	《西安南郊秦墓》
23	西安南郊茅坡邮电学院基槽 M11：20	圆形	1	1.4	1.2	0.35	战国晚期至秦统一	《西安南郊秦墓》
24	西安南郊茅坡邮电学院 M3：4	圆形	1	2.1	1.8	0.6	战国晚期至秦统一	《西安南郊秦墓》
25	西安南郊茅坡邮电学院 M82：1	椭圆形	1	2.3	2.1	0.7	战国晚期至秦统一	《西安南郊秦墓》
26	西安南郊茅坡邮电学院 M35：9	椭圆形	1	1.5	1.2	0.5	战国晚期至秦统一	《西安南郊秦墓》
27	西安南郊茅坡光华胶鞋厂 M49：4	扁球形	1	1	0.6	0.4	战国晚期至秦末	《西安南郊秦墓》
28	西安南郊茅坡光华胶鞋厂 M115	扁圆形	2	1.5	1.1	0.6	战国晚期至秦末	《西安南郊秦墓》

续　表

序号	出　土　墓　葬	形状	数量	直径/厘米	高/厘米	孔径/厘米	年　代	资料出处
29	西安南郊茅坡光华胶鞋厂 M115	扁圆形	3	1	0.7	0.4	战国晚期至秦末	《西安南郊秦墓》
30	西安南郊茅坡邮电学院 M35：9	扁圆形	1	1.5	1.2	0.5	战国晚期至秦末	《西安南郊秦墓》
31	临潼新丰 M17：16	扁椭圆形	1	2.4	1.76		战国晚期至秦末	《临潼新丰——战国秦汉墓葬考古发掘报告》
32	临潼新丰 M17：17	扁球形	1	2	1.8	1.1	战国晚期至秦末	《临潼新丰——战国秦汉墓葬考古发掘报告》
33	临潼新丰 M17：18	球形	1	1.76	1.6	0.46	战国晚期至秦末	《临潼新丰——战国秦汉墓葬考古发掘报告》
34	临潼新丰 M17：19	球形	1	0.86	0.7		战国晚期至秦末	《临潼新丰——战国秦汉墓葬考古发掘报告》
35	临潼新丰 M17：20	球形	1	1.2		1.16	战国晚期至秦末	《临潼新丰——战国秦汉墓葬考古发掘报告》
36	临潼新丰 M50：4	圆球形	1	2.4	1.9	0.9	战国晚期至秦末	《临潼新丰——战国秦汉墓葬考古发掘报告》
37	临潼新丰 M247：10－3	球形	1	0.74	0.62	0.2	战国晚期至秦末	《临潼新丰——战国秦汉墓葬考古发掘报告》
38	临潼新丰 M247：10－3	球形	1	1.72	1.32	0.52	战国晚期至秦末	《临潼新丰——战国秦汉墓葬考古发掘报告》
39	临潼新丰 M247：10－4	球形	1	1.5	1.28	0.4	战国晚期至秦末	《临潼新丰——战国秦汉墓葬考古发掘报告》

续　表

序号	出 土 墓 葬	形状	数量	直径/厘米	高/厘米	孔径/厘米	年　代	资料出处
40	临潼新丰 M247：10 - 5	球形	1	1.8	1.64	0.34	战国晚期至秦末	《临潼新丰——战国秦汉墓葬考古发掘报告》
41	临潼新丰 M247：10 - 6	球形	1	1.2	0.84	0.36	战国晚期至秦末	《临潼新丰——战国秦汉墓葬考古发掘报告》
42	临潼新丰 M286：5	残	1				战国晚期至秦末	《临潼新丰——战国秦汉墓葬考古发掘报告》
43	西安北郊 99 乐百氏 M9：3①	球形	1	2	2	0.4	秦代	西安北郊秦墓地
44	西安北郊 99 乐百氏 M9：3②	扁圆形	1	1.25	0.8	0.45	秦代	西安北郊秦墓地
45	西安北郊 01 文景 M1：3	球形	1	1.4	1.4	0.4	秦代	西安北郊秦墓地
46	西安北郊 01 明珠 M17：7①	扁圆形	1	1.6	1.1	0.4	秦代	西安北郊秦墓地
47	西安北郊 01 明珠 M17：7②	扁圆形	1	1.3	1.1	0.5	秦代	西安北郊秦墓地
48	西安北郊 01 明珠 M17：7③	扁圆形	5	1.6	1.2	0.6	秦代	西安北郊秦墓地
49	西安北郊 01 明珠 M25：5	扁圆形	1	1.8	1.5	0.5	秦代	《西安北郊秦墓地》
50	甘肃秦安上袁家 M6：24	圆球形	1	2.7	2.7	0.5	秦代	《考古学报》1997 - 1
51	西安张家堡 95 世泰思 M1：9	方圆形	1	1.8	1.75	0.6	秦代	《西安张家堡秦墓发掘报告》
52	西安张家堡 95 世泰思 M1：25	方圆形	1	2.3	1.65	0.9	秦代	《西安张家堡秦墓发掘报告》

续　表

序号	出　土　墓　葬	形状	数量	直径/厘米	高/厘米	孔径/厘米	年　代	资料出处
53	西安张家堡 95 世泰思 M22：6	圆形	1	2.1	1.9	0.8	秦代	《西安张家堡秦墓发掘报告》
54	西安 04 张家堡 7♯ M122：3	圆形	1	1.6	0.8	1	秦代	《西安张家堡秦墓发掘报告》
55	西安 05 张家堡 2♯ M274：35 - 106	扁圆形	1	0.94	0.52	0.35	秦末汉初	《西安张家堡秦墓发掘报告》
56	西安 05 张家堡 2♯ M274：35 - 109	扁圆形	1	0.7	0.53	0.25	秦末汉初	《西安张家堡秦墓发掘报告》

说明：本表次序按文物鉴定年代排序。

第二讲　秦地肉红石髓、玛瑙与
周秦时期的国际贸易

"肉红石髓"，是一种呈肉红、血红或橙红色的半透明玉髓。玉髓(Chalcedony)是一种石英的致密微晶体，属于硅酸盐-架状硅酸盐类别，其主要成分为是二氧化硅(化学式为 SiO_2)。玛瑙(Agate)与肉红石髓外观相似，同属玉髓类。通常称层纹条带清晰的为"玛瑙"，而称颜色及质地纯粹的为"肉红石髓""红玉髓"或"光玉髓"(Cornelian)，它们的颜色及条纹均源于铁氧化物[①]。肉红石髓以肉红色居多，也有深红、橙红、橙黄及蜜黄等色。由于玛瑙与玉髓从成分到外观都有相似之处，为避免混淆，夏鼐先生于 20 世纪 70 年代将这种有别于玛瑙的玉髓称为"肉红石髓"，称表面人工施加了花纹的肉红石髓珠为"蚀花肉红石髓珠"，学界沿用至今[②]。由于肉红石髓与玛瑙外观材质相似，且过去的发掘报告及简报多将二者混同提起，为方便起见，本文将肉红石髓与玛瑙一并讨论。

一、肉红石髓、玛瑙相关学术史及存在的课题

考古发现或采集的肉红石髓珠大多表面没有花纹，蚀花的肉红石髓珠虽然很少见，由于有着特定的来源及特殊的制作手法，受到当今学界的诸多关注。

1974 年，夏鼐先生以作铭为笔名，发表《我国出土的蚀花的肉红石髓珠》一文[③]，介绍了 1930 年代英国考古学家麦凯(Ernest Mackay)实地调研得到的蚀花肉红石髓珠的制作工艺。2011 年，赵德云《中国出土的蚀花肉红石髓珠研究》一

---

① ［英］Ronald Louis Bonewitz 著，张洪波、张晓光译，杨主明、董明审：《宝石圣典：矿物与岩石权威图鉴》，第 226～231 页，电子工业出版社，2010 年。
② 作铭：《我国出土的蚀花的肉红石髓珠》，《考古》1974 年第 6 期，第 385 页，注释 1、3。
③ 作铭：《我国出土的蚀花的肉红石髓珠》，《考古》1974 年第 6 期，第 382～385 页。

文,详细梳理了蚀花肉红石髓珠学术史及具体制作工艺,并探究其来源及流通途径。由于"蚀花肉红石髓(Etched Carnelian Beads)"表面花纹的装饰手法独特,早在 19 世纪中叶就已经引起国外学者的关注。1857 年,英国学者贝拉西斯(A. F. Bellasis)赴巴基斯坦信德省的萨温城实地调研肉红石髓的蚀花工艺。数十年后的 1930 年,考古学家麦凯(Ernest Mackay)也在萨温城展开蚀花的制作工艺实验①。20 世纪 30 年代,英国考古学家贝克(H. C. Beck)收集世界各地发现的蚀花石珠,并将这些蚀花石珠分为早、中、晚三期,早期的年代在公元前 2000年以前,中期在公元前 300 年至公元 200 年(秦汉时期),晚期在公元 600 年至公元 1000 年(唐宋时期)②。这些蚀花石珠的出土地遍布南亚、西亚、北非、东欧等地,范围非常广阔。贝克提到,除了印度河流域以及邻近的巴基斯坦、克什米尔外,波斯(伊朗)、叙利亚、土耳其、埃及,中亚的撒马尔罕、俄罗斯的高加索地区、西西伯利亚、克里米亚,以及我国新疆、云南丽江和西藏都曾发现这种蚀花石珠③。贝克收集的这些蚀花珠子既有墓葬中出土的,也有传世品,其材质也多种多样,有肉红石髓、玛瑙、蛇纹石、玻璃等。

麦凯曾经在印度比哈尔邦的瑟巴武尔遗址发现制作蚀花石珠的作坊或工厂,该遗址出土了很多珠子的半成品,作坊年代的上限可追溯到公元前后。麦凯通过观察其中一些珠子发现,钻孔是在蚀花和成型工序之后完成的,属于最后一道工序④。

云南晋宁石寨山十三号汉墓发掘于 1956 年,该墓年代在西汉中期。该墓随

---

① 参见赵德云:《中国出土的蚀花肉红石髓珠研究》,《考古》2011 年第 10 期,第 68 页。据赵文,1857 年,英国学者贝拉西斯(A. F. Bellasis)曾在巴基斯坦信德省的萨温城实地调研,并记述了当地人制作蚀花的过程及所用原料。1930 年,麦凯(Ernest Mackey)也在巴基斯坦的萨温城进行了蚀花实验,实验结果证明,改变方法和原料也能得到相同的蚀花效果。上述学者所描述的蚀花的制作技术大致相同,即将当地的一种野生白花菜嫩茎捣成糊状,再与少量洗涤碱混合,用这种糊状颜料在肉红石髓珠上绘制各种花纹,之后将珠子埋入灼热的木炭灰烬中,数分钟后取出,待珠子冷却后,用粗布仔细将灰烬擦拭干净,就可以得到有花纹的蚀花珠。

② 霍鲁斯·贝克(H. C. Beck)著,凝水译:《蚀花的肉红石髓珠》,《文物天地》2018 年第 1 期,第 12 页。

③ 霍鲁斯·贝克(H. C. Beck)著,凝水译:《蚀花的肉红石髓珠》,《文物天地》2018 年第 1 期,第 4~12 页。

④ 作铭:《我国出土的蚀花肉红石髓珠》,《考古》1974 年第 6 期,第 384 页。麦凯:《昌胡达罗的发掘》(E. Mackay, Chanhudaro Excavations),第 199~201 页,1943 年。

葬品中有一堆肉红石髓珠，夏鼐先生注意到其中的一颗表面有白色蚀花的长管珠，认为它属于蚀花肉红石髓珠①。这枚蚀花肉红石髓珠"石质半透明，作橙红色"，珠体表面有十道平行的白色弦纹。而在此前，由于我国考古学界对这种"蚀花肉红石髓珠"缺乏足够的认识，曾将其误认作鸡血石或玛瑙②。夏鼐先生这篇文章发表后，引起了学界的重视，之后，各地考古工作者陆续在考古资料中发现了一些蚀花肉红石髓珠标本。斯坦因和黄文弼等曾先后在我国新疆采集到表面有白色花纹的肉红石髓珠标本。夏鼐先生认为，这些新疆出土的蚀花红石髓珠，有的纹样与巴基斯坦的白沙瓦附近的塔叉始罗出土的"几乎完全相同"，它们可能是与佛教艺术一道传入新疆的③。夏鼐先生也注意到云南石寨山所出长管珠状的蚀花石珠上的花纹线条简单，而这种平行线花纹在贝克分期的早、中、晚三期都有发现。因此，他对于石寨山蚀花石珠的产地来源持谨慎态度，"是否为本地所制造，抑或系输入品，殊难断言，还有待于更多的材料出土"④。

2011 年，赵德云收集我国汉代以前蚀花肉红石髓珠的出土资料，并将其分为四个类型，认为"蚀花肉红石髓珠源于印度河流域"，随着该类饰物在欧亚大陆的扩散，其制作工艺技术也开始在欧亚大陆传播。他提出，域外传来的蚀花肉红石髓珠对中国的玻璃仿制品及蜻蜓眼式玻璃珠的制造产生了影响⑤。

贝克、夏鼐以及一些国内外学者都曾注意到我国藏区、云南等地的蚀花石珠。西藏、青海等地藏民日常佩戴的串珠中有蚀花石珠，当地藏民认为其是天然形成的，而不是人工制作的⑥。贝克认为西藏发现的蚀花玻璃长管珠，是蚀花肉红石髓的仿制品⑦。汤惠生曾撰文研究藏地发现的表面有花纹的石珠及玻璃珠。据汤惠生文，这种珠子藏语发音为"Gzi"，关于这种珠子的来源，流传最广的

---

① 作铭：《我国出土的蚀花的肉红石髓珠》，《考古》1974 年第 6 期，第 382 页。
② 作铭：《我国出土的蚀花的肉红石髓珠》，《考古》1974 年第 6 期，第 382 页及注释 1。
③ 作铭：《我国出土的蚀花的肉红石髓珠》，《考古》1974 年第 6 期，第 384 页。
④ 作铭：《我国出土的蚀花的肉红石髓珠》，《考古》1974 年第 6 期，第 384 页。
⑤ 赵德云：《中国出土的蚀花肉红石髓珠研究》，《考古》2011 年第 10 期，第 74～75 页。
⑥ 霍鲁斯·贝克（H. C. Beck）著，凝水译：《蚀花的肉红石髓珠》，《文物天地》2018 年第 1 期，第 10 页。
⑦ 霍鲁斯·贝克（H. C. Beck）著，凝水译：《蚀花的肉红石髓珠》，《文物天地》2018 年第 1 期，第 12 页。

说法是出土于地下或古墓，藏民认为这种珠子很神圣，因而可译为"天珠"[①]。童恩正认为这种蚀花石珠的年代在公元7世纪之前[②]。由于藏地"天珠"都是传世或采集品，仅凭外观形制，难以判断其具体年代。赵德云认为，藏区的蚀花肉红石髓珠有可能是古代从外部传入的，但它们已经在传入后被吸收和改造，因而赵文对其未加详细讨论[③]。

李磊的硕士论文从文物考古、社会学、人类学、宗教学等视角，对我国藏地流传的"天珠"展开多方位研究，并认同藏地天珠源于古波斯大食的观点[④]。闫虹如的硕士论文以张家川马家塬战国墓出土的装饰品为对象，文中提及马家塬M6所出瓜棱形肉红石髓珠形状与公元前2600年的乌尔王墓中出土的青金石珠"外形一致"[⑤]。

如前文所述，学界普遍认为这种蚀花珠子的最初发源地在印度。而印度发现的这类蚀花石珠，质地除了肉红石髓、玛瑙等天然玉石，还有玻璃材质的。藏地的"天珠"多为出土或传世品，材质多为玛瑙、肉红石髓、玻璃，与印度发现的蚀花珠材质大体相同。藏地"天珠"历史久远且来源复杂，既有通过转手贸易来自外国或其他地区的，其中也有一部分是在舶来品基础上自己改造的。

鉴于蚀花肉红石髓珠有着特定的发源地，世界各地出土的蚀花肉红石髓珠自然涉及古代陆上或海上的长距离贸易，这个话题与古代的区域间文化交流密切相关，因而引发了专家学者的较多关注。然而，对于素面无纹的肉红石髓珠及玛瑙，由于难以论证其产地、来源，学界鲜见相关论述。

一直以来，关陇地区秦墓极少出土肉红石髓与玛瑙，这一现状在甘肃张家川马家塬战国戎族墓地发现后大有改观。该墓地在2007年发现并开始科学有序的发掘，考古工作者在多个墓葬中陆续发现肉红石髓珠及镶嵌了肉红石髓的饰件，如珠饰、耳环、耳坠等，个别墓葬中肉红石髓珠、玛瑙的出土量甚至很大。目前，学界尚未见有针对秦墓出土肉红石髓的专著或论文，因此，本文拟在梳理学

---

① 汤惠生：《藏族珠饰"GZI"考略》，《中国藏学》1995年第2期。
② 童恩正：《西藏考古综述》，《文物》1985年第9期。
③ 赵德云：《中国出土的蚀花肉红石髓珠研究》，《考古》2011年第10期，第69页。
④ 李磊：《天珠研究》，第10页，西北师范大学2015年硕士学位论文。
⑤ 闫虹如：《张家川马家塬战国墓出土装饰品研究》，第26页，西北师范大学2015年硕士学位论文。

术史的基础上，广泛搜集该地区肉红石髓、玛瑙的出土资料，考察其材质、造型、产地来源及所有者的身份地位，并思考周秦时期的国际贸易等问题。

二、关陇地区秦墓出土的肉红石髓及其嵌饰

据发掘报告或简报，迄今为止，关陇地区共发现有十余座墓葬出土肉红石髓珠及其嵌饰。这些墓葬为陕西宝鸡益门村二号墓[①]，甘肃省张家川马家塬 M3、M4、M6[②]、M12[③]、M13[④]、M14[⑤]、M15[⑥]、M16[⑦]、M20[⑧]、M7[⑨]、M4[⑩]。益门村二号墓出土的是一枚蚀花的肉红石髓珠，其余的均为表面没有花纹的肉红石髓珠及其嵌饰、饰件。

（一）陕西宝鸡益门村二号墓的蚀花肉红石髓珠

该枚蚀花肉红石髓珠（M2：220）圆形，平底，顶部呈蒙古包式的圆锥形，珠体呈较暗的殷红色（彩图一）。有四条白色辐射线自圆锥顶点延伸至珠体的底

① 宝鸡市考古工作队：《宝鸡市益门村二号春秋墓发掘简报》，《文物》1993 年第 10 期，第 1～14、97～101 页。宝鸡市文物考古研究所：《秦墓遗珍——宝鸡益门二号春秋墓》，第 163 页，科学出版社，2016 年。

② 早期秦文化联合考古队、张家川回族自治县博物馆：《张家川马家塬战国墓地 2007～2008 年发掘简报》，《文物》2009 年第 10 期，第 31～32 页。

③ 早期秦文化联合考古队、张家川回族自治县博物馆：《张家川马家塬战国墓地 2007～2008 年发掘简报》，《文物》2009 年第 10 期，第 48 页。

④ 早期秦文化联合考古队、张家川回族自治县博物馆：《张家川马家塬战国墓地 2008～2009 年发掘简报》，《文物》2010 年第 10 期，第 17～19 页。

⑤ 早期秦文化联合考古队、张家川回族自治县博物馆：《张家川马家塬战国墓地 2007～2008 年发掘简报》，《文物》2009 年第 10 期，第 41～42 页。

⑥ 早期秦文化联合考古队、张家川回族自治县博物馆：《张家川马家塬战国墓地 2007～2008 年发掘简报》，《文物》2009 年第 10 期，第 45～46 页。

⑦ 早期秦文化联合考古队、张家川回族自治县博物馆：《张家川马家塬战国墓地 2008～2009 年发掘简报》，《文物》2010 年第 10 期，第 17～22 页。

⑧ 早期秦文化联合考古队、张家川回族自治县博物馆：《张家川马家塬战国墓地 2010～2011 年发掘简报》，《文物》2012 年第 8 期，第 19 页。

⑨ 早期秦文化联合考古队、张家川回族自治县博物馆：《张家川马家塬战国墓地 2008～2009 年发掘简报》，《文物》2010 年第 10 期，第 7～11 页。

⑩ 甘肃省文物考古研究所：《西戎遗珍——马家塬战国墓地出土文物》，第 34 页，文物出版社，2014 年。

部,正面俯视看似十字纹,线条中间各点缀白色小圆点一个,白色颜料颗粒很细。珠体的底部有一条与白色辐射线平行的穿孔。穿孔的粗细与白色辐射线大致相同。该珠直径 1.4、高 0.95 厘米,凡涂线部位均有凹槽[①]。

(二)甘肃省张家川马家塬战国墓地

1. 马家塬 M4 出土的肉红石髓珠[②]

(1)肉红石髓管珠串饰。马家塬 M4 墓主腰带上装饰有多枚暗红色肉红石髓管珠。肉红石髓管珠 4 枚一组穿缀而成的方块图案,与黑色煤精管珠串饰图案、金带饰相间排列。文中没有相关文字记载,肉红石髓管珠的数量尺寸不详。

(2)肉红石髓圆珠串饰。M4 墓主右胯部外侧发现多枚肉红石髓圆珠及多枚风化变色肉眼不辨材质的珠子(似蜻蜓眼式玻璃珠)。墓主左胯部外侧相对位置同样有几枚肉红石髓圆珠及其他材质的珠子。据推测,它们应是穿缀后系挂在腰带上的装饰、坠饰。

2. 马家塬 M7 出土的肉红石髓珠

马家塬 M7 为小型墓葬,该墓被盗严重。竖穴南侧发现肉红石髓珠、银箔虎、银箔大角羊、铜花饰等随葬品[③]。肉红石髓珠的数量、尺寸不详。

3. 马家塬 M6 出土的肉红石髓

(1)马家塬 M6 出土的肉红石髓勾形饰[④]

马家塬战国墓地 2007～2008 年发掘简报中,提到 M6 出土一枚肉红石髓勾形饰(M6:38)。该勾形饰在椭圆形的一端靠近中部穿孔,最宽处 3 厘米,厚约0.8 厘米(图一,1)。笔者根据简报提供的比例尺,测得其高度为大于 8 厘米,外

①　宝鸡市文物考古研究所:《秦墓遗珍——宝鸡益门二号春秋墓》,第 163 页,科学出版社,2016 年。该书称这枚蚀花肉红石髓珠为玛瑙。

②　甘肃省文物考古研究所:《西戎遗珍——马家塬战国墓地出土文物》,第 34 页,文物出版社,2014 年。

③　早期秦文化联合考古队、张家川回族自治县博物馆:《张家川马家塬战国墓地 2008～2009 年发掘简报》,《文物》2010 年第 10 期,第 7～11 页。

④　早期秦文化联合考古队、张家川回族自治县博物馆:《张家川马家塬战国墓地 2007～2008 年发掘简报》,《文物》2009 年第 10 期,第 30～31 页。

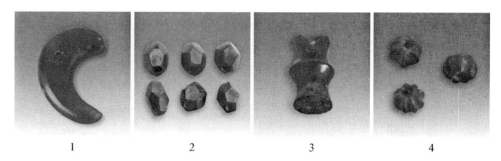

1. 肉红石髓勾形饰（M6：38）　2. 短双锥多面体珠（M6：194-6）
3. 双亚腰形珠（M6：194-7）　4. 瓜棱形珠（M6：194-8）

图一　马家塬 M6 出土各种形状的肉红石髓珠饰

（早期秦文化联合考古队、张家川回族自治县博物馆：《张家川马家塬战国墓地 2007～2008 年发掘简报》，《文物》2009 年第 10 期，第 31～32 页）

侧弧长约 17 厘米，内侧弧长约 8 厘米。

（2）马家塬 M6 出土的 112 件肉红石髓穿孔珠饰①

① 圆珠，78 件。标本 M6：194-1，直径 0.4、孔径 0.2 厘米。

② 扁管珠，11 件。标本 M6：194-2，长 0.5～1.1、宽 0.8、孔径 0.2 厘米。

③ 六棱管珠，6 件。标本 M6：194-3，长 0.9～1.4、直径 0.4、孔径 0.2 厘米。

④ 短管珠，5 件。标本 M6：194-4，长 0.4、直径 0.4、孔径 0.2 厘米。

⑤ 扁圆珠，2 件。标本 M6：194-5，孔径 0.2 厘米。

⑥ 短双锥多面体珠，6 件（图一，2）。标本 M6：194-6，长 0.7、腹径 0.7、孔径 0.2 厘米。这些多面体珠造型几乎相同，有的偏瘦长，有的略圆。每个珠体都有多个平面。仔细观察图可以看出，珠体由最大径处可以分为上下两部分，上下各有五个面，共计十个平面。每个平面略呈五角形，这些五角形平面不规则，或长或方，从中可以看出人工切割打磨的不确定与不准确性。

⑦ 双亚腰形珠，1 件（图一，3）。标本 M6：194-7，长 1.4、腹径 0.7、孔径 0.2 厘米。

⑧ 瓜棱形珠，3 件（图一，4）。标本 M6：194-8，腹径 0.8、孔径 0.2 厘米。

---

① 早期秦文化联合考古队、张家川回族自治县博物馆：《张家川马家塬战国墓地 2007～2008 年发掘简报》，《文物》2009 年第 10 期，第 31～32 页。

其中2件是7个凸棱,1件是8个凸棱。其横截面呈七瓣或八瓣花形。

4.马家塬M12出土的镶嵌肉红石髓项链

肉红石髓项链(M12：8)[①],项链出土于墓主颈部,由4枚较大的圆铜泡、6枚小肉红石髓圆珠、3枚费昂斯管珠和1枚长圆形的肉红石髓坠饰组成(图二)。

5.马家塬M13出土的肉红石髓珠串饰

马家塬M13腰腿部有汉紫、汉蓝珠组成的串饰以及由绿松石珠、肉红石

图二　马家塬 M12 出土的肉红石髓项链

(早期秦文化联合考古队、张家川回族自治县博物馆：《张家川马家塬战国墓地 2007～2008 年发掘简报》,《文物》2009 年第 10 期,第 30～31 页图六七)

髓珠、金珠组成的串饰。腰部有铜制十字形管饰。M13 共出土肉红石髓珠 32 枚(M13：9),珠孔径 0.15～0.2、直径 0.5～0.7 厘米,分短双锥珠、圆珠、多面体珠、管珠、三菱珠等不同形状[②](图三)。

图三　马家塬 M13 出土的肉红石髓珠饰

(早期秦文化联合考古队、张家川回族自治县博物馆：《张家川马家塬战国墓地 2007～2008 年发掘简报》,《文物》2009 年第 10 期,第 48 页图四八)

---

①　早期秦文化联合考古队、张家川回族自治县博物馆：《张家川马家塬战国墓地 2007～2008 年发掘简报》,《文物》2009 年第 10 期,第 48 页。

②　早期秦文化联合考古队、张家川回族自治县博物馆：《张家川马家塬战国墓地 2008～2009 年发掘简报》,《文物》2010 年第 10 期,第 17～19 页。

图四　马家塬 M14 嵌肉红石髓金耳环

（早期秦文化联合考古队、张家川回族自治县博物馆：《张家川马家塬战国墓地 2008～2009 年发掘简报》，《文物》2010 年第 10 期，第 17～19 页图三一）

6. 马家塬 M14 出土的镶嵌肉红石髓金耳环、金腰带饰、金坠饰[①]

（1）镶嵌肉红石髓金耳环。金耳环（M14：7），耳环分为几段，由上至下依次为：金环→饰金珠的环坠连接部件→上半部呈半球形、边缘饰细密金珠的肉红石髓→扁圆形料珠→下半部呈半球形、边缘饰细密金珠的肉红石髓→呈扁圆形的坠饰。尤值一提的是下端的扁圆形坠饰，纯金的边框上有一圈细密的金珠，正面边框内部图案类似太极图，分别镶嵌肉红石髓和原始玻璃费昂斯(图四)。

（2）镶嵌肉红石髓金腰带饰 15 件，饰片呈双 S 形鸟形，由薄金片捶打而成。四个鸟形翅膀向外展开，中心为一圆珠纹饰。中间部位有圆形及几个月牙形的凹槽，有几枚饰片上月牙形凹槽内镶嵌的肉红石髓尚存，但圆形凹槽内的镶嵌物均已脱落，因而镶嵌物不明[②]。

（3）马家塬 M14 还发现一枚穿缀了肉红石髓珠的金坠饰[③]（M14：4 - 13），坠饰分为多层，由上至下分别为：小而粗的金环→扁平的绿松石珠→边缘饰细密金珠的金片→肉红石髓→边缘饰细密金珠的金片→扁平的绿松石珠→厚金片→粗大的金珠片→大金珠坠。

另据发掘简报，"在(马家塬 M14)墓主胸、手部发现有大量由各种形状的肉红石髓珠、绿松石珠、汉紫和汉蓝珠、蜻蜓眼珠以及金银珠、金管饰组成的串饰"[④]。

①　早期秦文化联合考古队、张家川回族自治县博物馆：《张家川马家塬战国墓地 2007～2008 年发掘简报》，《文物》2009 年第 10 期，第 41～42 页。

②　早期秦文化联合考古队、张家川回族自治县博物馆：《张家川马家塬战国墓地 2007～2008 年发掘简报》，《文物》2009 年第 10 期，第 37～39 页。

③　早期秦文化联合考古队、张家川回族自治县博物馆：《张家川马家塬战国墓地 2007～2008 年发掘简报》，《文物》2009 年第 10 期，第 41～42 页。

④　早期秦文化联合考古队、张家川回族自治县博物馆：《张家川马家塬战国墓地 2007～2008 年发掘简报》，《文物》2009 年第 10 期，第 40 页。

简报中没有关于这些串饰的具体记述，因而肉红石髓珠的具体数量、尺寸及形状等情况不详。

7. 马家塬 M15 出土的镶嵌肉红石髓的金带饰[①]

马家塬 M15 出土金带饰一组，由 1 件虎噬羊纹带饰和 9 件羊首纹带饰组成。金带饰均由薄金片捶打而成。

（1）虎噬羊纹金带饰（M15：3-1），长方形，长 9.7、宽 5.4 厘米。虎一前足踩羊，虎长尾下垂，尾端上扬，羊头反卷，镂空部位嵌肉红石髓，虎眼部、颈部、身躯上的镶嵌物大部已脱落，仅余镂空。

（2）羊首鸟纹金带饰（M15：3-2），长方形，长 4.7、宽 2.5 厘米。羊耳部呈半环形，嵌弯月形肉红石髓，羊眼部位嵌 2 枚蓝色玻璃珠。"左下角和右上角各有一巨喙鸟"，鸟身有四五处镂空，镂空处镶嵌肉红石髓。有几处镶嵌物已脱落[②]。

8. 马家塬 M16[③] 出土的镶嵌肉红石髓金臂钏、金带饰、金带钩及肉红石髓珠饰

（1）镶嵌肉红石髓的金臂钏（M16：11）。金臂钏制作精美，呈圆筒形，有五条凸起而光滑的瓦楞纹，每道瓦楞纹两侧各有一周金丝编制的麦穗形纹饰，麦穗纹中间排列有多个镶嵌而成的花朵形肉红石髓及绿松石（图五）。金臂钏长度、直径不详。

（2）镶嵌肉红石髓的镂空金带饰。金带饰呈长方形，由两组与蛇缠斗的格里芬镂空图案构成，右侧的格里芬头在上，左侧的格里芬头朝下。据简报，"格里芬为鸟首兽身，圆眼，小耳，巨喙衔蛇，有翼，尾下垂，兽足"。多处镶嵌了小粒肉红石髓及原始玻璃，镶嵌物大半已脱落，肉眼可见尚余十余处半透明的肉红石髓及五六处颜色泛白的玻璃镶嵌物。这些镶嵌的肉红石髓及玻璃形状不规则，呈椭圆形、圆角方形、水滴形等形状。

（3）嵌肉红石髓金带钩。金带钩为镂空铸造而成，上有两组虎、狼噬羊的图案，羊、狼及虎的身躯翻滚扭曲，极具动感。带钩的长方形边框及动物图案上有很多卷云

---

① 早期秦文化联合考古队、张家川回族自治县博物馆：《张家川马家塬战国墓地 2007～2008 年发掘简报》，《文物》2009 年第 10 期，第 45～46 页。

② 甘肃省文物考古研究所：《西戎遗珍——马家塬战国墓地出土文物》，第 64 页，文物出版社，2014 年。

③ 早期秦文化联合考古队、张家川回族自治县博物馆：《张家川马家塬战国墓地 2008～2009 年发掘简报》，《文物》2010 年第 10 期，第 17～22 页。甘肃省文物考古研究所：《西戎遗珍——马家塬战国墓地出土文物》，第 60～61 页，文物出版社，2014 年。

**图五　马家塬 M16 出土的镶嵌
肉红石髓的金臂钏**

(早期秦文化联合考古队、张家川回族自治县博
物馆:《张家川马家塬战国墓地 2007～2008 年
发掘简报》,《文物》2009 年第 10 期,第 40 页)

形、三角形以及各种不规则形状的镂空图案,内镶嵌了肉红石髓,填以朱砂①。

(4)腰带上的肉红石髓珠饰。"金带饰出土情况图"显示,墓主下腹部的腰带上装饰了肉红石髓珠、蓝管珠、黑色管珠及长方形的金带饰。5 至 6 枚短管状肉红石髓珠穿缀的串饰,与蓝色、黑色的短管状珠串排列在一起,间隔在金带饰之间。肉红石髓珠呈鲜红色或暗红色②。

(5)肉红石髓珠③。该墓发现大量肉红石髓珠,作为串珠、坠饰装饰于人体以及车辆的毂、轮面、飞铃上。珠子有圆形、扁圆形、管形、半球形、亚腰形、勾形、双锥形、多棱形、瓜棱形及不规则形等多种形状。其中以圆形、扁圆形珠最为常见。标本 M16:19,圆珠;M16:204,扁圆形珠。珠子穿孔为对钻或单钻。直径0.47～0.57、高 0.4～0.57 厘米。

9. 马家塬 M18 出土的肉红石髓珠饰及镶嵌肉红石髓项饰、带饰、金腰带饰等④

(1)镶嵌肉红石髓珠项饰。项饰由肉红石髓珠、金排管、绿松石珠穿缀而成。金排管有 8 排绳索通过的孔道,肉红石髓珠也是每段 8 串。两侧项饰的肉红石髓珠为细长的短管珠,位于下颚下方的项饰为较大的扁圆珠。

(2)带饰呈长方形,长 5.3、宽 3.1 厘米,重 19.1 克。中间有一圆环,以圆环为中心,左右对称分布着两只正反相对的鸟。鸟有弯钩形长喙。带饰边缘及鸟身有多处小凹槽,凹槽内嵌肉红石髓及黑色煤精珠。

(3)腰带上的肉红石髓珠饰。墓主腹部的腰带上,除了镶嵌肉红石髓金腰

① 甘肃省文物考古研究所:《西戎遗珍——马家塬战国墓地出土文物》,第 60～61 页,文物出版社,2014 年。

② 甘肃省文物考古研究所:《西戎遗珍——马家塬战国墓地出土文物》,第 41 页,文物出版社,2014 年。图版的说明文字没有涉及红色及蓝色的短管状珠子的材质,红色珠子表面没有明显的花纹,因而笔者判断红色短管珠应是肉红石髓珠,而蓝色短管珠看似绿松石。

③ 甘肃省文物考古研究所:《西戎遗珍——马家塬战国墓地出土文物》,第 246 页,文物出版社,2014 年。

④ 甘肃省文物考古研究所:《西戎遗珍——马家塬战国墓地出土文物》,第 49～53 页,文物出版社,2014 年。

带饰,还有穿缀成排的短管状肉红石髓珠、黑色管珠。珠带与金腰带饰相间排列,每排肉红石髓珠带至少有三串,每串 3 枚。

（4）肉红石髓珠饰。墓主右肱骨外侧发现多个瓜棱形、扁圆形肉红石髓珠及瓜棱形金珠、料珠,左侧肱骨上面同样有一堆相同材质形状的珠子。推测应是衣物的装饰或腰带上的坠饰。

（5）嵌肉红石髓圆形器物,2 枚。分别出土于墓主下腹部左右两侧。各有一两件圆形饰件,右侧圆形器物所嵌肉红石髓呈长三角形,左侧圆形器物稍大,所嵌肉红石髓呈篆体的口字形。用途不详。

10. 马家塬 M20 出土的肉红石髓珠

据发掘简报,马家塬 M20 墓主"头骨顶部散落有较多的肉红石髓珠和少量的银箔帽"[1],文中没有这些肉红石髓珠的详细记录,因而其数量、尺寸不详。

11. 马家塬 M25MS 出土的镶嵌肉红石髓金耳坠[2]（彩图二）

金耳坠（M25MS：7）分四部分,由上至下为金环（直径 2.1 厘米）、条形金片、镂空金球（直径 1.7 厘米）,最下端为金饼形金丝间隔的红绿两色太极图案（直径 0.8 厘米）,太极图案由呈蝌蚪形的肉红石髓和绿松石镶嵌而成。耳坠通长 5.1 厘米,总重 7.88 克。金耳坠最下端的圆饼形金片上有类似太极的图案,图案分别用蝌蚪形的绿松石石片、肉红石髓石片镶嵌而成。

12. 马家塬 M60 出土的肉红石髓珠

马家塬 M60 人体周围散落有绿松石珠及肉红石髓珠,具体数目不详[3]。

13. 马家塬 M62 出土的肉红石髓珠[4]

据简报,墓主身体部位尚未清理,局部发现有肉红石髓珠、蜻蜓式眼玻璃珠。数量尺寸不详。

具体出土数量、用途、墓葬年代等情况详见表一。

---

① 早期秦文化联合考古队、张家川回族自治县博物馆:《张家川马家塬战国墓地 2010～2011 年发掘简报》,《文物》2012 年第 8 期,第 19 页。

② 早期秦文化联合考古队、张家川回族自治县博物馆:《甘肃张家川马家塬战国墓地 2012～2014 年发掘简报》,《文物》2018 年第 3 期,第 11～13 页。

③ 早期秦文化联合考古队、张家川回族自治县博物馆:《甘肃张家川马家塬战国墓地 2012～2014 年发掘简报》,《文物》2018 年第 3 期,第 9 页。

④ 早期秦文化联合考古队、张家川回族自治县博物馆:《甘肃张家川马家塬战国墓地 2012～2014 年发掘简报》,《文物》2018 年第 3 期,第 22 页。

表一　关陇地区秦墓出土肉红石髓一览表

序号	出土墓葬	圆形蚀花珠	圆形珠	扁圆形珠	半球形珠	扁管珠	六棱管状珠	短管珠	双亚腰形珠	瓜棱形珠	多面体珠	三棱珠	管珠	珠状	勾形饰	其他形状	用途	出土位置	墓主性别	年代	资料出处
1	益门村M2	1															串饰	墓穴中部	男	春秋晚期	《文物》1993－10
2	马家塬M4		*					*					*				腰带饰	腰、左右胯部外侧	不详	战国晚期	《西戎遗珍》第34页
3	马家塬M6		78	2		11	6	5	1	3	6				1	112	串珠、坠饰	胸颈部	男？	战国晚期	《文物》2009－10
4	马家塬M7													*			串饰	墓穴南侧	不详	战国晚期	《文物》2010－10
5	马家塬M12		6													1	项饰	颈部	男	战国晚期	《文物》2009－10
6	马家塬M13		*								*	*	*			*	串饰	腰腹部	男	战国晚期	《文物》2010－10
7	马家塬M14				4			1								*	耳环、坠饰、腰带	耳部、颈部、腰部	不详	战国晚期	《文物》2009－10

续表

序号	出土墓葬	圆形蚀花珠	圆形珠	扁圆形珠	半球形珠	扁管珠	六棱管状珠	短管珠	双亚腰形珠	瓜棱形珠	多面体珠	三棱珠	管珠	珠状	勾形饰	其他形状	用途	出土位置	墓主性别	年代	资料出处
8	马家塬M15															﹡	金带饰	腰部?	男	战国晚期	《文物》2009-10
9	马家塬M16		﹡	﹡	﹡			多		﹡			﹡				臂钏装饰、腰带饰	右手臂、腰部	男	战国晚期	《文物》2010-10
10	马家塬M18			﹡				多		﹡						﹡	项饰、带饰、坠饰	颈部、腰部	不详	战国晚期	《西戎遗珍》第49~53页
11	马家塬M20													﹡			帽子装饰?	头顶部	男	战国晚期	《文物》2012-8
12	马家塬M25															1	耳环坠饰	左锁骨处	不详	战国晚期	《文物》2018-3
13	马家塬M62															﹡	珠饰	不详	不详	战国晚期	《文物》2018-3

（﹡号表示该项有，具体数目不详）

三、关陇地区秦墓出土的玛瑙珠饰

1. 甘肃平凉庙庄 M7 发现玛瑙珠一枚(M7：21)，暗红色，五角棱体，长 1.4、径 0.3 厘米①。

2. 陕西宝鸡秦家沟 M1 发现有 2 枚玛瑙珠②。玛瑙孔径、直径等尺寸不详。

3. 陕西凤翔八旗屯 BM32：1 殉人身旁出土 8 枚玛瑙珠，径 0.8、厚 0.5 厘米，孔径不详③。

4. 陕西陇县边家庄五号春秋墓出土玛瑙串饰 2 串，分别位于墓主的头颈部、腹部。出于墓主头部的串饰由 80 枚玛瑙及 2 枚玉玦、7 件玉牌、1 件玉龟和若干绿松石珠组成，"出土时已散乱，复原连接后全长 47 厘米"。据原发掘简报，这串项链横放在墓主的颈部，2 枚玉玦分别位于墓主耳边。出土于墓主腹部的串饰由 70 粒玛瑙组成，串饰下方还有两枚长条形石饰④。玛瑙的孔径、直径等尺寸不详。该墓年代在春秋早期。

5. 陕西宝鸡益门村二号墓年代在春秋晚期，该墓出土的一组玛瑙串饰(M2：186)，由百余枚各式玛瑙珠和 2 件玉珠组成⑤。各式玛瑙珠出土时堆放在一起，2 件玉珠则应为玛瑙串饰的组件。因穿系物已朽，原穿缀顺序不清。这些玛瑙形状各异，有算珠形、腰鼓形、竹节管形、椭圆柱形等形状。玛瑙大多呈肉红色、深红色，少数呈淡红、橘红色，玛瑙珠大多色泽艳丽，个别为透明、半透明状。

---

① 甘肃省博物馆魏怀珩：《甘肃平凉庙庄的两座战国墓》，《考古与文物》1982 年第 5 期，第 21～23 页。
② 陕西省文物管理委员会：《陕西宝鸡阳平镇秦家沟村秦墓发掘记》，《考古》1965 年第 7 期，第 340 页。
③ 陕西省雍城考古工作队吴镇烽、尚志儒：《陕西凤翔八旗屯秦国墓葬发掘简报》，《文物资料丛刊(3)》，文物出版社，1980 年，第 75 页。
④ 陕西省考古研究所宝鸡工作站、宝鸡市考古队：《陕西陇县边家庄五号春秋墓发掘简报》，《文物》1988 年第 11 期，第 14～15 页。
⑤ 宝鸡市考古工作队：《宝鸡市益门村二号春秋墓发掘简报》，《文物》1993 年第 10 期，第 12 页。宝鸡市文物考古研究所：《秦墓遗珍——宝鸡益门二号春秋墓》，第 161～165 页(图一五一至一六〇)，科学出版社，2016 年。

有几枚橘红色珠子表面可观察到深红色层纹①。

（1）算珠形玛瑙珠，100 枚（彩图三）。珠子形制基本相似，但每一枚珠子尺寸及形状各不相同，或大或小，或圆或扁，外观有微妙的不同之处，体现了手工制作的特点。最大的珠子高 0.7、径 1.3、孔径 0.2～0.4 厘米。最小的珠子高 0.2、径 0.5、孔径 0.1 厘米。较大的珠子仅有数枚，扁圆的小珠子有 2 枚，其余的玛瑙珠大小相似，尺寸介于两者之间。钻孔有单钻、双钻两种。

（2）竹节形管状玛瑙珠，3 枚（M2：213－215）。均为红色，形状基本相同，大小不同，外观似竹节。最大的长 4.5、外径 1.1、孔径 0.4 厘米。最小的长 1.1、外径 0.6、孔径 0.2 厘米。

（3）腰鼓形玛瑙珠，3 枚（彩图四，1～3）。两端细、中间粗。2 枚为通体褐红色；1 枚为透明的白色，表面有红色层纹。形状基本相同，大小稍有不同。最大的长 2.2、外径 0.6、孔径 0.15 厘米。最小的长 1.3、外径 0.6、孔径 0.15 厘米。穿孔为直钻。

（4）椭圆柱形管状玛瑙珠，1 枚（彩图四，4）。通体呈圆棒状，两端呈圆形，与穿孔接合，穿孔为单钻，两端孔径不同。长 2.6、外径 1.1、孔径 0.3～0.4 厘米。

6. 咸阳石油钢管钢绳厂（塔儿坡）M27063 出土算珠状玛瑙珠 4 件，直径 0.6～0.8、孔径 0.2 厘米。

7. 甘肃张家川马家塬 M1 墓室西侧有大量玛瑙珠等饰物②，玛瑙珠数目尺寸均不详。

8. 甘肃张家川马家塬 M3 墓室西侧车舆处出土 800 余枚玛瑙珠③。玛瑙珠尺寸不详。

9. 甘肃张家川马家塬 M6 出土白玛瑙环（M6：206）1 枚。玛瑙环保存状态

---

① 根据笔者观察，100 枚算珠形玛瑙珠大多质地纯粹，颜色殷红，表面没有花纹，这些质地纯粹的红色珠子应该属于本文所说的肉红石髓珠。

② 甘肃省文物考古研究所、张家川回族自治县博物馆：《2006 年度甘肃张家川回族自治县马家塬战国墓地发掘简报》，《文物》2008 年第 9 期，第 16 页。

③ 甘肃省文物考古研究所、张家川回族自治县博物馆：《2006 年度甘肃张家川回族自治县马家塬战国墓地发掘简报》，《文物》2008 年第 9 期，第 26 页。

基本完好,截面呈不等边五角形,直径 4.4、内径 2.8 厘米①。

10. 甘肃张家川马家塬 M7 墓室中出土有玛瑙珠,玛瑙珠数量尺寸不详②。该墓年代在战国晚期。

11. 凤翔孙家南头 M121 出土玛瑙珠 14 枚。标本 M121:14,红色,透明。呈小圆算珠状,中有穿孔。直径 0.9、孔径 0.3 厘米③。该墓年代在战国晚期。

12. 甘肃礼县六八图遗址 M25 出土玛瑙珠 2 枚(M25:9)。玛瑙珠中部穿孔,一大一小,穿孔为双面对钻。大珠直径 1.1 厘米,呈淡紫色。小珠直径 0.8 厘米,呈深紫色。该墓年代在战国中晚期④。

13. 西安张家堡秦墓 95 世泰思 M19 出土残破的玛瑙料珠 17 枚⑤,大小不一。标本 95 世泰思 M19:5-1、2、3、4、5、6,均呈透明的棕色,棕色或深或浅。标本 5-1、2,体型较小,泛红色。标本 5-3,残长 2.1、厚 1.1 厘米,残留半圆小穿孔。标本 5-6,两端均已残破,呈一端细一端粗的圆柱状,表面磨光,残长 1.65、小端径 2、大端径 2.5 厘米。标本 95 世泰思 M19:6-1 至 11,多呈浅棕色,有的是红棕色,断面或有黄、白、棕相间的条纹。标本 6-1、6-2、6-5,均略泛红色。标本 6-6,断裂为半圆,表面磨光,中心原有圆形穿孔,残留半圆小孔,残长 0.75、外径 1.4、孔径 0.3 厘米。该墓年代在战国晚期后段。

综上,甘肃省东部及陕西省关中地区 13 座墓葬发现玛瑙珠饰,共出土玛瑙 1 100 余枚。这些玛瑙珠多为扁圆算珠形或圆形,少数为腰鼓形或管状、竹节状。出土墓葬的年代从春秋早期到战国晚期不等。因马家塬 M1、M7 等墓葬尚未完

---

① 早期秦文化联合考古队、张家川回族自治县博物馆:《张家川马家塬战国墓地 2007~2008 年发掘简报》,《文物》2009 年第 10 期,第 31 页,图十二。

② 早期秦文化联合考古队、张家川回族自治县博物馆:《张家川马家塬战国墓地 2008~2009 年发掘简报》,《文物》2010 年第 10 期,第 7~11 页。该发掘简报中图二〇"M7 平、剖面图"中的第 12 标记为玛瑙珠。

③ 陕西省考古研究院:《凤翔孙家南头——周秦墓葬与西汉仓储建筑遗址发掘报告》,第 145~147 页,科学出版社,2015 年。

④ 参见"2019 年甘肃秦文化研究会第四次学术研讨会"(2019 年 10 月 22~23 日在甘肃省礼县举办)会议资料《甘肃礼县六八图遗址考古新发现》(发言人:孙晨),墓葬资料尚未正式发表。

⑤ 陕西考古研究院:《西安张家堡秦墓发掘报告》,第 270 页,陕西科学技术出版社,2019 年。

全清理，一旦清理完毕，秦墓出土玛瑙数量定会大大增加。

近年发掘的甘肃庆阳石家墓地 2019GNSM4（以下简称 M4）随葬 3 组玉串饰（A 组 M4∶55，B 组 M4∶60，C 组 M4∶66），每组均有大量红色或橘红色玛瑙珠，玛瑙珠总数多达 440 枚。其中 A 组有 184 颗玛瑙珠，B 组有 171 颗玛瑙珠，C 组有 85 颗玛瑙珠。石家 M4 出土的这些玛瑙珠长 0.2～0.5、直径 0.5～0.9 厘米，形状基本相同，呈扁圆形，中有穿孔，切面多凹凸不平，大小不一①。此外，石家墓群 M38 也出土约 16 件红色半透明状玛瑙珠，多呈圆形，盗洞所出玛瑙珠为短管状②。石家墓群这些玛瑙珠的形状与益门村二号秦墓所出算珠形玛瑙珠相似，而个头偏小。该墓地年代在春秋早中期，学界多以为石家墓群不属于秦墓，因此，本文未收录这些玛瑙珠。

上述秦墓玛瑙珠的出土数量、用途及墓葬年代等情况详见表二。

表二　关陇地区秦墓出土玛瑙珠一览表（按省别及墓葬年代早晚排序）

序号	省别	出土墓葬	数量/枚	玛瑙形状	色彩	用途	出土位置	墓主性别	年代	资料出处
1	陕西省	陇县边家庄五号春秋墓	80	珠状	不详	串饰	颈部	不详	春秋早期	《文物》1988－11
2		陇县边家庄五号春秋墓	70	珠状	不详	串饰	腹部	不详	春秋早期	《文物》1988－11
3		凤翔孙家南头 M121	14	圆算盘珠状	红色	串饰	头顶部	不详	春秋早期	《凤翔孙家南头》第 145－147 页
4		宝鸡秦家沟 M1	2	珠状	不详	串饰	胸部	不详	春秋中期	《考古》1965－7
5		凤翔八旗屯 BM32∶1	8	扁圆形	不详	串饰	殉人身侧	不详	春秋中期	《文物资料丛刊》(3)》1980 年

① 甘肃省文物考古研究所：《甘肃宁县石家墓地 M4、M166 发掘简报》，《考古与文物》2020 年第 5 期，第 3～24 页。

② 甘肃省文物考古研究所：《甘肃宁县石家东周墓地 2016 年的发掘》，《考古学报》2021 年第 3 期，第 437～438 页。

序号	省别	出土墓葬	数量/枚	玛瑙形状	色　彩	用途	出土位置	墓主性别	年代	资料出处
6	陕西省	宝鸡益门村二号墓	108	算珠、腰鼓、管、隆顶圆柱形	殷红色，少量淡红色	串饰	墓室中	男性	春秋晚期	《文物》1993-10
7		咸阳石油钢管钢绳厂M27063	4	算珠状	深红色	串饰	胸部	男性	战国晚期	《考古与文物》1996-5
8		西安张家堡95世泰思M19	17	残破、不规则	棕、红棕、泛红	废料	墓室左侧	男？	战国晚期后段	《西安张家堡秦墓发掘报告》第270页
9	甘肃省	礼县六八图遗址M25	2	圆珠	大珠淡紫、小珠深紫色	串饰	不详	不详	战国中晚期	2019年甘肃秦文化研究会第四次学术研讨会会议资料
10		平凉庙庄M7	1	珠状	暗红色	串饰	胸腹部	不详	战国晚期	《考古与文物》1982-5
11		张家川马家塬M1	大量	珠状	不详	不详	墓室西侧	男性	战国晚期	《文物》2008-9
12		张家川马家塬M3	800	扁圆、圆形	橘红、暗红色	车帘珠饰	车舆处	不详	战国晚期	《文物》2008-9
13		张家川马家塬M7	不详	珠状	不详	不详	墓室中	不详	战国晚期	《文物》2010-10

四、肉红石髓、玛瑙的出土位置、用途及使用者的性别、身份地位

甘肃平凉庙庄七号墓出土的1枚玛瑙珠(M7∶21)位于棺内中部，与绿松石珠、料珠及玉璧、石饰等共出。

益门村二号墓发现于1992年，该墓随葬品众多，但蚀花肉红石髓珠(M2∶220)仅发现1枚。前文学术史回顾中谈到，印度是蚀花石珠的发源地，我国出土

的蚀花肉红石髓珠均应是舶来品，益门村二号秦墓的这枚扁圆锥形蚀花肉红石
髓珠也不例外。据说山东、广西、内蒙古也有类似的古珠出土，但尚未见有具体
的资料及图片公开发表①。蚀花肉红石髓珠在考古发现中极其罕见，能够拥有
如此稀奇的物件，足见益门村二号秦墓墓主的权势地位非同寻常。该墓随葬品
极其奢华，随葬大量精美的金、玉器，仅金珠、金管、玛瑙管珠、绿松石块珠、料珠、
料管等就将近三千件。这在关中地区已发现的大型秦墓中极为罕见。随葬金器
原本是西亚、西北亚一带的北方文化风俗，而同一时期的秦地以及关东诸国则流
行随葬铜、玉器。将中原文化及北方文化融为一体是该墓随葬品的最大特点②。
关于该墓的年代，学界有春秋中期、晚期等不同看法③。学者们根据该墓众多精
美的金、玉器推测，该墓主人的身份可能是位内迁的、归属于秦的西戎某亡国之
君④，或归顺后有功于秦的戎人⑤，也有学者认为益门村二号墓墓主应该是秦国
的高级贵族⑥。该墓出土金柄铁剑 3 件及金环首铁刀 13 件，这些武器的存在说
明墓主应为男性。

　　陕西陇县边家庄五号春秋墓的葬制有许多独特之处。第一，它的棺椁。边
家庄五号墓墓室分为上下两层，上面一层是椁室，下面一层是棺室，属于上椁下
棺。而棺椁相套则是中原文化的传统。第二，随葬木辇车、木俑。因而，边家庄
五号墓的葬制等主要彰显了周秦风格，其中也夹杂了中原诸国的文化要素。简
报根据随葬的铜礼器五鼎四簋及铜器形制纹饰，判断该墓年代在春秋早期，墓主

---

　　① 李磊曾在大陆古珠研究者手里找到扁圆锥形蚀花肉红石髓珠标本，并获得高清实物照片，珠子的
外观与益门村二号墓蚀花肉红石髓珠非常相似。参见李磊：《天珠研究》第 10 页，西北师范大学 2015 年
硕士学位论文。
　　② 参见陈洪《秦文化之考古学研究》（科学出版社，2016 年，第 214 页）。简报发表后引起学界关注，
学者们纷纷发文推测该墓的性质及墓主人的身份地位，陈平先生认为墓主是位内迁的、归属于秦的西戎
某亡国之君，赵化成先生认为或应是戎人君长的子女或亲属，也可能是归顺后有功于秦的戎人，史党社、
田静先生认为益门村二号墓墓主应该是秦国庶长级别的高级贵族。由于该墓没有墓道、车马以及其他日
用品随葬，且棺椁内未见有人骨朽痕，甚至不见不易腐朽的牙齿，因而笔者以为，它既有可能是墓葬，也有
可能是埋藏宝物的藏宝坑或祭祀坑。
　　③ 参见陈洪《秦文化之考古学研究》（第 213 页）。学界对益门村二号墓的年代有多种看法。简报将
益门村二号墓的年代定在春秋晚期偏早，陈平先生持春秋中期晚段到春秋晚期中段说，赵化成先生持春
秋中期晚段说、史党社先生、田静女士持春秋晚期中晚段说。
　　④ 陈平：《试论宝鸡益门村二号墓短剑及有关问题》，《考古》1995 年第 4 期，第 361～375 页。
　　⑤ 赵化成：《宝鸡市益门村二号春秋墓族属管见》，《考古与文物》1997 年第 1 期，第 31～34 页。
　　⑥ 史党社、田静：《益门村二号墓相关问题续说》，《考古与文物（先秦考古增刊）》2002 年。

至少应是"大夫级别的贵族"①。该墓未出土武器，未做人骨鉴定，性别不详。墓主采用了直肢葬及北头向。北头向是周人的惯用头向，三晋两周地区、燕、中山等国以及北方文化区也流行直肢葬及北头向②。有学者以为春秋时期直肢葬的铜器随葬墓墓主是周遗民③。笔者认同此说，墓主采用北头向，而不是秦人标志性的西头向，显然墓主并非秦人。所以，墓主有可能是周遗民，也有可能是从上述流行直肢葬、北头向地区来到秦国的外族。

马家塬 M6 是一座拥有 9 级阶梯式墓道的大型墓。大型器物虽被盗掘一空，但依然发现众多金银制品、车马饰件及大量各色玻璃珠子及肉红石髓、绿松石、白玛瑙环等装饰品。该墓出土了勾形（图一，1）、双亚腰形（图一，3）、瓜棱形（图一，4）、短双锥多面体（图一，2）等百余枚形状各异的肉红石髓珠，尤值一提的是肉红石髓勾形饰，其造型独特，类似"勾玉"，是整个周秦时期绝无仅有的一枚。据发掘简报，马家塬 M6 是该墓地规模最大、级别最高的墓葬，位于墓地的中心部位，其他墓葬呈半月形分布在其北部和东西两侧。该墓被盗严重，未出土可资判断墓主性别的器物。李永平先生根据墓葬的规模、规格等级以及出土多件秦文化风格的铜、铁器等方面因素，尝试推测马家塬战国墓墓主的身份，认为 M6墓主应该是归顺秦国的戎族"王"，其他墓葬的墓主应该是其亲属④。笔者以为这一分析很有道理，赞成这一观点。

马家塬 M1、M3 同是有 9 级阶梯式墓道的洞室墓，车坑中葬车 4 辆，墓室中葬豪华礼仪车 1 辆，随葬大量金银铜器。马家塬 M1 墓室前端东西两侧有牛头 2个，玛瑙珠发现于西侧牛头附近，与金银花饰件等共出，数目尺寸用途均不详。

---

① 陕西省考古研究所宝鸡工作站、宝鸡市考古工作队：《陕西陇县边家庄五号春秋墓发掘简报》《文物》1988 年第 11 期，第 23 页。

② 东周王城中发掘的东周墓多为北头向，三晋两周地区及燕、中山等国的高等级墓葬均为北头向。内蒙古的一些战国时期匈奴墓葬，如内蒙古准格尔旗西沟畔、杭锦旗桃红巴拉匈奴墓地等也皆为北头向。参见陈洪：《秦文化之考古学研究》，第 177～178 页，科学出版社，2016 年。

③ 刘军社先生认为，春秋时期采用直肢葬，随葬品既有铜礼器又有仿铜陶礼器的墓主人属于周遗民，春秋时期秦地的直肢葬是周人传统的延续（刘军社：《关于春秋时期秦国铜器墓的葬式问题》，《文博》2000 年第 2 期）。张天恩先生也认为，秦地发现的时代在春秋早期，墓圹口小底大，具有北头向且是直肢葬特征的墓葬，应为周遗民墓葬（张天恩：《试说秦西山陵区的相关问题》，《考古与文物》2003 年第 3 期）。

④ 李永平：《甘肃张家川马家塬战国墓出土文物及相关问题探讨》，《文博》2007 年第 6 期，第 10～15 页。

马家塬 M1 随葬铜戈一件、箭箙中有铜箭镞 9 枚,墓主应为男性①。马家塬 M3 墓室西边车軎处出土了 800 余枚圆形、扁圆形玛瑙珠及一些金银帽饰。根据出土位置,发掘者推测这些珠子原本应是车帘子上的珠饰或珠帘。马家塬 M3 未出武器,墓主或有可能是女性。上述二墓年代均在战国晚期。

马家塬 M7 为一小型墓,被盗严重,残存的随葬器物主要有金、银、铜质地的车饰及料珠、肉红石髓珠。该墓未出土可资判断墓主性别的器物。

马家塬 M12 是一座有 3 级阶梯竖穴墓道的小型偏洞室墓。该墓随葬品极少,墓主右侧放置 1 件陶罐,左手边出土铜刀,左腿部放置 1 件铁戈,左足部附近发现 4 枚铜镞。铜刀长约 17、刃部宽 1.3、柄宽 1.1 厘米,呈长条状,上有骨制的刀鞘。墓主耳部出有一枚直径约 3 厘米的银耳环。墓主颈部出由铜泡、费昂斯管珠、肉红石髓珠组成的项链。竖穴墓道东段还发现有马头、牛头及少量车马饰件。该墓没有随葬木车,级别在马家塬墓地诸多已发掘墓葬中属于最低的。从该墓贫瘠的随葬品可以推知,该墓主生前在戎王一族中地位较低。该墓随葬铁戈、铜镞等武器装备,可知该墓主性别应为男性。

马家塬 M13 为次中型墓,墓葬形制为八级阶梯式竖穴墓道偏洞室墓。该墓未被盗,各种随葬品保存完好,完整展现了原来的状态。竖穴西北角木车的前方,紧靠墓壁立有一只通长 3.65 米的铁矛。胸前放置了铜鹤嘴斧,腰部两侧放置铜斧、铜戈,"左腿处有随身佩戴的箭囊和数枚箭镞"②。据发掘简报,墓主为一身高约 1.71 米、年约 30 岁的男性。该年轻男子头部撒有金花,头顶有圆形金饰件,戴金耳环,颈部有半环形金银质项圈,腰部有银饰件。腰腿部有汉紫、汉蓝珠组成的串饰以及由绿松石珠、肉红石髓珠、金珠组成的串饰。由随葬品的墓葬等级可以判断,该墓主生前应是中等级别的戎人贵族。

马家塬 M14 是一座次中型墓。该墓随葬 3 辆装饰了金银饰片及汉紫、汉蓝、铅白珠的豪华木车。墓主颈部发现有各种珠子串成的项链,腰缠 2 条金腰带,上有 6 件银带扣。一对嵌有肉红石髓的金耳环(M14:7)出土于墓主耳部

① 甘肃省文物考古研究所、张家川回族自治县博物馆:《2006 年度甘肃张家川回族自治县马家塬战国墓地发掘简报》,《文物》2008 年第 9 期,第 16 页。

② 早期秦文化联合考古队、张家川回族自治县博物馆:《张家川马家塬战国墓地 2008～2009 年发掘简报》,《文物》2010 年第 10 期,第 14 页。

（图二）①，金耳环最下端的圆饼形金片内有太极图案，太极图内分别镶嵌肉红石髓和费昂斯。穿缀了肉红石髓珠、绿松石珠的金坠饰（M14：4－13）黄、绿、红相间，色彩斑斓。值得注意的是，该墓墓主左右手中各握有一枚制作精美的龙纹金带钩。该墓随葬品奢华丰厚，种类多样，可见墓主生前的地位应该很高。该墓未发现有可资判断墓主性别的器物。

马家塬 M15 属于小型墓。该墓随葬木车一辆。墓主左侧手边有金柄铁剑，另有铜箭镞 9 枚，竖穴墓道的西北角立有一只铁矛。该墓墓主无疑应是男性。

马家塬 M16 是一座中型墓，该墓随葬 5 辆髹漆豪华木车。墓主头部撒有金花，头顶有圆形金饰件（金花、金饰件或应为头饰的组成部分）。耳边有金耳环，颈部有半环形金银项饰，右手臂处有一枚镶嵌有肉红石髓、绿松石的金臂钏。墓主腰部有 3 条装饰了金带饰的金腰带，金带饰及金带钩（M16：11）②上均镶嵌了各种形状的肉红石髓珠。该墓墓主身边及墓室、壁龛内出土较多金、银、铜质的随葬品。经专家鉴定，墓主为一年约 40 岁的男性。

甘肃张家川马家塬 M18 属于中型墓。随葬豪华髹漆木车 3 辆。出土包括镶嵌绿松石的云纹青铜敦、铜鬲等在内的 6 件铜容器，另有大量铜车马器及金、银、铜、铁饰件及汉紫、汉蓝珠。据甘肃省文物考古研究所编著的《西戎遗珍——马家塬战国墓地出土文物》，墓主腰部、颈部、大腿部出土多件成排或成列的短管状、圆形及瓜棱形肉红石髓珠③。从这些肉红石髓珠的出土位置看，推测其应为项链、腰带或囊袋的装饰。该墓未发现有可判断墓主性别的器物，墓主性别不详。

马家塬 M20 为一小型墓。墓道内随葬髹漆木车一辆及大量马、牛、羊的头骨、肩胛骨、肋骨、腿骨、蹄骨等。墓主头骨顶部散落的肉红石髓珠及银箔帽或应是帽子、头饰上的装饰。墓主头骨边还出土铜戈 1 件、镞 14 枚及金耳环 1 枚，右臂带银臂钏，腰部出土虎噬羊纹金箔带饰。洞室北端有陶器罐、鬲各 1 件，陶鬲

---

① 早期秦文化联合考古队、张家川回族自治县博物馆：《张家川马家塬战国墓地 2007～2008 年发掘简报》，《文物》2009 年第 10 期，第 37～39 页。

② 甘肃省文物考古研究所：《西戎遗珍——马家塬战国墓地出土文物》，第 60～61 页，文物出版社，2014 年。

③ 甘肃省文物考古研究所：《西戎遗珍——马家塬战国墓地出土文物》，第 53 页"M18 金带扣出土情况"，文物出版社，2014 年。

表面有烟炱痕。该墓有武器铜戈、镞随葬，可知墓主性别应为男性。与马家塬其他墓葬相比，该墓金银器及随葬品出土极少，该墓主生前应是戎族的低等级贵族。

马家塬 M25 墓道内随葬髹漆木车一辆及几个家畜头骨。镶嵌肉红石髓及绿松石金耳坠出土于人骨左（东）侧锁骨处，说明这枚耳环、耳坠是戴在左耳上的。墓主直肢葬，北头向，由于墓主身体部位尚未清理，不知是否有武器随葬，墓主性别不详。

凤翔八旗屯 BM32：1 殉人身旁出土的 8 枚玛瑙珠当属佩饰，玛瑙珠在当时属于贵重物品，由此可见该殉人生前的地位并不低，未曾对该殉人人骨进行性别鉴定，不知其性别。该墓年代在春秋中期。

凤翔孙家南头 M121 及甘肃礼县六八图遗址 M25 均属小型墓，且墓主性别不详。

西安张家堡秦墓 95 世泰思 M19 是座竖穴墓道洞室墓，墓主仰身屈肢，西头向。墓主头部及腰部出土残破料块 26 件，其中有玛瑙料 17 枚，其余为绿松石及青玉料块。除料块外还随葬大口罐、盂、盒等 4 件陶器。墓主生前应为从事贵重玉器加工制作的工匠，性别或应是男性。该墓年代在战国晚期后段。

陕西宝鸡秦家沟 M1，墓主头南面东，侧卧下肢弯曲。M1 骨架上及骨架周围有一层厚约 0.2 厘米的朱红色粉末。胸部发现有 2 枚玛瑙珠、1 枚玉珠。另有 1 件瘦长的鱼形玉器、1 件弯曲的蚕形玉器、2 件四棱方柱形玉器与玛瑙珠、玉珠共出于墓主胸前，说明它们应是一组已经散乱的串饰①。该墓年代在春秋中期。墓主性别不详。

从目前的考古发掘资料看，出土肉红石髓的墓葬多属于级别比较高的大、中型秦墓，这些墓主生前当属于社会上层或者富裕阶层。由此可知，在当时的秦地，肉红石髓、玛瑙与绿松石、琥珀②一样，是身份地位及财富的象征。根据简报

① 陕西省文物管理委员会：《陕西宝鸡阳平镇秦家沟村秦墓发掘记》，《考古》1965 年第 7 期，第 340 页。
② 甘肃礼县大堡子山发掘的秦公墓 M3，是迄今为止发现秦墓中级别最高的墓葬。M3 为中字形大墓，被盗严重，墓主仰身直肢，头向西。墓主胸、颈部散落着大量的琥珀珠，琥珀珠的数量及尺寸均不详。详见戴春阳：《礼县大堡子山秦公墓地及有关问题》，《文物》2000 年第 5 期，第 75 页。

给出的性别鉴定结果是否有武器出土，笔者分析观察了上述墓主的性别，发现拥有肉红石髓珠及其嵌饰的，虽然多数性别不详，但性别清楚的 8 例，墓主均为男性。

马家塬墓地出土了大量精美的金、铜、陶、车马器及各种装饰物，有的出土物具有甘青地区传统文化特色，也有少量秦及中原地区常见器物，而墓地中最浓郁的，还是长城以北地带的北方草原文化因素。如马家塬大、中型墓葬中均随葬多辆木车，车饰大多极其奢华，有金、银箔加工成的羊、虎等动物纹及汉紫、汉蓝料珠串、金带饰牌等。马家塬墓地金、银箔大角羊的形象，常见于中亚以及新疆伊犁、哈密等地所出铜镜、铜饰牌等物品上①。这些异域风格的物品可以通过地区间的商贸交流②、联姻等方式③出现在马家塬。马家塬墓地的中小型墓葬，规格、随葬品也远较相同级别的秦墓奢华。一如学界推测，马家塬墓地应是戎王及戎人贵族的墓地。

五、秦地肉红石髓、玛瑙的产地
来源及其制作工艺

（一）肉红石髓的矿源地

如前文所述，肉红石髓与玛瑙外观、质地相似，同属玉髓类。不同之处在于玛瑙表面有清晰的层纹条带，而肉红石髓的颜色及质地较为纯粹。因而，出产玛瑙的地方必定有肉红石髓。先来看一下当今我国的玛瑙矿分布情况。

今天我国很多省份有玛瑙矿，如甘肃的甘南、陇南，河北的围场、赤城、宣化，辽宁的阜新、彰武，四川的攀枝花等，此外黑龙江、内蒙古、宁夏、西藏、湖北等省也出产玛瑙。由于矿源丰富，因而玛瑙在今天已经比较常见，常用于项链、手链等手工艺装饰品。目前国内收藏界最热门的南红玛瑙，产地以云南保山、四川凉

---

　　①　史党社：《从考古发现谈前丝路的一些问题》，《秦始皇帝陵博物院（总肆辑）》，第 291～293 页，陕西人民出版社，2014 年。

　　②　史党社：《从考古发现谈前丝路的一些问题》，《秦始皇帝陵博物院（总肆辑）》，第 291～293 页，陕西人民出版社，2014 年。

　　③　杨建华：《张家川墓葬草原因素寻踪——天山通道的开启》，《西域研究》2010 年第 4 期。

山最有名。这两个产地的南红玛瑙，并不见于县志之类的古书记载。甘肃迭部及周边地区出产的南红玛瑙，收藏界统称为"甘南红"，以区别于其他地区的南红玛瑙。甘南红玛瑙的产区范围较广，包括以甘肃迭部为中心的甘南、陇南地区及四川的阿坝自治州东北部。

夏鼐先生认为，我国现今工艺品所用的肉红石髓和玛瑙石基本上是自产的。"我国出产玛瑙的地点不少，云南省境内便有好几处，保山县玛瑙山出产的尤为有名。这保山县玛瑙山是哀牢山的支岭。它出产的玛瑙，古书中屡见提及"①。诚如夏鼐先生所言，既然附近就有玛瑙矿源，实在不必舍近求远，从遥远的南洋或其他地区购入玛瑙石和肉红石髓。然而，这些玛瑙矿源的最初开采使用年代目前尚不清楚。

杰西·卡罗森在谈到中土两周时期的玛瑙珠时说："算珠形红玛瑙珠似乎特别珍贵，这从其在梁代村墓葬中的使用方式中可以看出来。"并认为，红玛瑙珠仅仅在两周时期比较流行，流行时间较短，这也说明它可能来自外域，"或是模仿域外的样式而来的"。如果红玛瑙珠得到社会各阶层的广泛使用，应该会流行更长时间②。

今天我国各地玛瑙矿源丰富，所以，也不排除秦墓出土资料中存在本土矿产的可能性，但证实这一点比较困难。问题的关键在于，难以确认彼时上述玛瑙矿是否已经开采，这也是今后需要解决的一个课题。目前，科技考古界有很多的科学分析检测仪器，可以对古今的肉红石髓、玛瑙珠进行成分分析，观察两者所含微量元素的细微差别。相信通过考古、科技考古人员的共同努力，在不久的将来这一课题会有所突破。

（二）秦墓出土肉红石髓、玛瑙的质地及制作工艺

仔细观察可以发现，马家塬各墓葬出土的肉红石髓珠在品质、做工上有着微妙的差别。马家塬 M6 出土的肉红石髓珠数量最多，做工也最为精细；相比之

---

① 作铭：《我国出土的蚀花的肉红石髓珠》，《考古》1974 年第 6 期，第 384～385 页。

② ［英］杰西·卡罗森著，邓菲等译：《红玛瑙珠、动物塑像和带有异域风格的器物：公元前 1000 至 650 年前后，周及其封国与亚洲内陆的交流迹象》，《祖先与永恒》，第 409 页，生活·读书·新知·三联书店，2017 年。

下，马家塬 M13 出土的肉红石髓珠大小不一，石髓珠做工打磨明显不很精细，与 M6 的各色肉红石髓珠相比做工有很大的区别。如前文图一、图二所示，M6 肉红石髓珠颜色比较统一，都是鲜艳的肉红色；而马家塬 M13 的肉红石髓珠色彩不一，有橘黄、浅红、深红、暗红等色彩。据发掘简报，可知 M6 与 M13 的埋藏土壤及埋藏条件差别不大，因此，这些色彩上的差异，应该不是后来的沁蚀作用造成的，而是原本质地不同。珠子的质地、色彩以及加工工艺的精细程度，都是左右肉红石髓珠价值的因素。质地纯正、色泽鲜艳、做工精细的肉红石髓珠自然比较昂贵。从葬制及随葬品看，M13 墓主的身份应是戎人高级贵族，而马家塬 M6 的墓主，学界多以为是一位戎王，戎王使用的珠宝材质做工自然应是最好的。

　　益门村二号秦墓及马家塬 M3 出土的玛瑙珠中，有一部分质地纯粹，色泽鲜艳，不见层纹条带，应属本文分类的肉红石髓，因笔者未能实地观察这些珠子，姑且按照发掘报告分类，一概称其为玛瑙珠。

　　益门村二号秦墓出土的玛瑙/肉红石髓①，有竹节形、扁圆形、长腰鼓形、长管形等形状，通过笔者观察，可知其采用了双面对钻及单面直钻技术。彩图四采用了逆光/背光拍摄，珠体几乎呈透明状态，可以清楚地看到其内部钻孔情况。如彩图四，1、2，笔直的钻孔分别来自两端，在珠体中部对接时出现了细微（大约 0.1～0.2 厘米）的错位。有的错位不明显，如彩图四，3、4②。而一些长度较短的扁圆珠、短管形珠，则是采用了较为简单的单面直钻技术。

　　长腰鼓形红玛瑙珠的钻孔通常从两端开始，而这种中部鼓起的形状，有利于来自两端的钻孔在鼓起部位对接③。纯手工操作的双面对钻技术，无法精准控制钻头在珠体内的走向，容易导致对接时出现错位，因而管珠越长，错位的可能

①　益门村二号秦墓出土的玛瑙珠中，有一部分质地纯粹，色泽鲜艳，似应属本文分类的肉红石髓，因未能实地亲自观察这些珠子，姑且按照发掘报告，统称其为玛瑙。

②　宝鸡市文物考古研究所：《秦墓遗珍——宝鸡益门二号春秋墓》，第 162～163 页，图一五五～一五八，科学出版社，2016 年。

③　杰西·卡罗森在谈到公元前 3000 年两河流域的红玛瑙珠时提到钻孔，"其算珠形的形状有利于为长串珠钻孔，工匠可从两头起钻"。[英]杰西·卡罗森著，邓菲等译：《红玛瑙珠、动物塑像和带有异域风格的器物：公元前 1000 至 650 年前后，周及其封国与亚洲内陆的交流迹象》，《祖先与永恒》，第 409 页，生活·读书·新知·三联书店，2017 年。

性也就越大。而管珠中间的凸起，给了工匠修正错位的足够空间。相信在其他珠子也可以观察到这种错位的痕迹。秦墓出土肉红石髓珠、玛瑙珠的制作技术及工艺是今后需要深入探讨的课题。

六、周秦时期的国际贸易与"史前丝绸之路"

1960 年代，日本人近山晶提出，中国古代可能存在一条与丝绸之路并行的玉石之路，丝绸之路正是交易丝绸的商人利用玉石之路这一古老通道发展起来的[①]。

1984 年，马雍先生在《东汉后期中亚人来华考》中谈道："早在张骞通使西域以前，中亚地区与中国内地之间即已存在商品交流关系，但那时的贸易未必是直接进行的，中亚人来华旅游或定居之例似亦罕见。汉武帝派张骞两次出使西域以后……直接的贸易从此畅通，中亚的商人开始以中国内地为其重要的市场。同时，汉武帝之平定南粤，又为海上交通创造了条件。中亚人除了取道陆上的'丝绸之路'来华以外，也经常通过印度，由海上的'丝绸之路'来到中国。"[②]

1989 年，杨伯达先生注意到玉石之路的存在[③]。1994 年，臧振先生在《玉石之路初探》中明确提出了玉石之路的说法[④]，并认为玉石之路是丝绸之路的前身[⑤]。2004 年，杨伯达先生重新推测了玉石之路的交通网络[⑥]。易华先生的《金玉之路与欧亚世界体系之形成》，对这段学术史有详细梳理[⑦]。

研究表明，西周早、中期以前，中原地区墓葬中极少见肉红石髓及红玛瑙珠，西周晚期以后，关中及中原地区各诸侯国墓葬中出土了一批玛瑙珠[⑧]。如陕西

---

① 易华：《金玉之路与欧亚世界体系之形成》，《社会科学战线》2016 年第 4 期，第 73 页。
② 马雍：《东汉后期中亚人来华考》，《新疆大学学报》1984 年第 2 期，第 18 页。
③ 杨伯达：《中国古代玉器面面观》，《故宫博物院院刊》1989 年第 1 期。
④ 臧振：《玉石之路初探》，《人文杂志》1994 年第 2 期，第 79～89 页。
⑤ 臧振：《丝绸之路的前身——玉石之路》，《丝绸之路》1994 年第 2 期，第 36～40、64 页。
⑥ 杨伯达：《玉石之路的布局及其网络》，《南都学刊》2004 年第 3 期，第 113～117 页。
⑦ 易华：《金玉之路与欧亚世界体系之形成》，《社会科学战线》2016 年第 4 期，第 73～80 页。
⑧ ［英］杰西·卡罗森著，邓菲等译：《红玛瑙珠、动物塑像和带有异域风格的器物：公元前 1000 至 650 年前后，周及其封国与亚洲内陆的交流迹象》，《祖先与永恒》，第 408 页，生活·读书·新知·三联书店，2017 年。

的宝鸡茹家庄弢国墓、扶风黄堆乡强家1号墓、韩城梁代村芮国夫人墓,河南的三门峡虢国墓,山西的曲沃晋侯墓等。这些墓葬出土的玛瑙珠①数量多,且形状多样(圆形、扁圆形、腰鼓形、管珠形)、色彩斑斓(殷红色、橘黄色、黄色、浅绿色、紫色等)。这些墓葬的规格都比较高,墓主的身份皆相当于当时诸侯国的高级贵族。这些玛瑙珠与玉石、绿松石、琉璃等材质搭配,用来串联大型组玉佩,或者用作车辆、棺椁等的装饰。如韩城梁代村春秋早期的芮国夫人墓椁板上悬挂了大量串饰,其中仅玛瑙珠就多达三千余枚。

据杰西·卡罗森文,早在公元前3000年前后,印度河及两河流域的社会上层中流行使用蚀花的肉红石髓珠及红玛瑙珠、绿松石等宝石。著名的印度河文明摩亨·佐达罗遗址曾出土由42枚长达10厘米的红玛瑙管珠编缀的腰带②,两河流域的乌尔王族墓地出土大量形状各异、长短不一的肉红石髓管珠③。乌尔遗址晚期年代在公元前1000年。红玛瑙珠等在西亚各地都有出土,表明了那时整个西亚流行各种材质的串珠交易④。杰西·卡罗森认为,西周及其封国出土的呈橘红色、透明的算珠形红玛瑙珠,似应来自印度次大陆。而西周及各封国墓葬出土的红玛瑙珠、北方特色的动物塑像和其他一些带有异域风格的器物,说明西周及其封国与亚洲内陆有了比较深入的交流⑤。

2012年,郭物先生认为,西周晚期大墓中流行的肉红石髓及红玛瑙等宝石或许是一种交换媒介。即萨彦—阿尔泰地区的牧人,很可能用草原产品同中亚

①　上述墓葬出土的红玛瑙珠,其中很多质地纯正,表面没有明显的条带缟纹,应该属本文说的肉红石髓。

②　Aruz Joan and Ronald Wallenfels, *Art of the first cities*, *The Third Millennium B.C. from the Mediterranean to the Indus*,第279页。[英]杰西·卡罗森著,邓菲等译:《红玛瑙珠、动物塑像和带有异域风格的器物:公元前1000至650年前后,周及其封国与亚洲内陆的交流迹象》,《祖先与永恒》,第410页,生活·读书·新知·三联书店,2017年。

③　现藏于大英博物馆。[英]杰西·卡罗森著,邓菲等译:《红玛瑙珠、动物塑像和带有异域风格的器物:公元前1000至650年前后,周及其封国与亚洲内陆的交流迹象》,《祖先与永恒》,第410页,生活·读书·新知·三联书店,2017年。

④　[英]杰西·卡罗森著,邓菲等译:《红玛瑙珠、动物塑像和带有异域风格的器物:公元前1000至650年前后,周及其封国与亚洲内陆的交流迹象》,《祖先与永恒》,第412页,生活·读书·新知·三联书店,2017年。

⑤　[英]杰西·卡罗森著,邓菲等译:《红玛瑙珠、动物塑像和带有异域风格的器物:公元前1000至650年前后,周及其封国与亚洲内陆的交流迹象》,《祖先与永恒》第397～452页,生活·读书·新知·三联书店,2017年。

绿洲或西亚交换该类珠饰,然后再用这些珠饰和中国北方的诸侯们进行交易①。

2013 至 2014 年,位于帕米尔高原的吉尔赞喀勒墓群出土了一批肉红石髓珠子,包括 22 颗红玛瑙珠、7 颗天珠和 44 枚蚀花的肉红石髓珠,其中仅 M16 就出土了 23 枚蚀花肉红石髓珠。该墓群海拔约 3 050 米,地理位置特殊,墓群年代距今约 2 600 至 2 400 年。巫新华认为,该墓群“整体呈现出广义的斯基泰文化特点”,“出土了多种来自东西方的文物,这些文物的出土有力证明了 2 500 年前,该地就是沟通东西方主要文明区域的昆仑葱岭古道的必经之处”②。

2013 年,黄翠梅等学者认为,新疆、甘青地区的古代先民常用多彩珠管和金属饰件作为装饰,这种习惯可能与偏好璀璨亮丽装饰的亚欧草原地区风习有关③,这些地区出土的肉红石髓及红玛瑙珠,很可能源于西亚地区和南亚的印度河流域④。周秦汉时期的中原地区的贵族墓葬,流行用青铜器及各种玉器随葬,肉红石髓或玛瑙并不多见。

2016 年,易华梳理学术史并思考金玉之路与欧亚世界体系之形成。金之含义,不仅指黄金,还泛指金、银、铜、铁等金属。玉之含义,也不仅局限于软玉和真玉,还泛指绿松石、青金石、水晶、肉红石髓和玛瑙等美石。他认为沿着史前丝绸之路进入中原的,不仅有新疆的和田玉,还有肉红石髓和玛瑙、绿松石、青金石、天河石、水晶等美丽而珍稀的矿石⑤。

2017 年,巫新华系统梳理公元前一千纪中原各地出土的玛瑙珠饰,认为其多源于西方,中土的这些玛瑙珠饰证实了东西方文明的上层社会之间曾经有过的物质及文化交流,并提出了这种交流的具体时间和途径,“根据考古资料和相关古籍的记载,以夏商周为代表的中国文明,大约在公元前 2000 年初就已经通过新疆等草原地带,与埃及、美索不达米亚为代表的西方文明有了间接沟通,而

---

① 郭物:《欧亚草原东部的考古发现与斯基泰的早期历史文化》,《考古》2012 年第 4 期,第 56～69 页。

② 巫新华:《解析帕米尔新出土的蚀花红玉髓珠》,《文物天地》2018 年第 1 期,第 37～40 页。

③ 参见易华:《金玉之路与欧亚世界体系之形成》,《社会科学战线》2016 年第 4 期,第 75 页。

④ 参见易华:《金玉之路与欧亚世界体系之形成》,《社会科学战线》2016 年第 4 期,第 75 页。

⑤ 易华:《金玉之路与欧亚世界体系之形成》,《社会科学战线》2016 年第 4 期,第 74 页。

西域地区与中原王朝至迟,在西周中期也已经开始了直接交流"①。

早在公元前 3000 年前后,印度河及两河流域的社会上层中流行使用蚀花的肉红石髓珠及红玛瑙珠、绿松石等宝石。研究表明,那时的两河流域、西亚及南亚已经有丰富的红玛瑙、绿松石矿源。马家塬及益门村二号秦墓②所出各种形状的肉红石髓或红玛瑙珠饰,都可以在两河流域及西亚、中亚地区年代更早的高等级墓葬中找到与其形状相同或相近者。如乌尔王陵出土的一个用金、青金石、肉红石髓、玛瑙各种材质的珠子编缀而成的项饰,这些珠子无论是大小相间的编缀,还是各种彩石、金珠交错的斑斓色彩,都带给人一种美的韵律感。这些项饰中有竹节、圆管、腰鼓、算珠等形状的肉红石髓或红玛瑙珠,而其中的青金石珠和金珠,其外观与马家塬 M6 的瓜棱形肉红石髓珠饰相似,不同之处在于,马家塬 M6 的瓜棱形珠仅有七瓣或八瓣,乌尔王墓的青金石珠及金珠呈灯笼形,有二三十个细小的凸棱③。

马家塬 M6 的肉红石髓勾形饰(M6:38)圆头尖尾,外观与两周时期中原流行的玉蚕之类差别较大。从形状上看,这枚勾形饰在我国绝无仅有,但它与同一时期朝鲜半岛、日本列岛广为流行的勾玉(曲玉)极为相似。笔者以为,它或应属外来文化意匠。早在新石器晚期的兴隆洼文化,中国大陆与日本列岛之间就已经有了文化交流④。战国晚期至汉初,更是有大批移民从大陆、朝鲜半岛渡海到日本,并带去冶铁、养蚕、水稻种植等先进技术。这枚肉红石髓勾形饰的发现或

---

① 巫新华:《试析帕米尔高原新近出土玛瑙珠饰的受沁现象——从吉尔赞喀勒墓群出土玛瑙珠的次生变化谈起》,《新疆艺术》2017 年第 4 期,第 4～21 页。

② 益门村二号秦墓出土的玛瑙串饰(M2:186)共有 108 枚玛瑙珠。在中国,108 代表三十六天罡和七十二地煞。这个数字在佛教中象征吉祥圆满,如一串佛珠有 108 颗珠子,念经文要念 108 遍,捻佛珠要 108 遍等等,以示对佛祖的虔诚。佛教起源于公元前 5 世纪,益门村二号墓年代在春秋晚期,两者约略同时,当然,这个数字或许只是巧合。

③ 参见《乌尔王陵宝藏中的红玉髓(及古珠赏析)》——搜狐网 https://www.sohu.com/a/349558228_736794 乌尔王陵出土项饰图片。乌尔王陵是苏美尔国王及王后的墓地,位于伊拉克的穆盖伊尔。经发掘王陵中出土了金、玉、玛瑙等材质随葬品,精美文物现主要藏于美国宾夕法尼亚大学博物馆及英国大英博物馆。

④ 距今 8 000 多年的内蒙古兴隆洼遗址和日本列岛 7 000 多年前的绳纹时代遗址,玉器造型(如玉玦)和组合十分相似。玉玦多出土于墓主耳部,可知应是作为耳环使用的。对于这种文化上的相似,学界有不同的解释。日本学者大多认为环形玉饰等是日本列岛土生土长的。然而,日本列岛还发现其他两种玉饰与兴隆洼文化的相同。因此有学者认为,彼时兴隆洼文化的影响或许已到达日本列岛。

许可以说明，至少在战国晚期，朝鲜半岛及日本列岛的文化因素已经向西流传到中国西北内陆。

目前尚无法证明我国各省现有的玛瑙矿源是否早在商周时期就已经开采，因而，国内外学界倾向于认为，周、秦时期我国中原地区的肉红石髓及红玛瑙等宝石可能来自遥远的异域，源于南亚次大陆及中亚、西亚地区。笔者以为，马家塬、益门村等高等级秦墓中的肉红石髓及红玛瑙珠，有可能也是如此。绿松石领域已经有了秦岭地区古绿松石矿带、新疆黑山岭古绿松石采矿遗址群的发现，期待今后我国能够有古玛瑙采矿遗址的考古新发现。

七、结　语

新疆罗布泊小河墓地等地考古发现表明，东西方之间的交流往来，至少在张骞出使西域，丝绸之路正式开通一千多年之前就已经开始了。当今学界称这条通道为"史前丝绸之路""玉石之路"或者"青铜之路"。

如前所述，学界普遍认为，蚀花的肉红石髓珠原产于印度，中土发现的类似珠子大多或应是舶来品，其中也应不乏中土仿制的。它们流传到中土的途径可能有海、陆两种。最新出土资料表明，帕米尔高原是蚀花肉红石髓珠、肉红石髓及玛瑙珠由印度河流域转运到西域乃至中原的重要通道之一。

笔者认同近年学界最流行的看法，即关陇地区秦墓出土的这些蚀花肉红石髓珠、肉红石髓珠及玛瑙珠，其中大部分或应来自中亚、西亚及南亚次大陆地区。它们的流传路径，或许与蜻蜓式眼玻璃珠、绿松石[1]等物品最初传入中国的途径相似，沿着史前陆上或海上丝绸之路进入我国。

根据本文统计结果，整个关陇地区共出土了一千多枚肉红石髓、玛瑙及其嵌饰，它们集中发现在张家川马家塬战国戎族墓地，被视为一代戎王的 M6 墓主所出肉红石髓珠最多，其中包括一枚与朝鲜半岛或日本列岛勾玉（曲玉）外形相似的肉红石髓勾形饰。而最珍贵的蚀花肉红石髓珠仅在宝鸡益门村二号秦墓中发

---

① 干福熹等认为史前或先秦时期中国的绿松石可能来自伊朗一带。详见干福熹：《玻璃和玉石之路——兼论先秦硅酸盐质文物的中外文化和技术交流》，《广西民族大学学报（自然科学版）》2009 年第 4 期，第 6～17 页。

现一件。

本文考察结果表明,关陇地区的肉红石髓多出土于大、中型秦墓,其中大型秦墓出土的肉红石髓数量相对较多。同为肉红石髓珠,墓葬的等级不同,肉红石髓珠的质量及做工会有微妙的差别。高等级墓葬的珠子色彩、质量、做工相对来说都比较好。据此可推知,肉红石髓在当时应是财富权势的象征。而出土肉红石髓、玛瑙珠饰件的墓葬,可以判别性别的墓主均为男性。这或许可以解释为,彼时的男性,尤其是游牧民族的男性,对于奢侈品具有相对较高的支配权。

附记:本文中的一部分曾以《秦地的肉红石髓与周秦时期的国际贸易》之名发表,参见秦始皇帝陵博物院:《国际视野下的秦始皇帝陵及秦俑学研究学术研讨会论文集》,第284～297页,西安地图出版社,2021年。本文在该文基础上,增加了关陇地区秦墓出土玛瑙珠及玛瑙嵌饰出土资料、肉红石髓及玛瑙珠的制作工艺、文化内涵等内容。

第三讲　秦地出土绿松石

绿松石是水和铜铝磷酸盐矿物,主要成分是铜、铁、铝及水的化合物。一般是由地表水渗透到含铜、铝、磷的岩石沉淀生成的,绿松石的化学分子式为 $CuAl_6(PO_4)_4(OH)8 \cdot 5H_2O$。绿松石的英文为 Turquoise,意即土耳其石(注释),但古代的土耳其并不出产绿松石。据说产于古波斯(今伊朗)的绿松石常常转道土耳其运到欧洲,于是欧洲人称其为"土耳其石"[①]。绿松石又称松石、突厥玉、土耳其玉。绿松石之名,始见于清。在清代以前,绿松石又有"甸子"等称谓。1927 年,地质学家章鸿钊在其著作《石雅》中写道:"此(绿松石)或形似松球,色近松绿"[②],因而被称作"绿松石"。绿松石是最为古老的宝石之一,从先秦一直到明清时期,绿松石的人气在各个时代一直长盛不衰。

一、秦墓出土绿松石研究及相关学术史

根据考古发掘资料及最新研究成果,可知我国中原地区早在距今 9 000 年至 8 600 年就已开始使用绿松石饰品[③]。新石器时代晚期,我国各地区很多遗址都曾出土绿松石饰品,主要发现于西北地区的马家窑文化、齐家文化以及黄河流域的裴李岗文化、仰韶文化、大汶口文化、龙山文化遗存等[④],在东北地区的红山文化,长江流域的大溪文化、良渚文化遗存中也有发现[⑤]。这些遗址发现的绿松

---

① 〔英〕Ronald Louis Bonewitz 著,张洪波、张晓光译,杨主明、董明审:《宝石圣典:矿物与岩石权威图鉴》,第 196 页,电子工业出版社,2010 年。
② 章鸿钊:《石雅》(再刊),《地质专报》乙种第二号,第 29～30 页,中央地质调查所印行,1927 年。
③ 西北大学文化遗产学院、北京科技大学科技史与文化遗产研究院、新疆文物考古研究所:《新疆若羌黑山岭古代绿松石矿业遗址调查简报》,《文物》2020 年第 8 期,第 12 页。
④ 孔德安:《浅谈我国新石器时代绿松石器及制作工艺》,《考古》2002 年第 5 期,第 74 页。
⑤ 孔德安:《浅谈我国新石器时代绿松石器及制作工艺》,《考古》2002 年第 5 期,第 74 页。

石多为绿松石珠或绿松石片，多与其他材质的珠玉一起穿缀为项饰、头饰，或镶嵌在漆木质手镯上做为腕饰，而镶嵌在铜、陶质器物上的极为罕见。甘肃武威皇娘娘台新石器遗址出土的绿松石珠多出于墓主口中①，这种作为口晗的用途比较奇特。

新石器晚期之后，绿松石出土范围进一步扩大，用途也更加广泛。河南偃师二里头遗址出土大量嵌绿松石器物，其中有嵌绿松石兽面纹青铜牌饰②、龙形器③等。此外该遗址还发现制作绿松石制品的作坊区，出土大量绿松石半成品及废料④。甘肃天水市⑤、四川广汉三星堆⑥也曾出土与二里头嵌绿松石兽面纹铜牌饰形制及风格相似的镶嵌绿松石铜牌饰。安阳殷墟妇好墓出土嵌绿松石象牙杯2件⑦。中国国家博物馆收藏有商代嵌绿松石饕餮纹罍一件。陕西宝鸡岐山贺家村的周原遗址发现的四马驾辕的青铜马车的车軎、銮铃均镶嵌有绿松石⑧。两周时期，镶嵌绿松石金器、金饰件及绿松石饰件在河南三门峡虢国墓

---

① 1975年，甘肃武威皇娘娘台遗址出土扁圆或长条形绿松石珠32枚，绿松石珠多出于墓主口中，其中未成年人墓葬M42墓主口含4枚绿松石珠，成年男女合葬墓M38男女二人口中各含3枚绿松石珠。参见甘肃省博物馆：《武威皇娘娘台遗址第四次发掘》，《考古学报》1978年第4期，第421～448页。

② 中国社会科学院考古研究所二里头工作队：《1981年河南偃师二里头墓葬发掘简报》，《考古》1984年第1期，第37～38页。嵌绿松石铜牌饰出土于81YLVM4，该墓除嵌绿松石铜牌饰外还出土87枚绿松石串珠及2件绿松石管饰。

③ 中国社会科学院考古研究所二里头工作队：《河南偃师市二里头遗址中心区的考古新发现》，《考古》2005年第7期，第17～18页及图版六；河南偃师二里头遗址02VM3出土的绿松石龙形器。

④ 中国社会科学院考古研究所：《二里头1999～2006（贰）》，第998～1006页，文物出版社，2014年。

⑤ 张天恩：《天水出土的兽面铜牌饰及有关问题》，《中原文物》2002年第1期，第43～46页。据该文，甘肃天水市博物馆展厅中有一件镶嵌绿松石兽面纹青铜牌饰，与河南偃师二里头遗址所出嵌绿松石兽面纹铜牌饰在形制、风格上非常相似。该铜牌饰出土于天水市。张天恩认为："夏代中原地区与西北地区可能已存在着文化交流、传播等方面的联系。天水地区可能是连接中原与四川地区文化交流的纽带。三星堆等地也有铜牌及其他二里头文化因素，其与距离较近的陇右地区早有沟通的可能性较大。"

⑥ 四川省文物考古研究所三星堆工作站等：《三星堆遗址真武仓包包祭祀坑调查简报》，《四川考古报告集》，文物出版社，1988年。

⑦ 象牙杯现分别藏于中国国家博物馆和中国社会科学院考古研究所。两件形制大体相同，均高约30厘米。口、颈、腹、足部、鋬手等部位饰多组兽面或夔龙纹，兽面纹或夔龙纹的眼睛、眉毛、鼻子、尾部均镶嵌小绿松石片。

⑧ 对于2014年的发现，参与考古发掘的北京大学考古文博学院教授雷兴山认为，该马车年代在西周中晚期。该马车被誉为西周"第一豪车"。

地①、北京琉璃河燕国墓②、辛庄头 30 号墓③、陕西韩城梁带村遗址及刘家洼东周芮国墓地④、甘肃庆阳石家墓地⑤等遗址均有发现。

2016 年,谢钟慧的硕士论文梳理了中国北方地区夏至战国时期出土的无机非金属装饰品,发现绿松石、玛瑙等色彩艳丽的饰品在北方戎狄人文化遗存中出土较多。如宁夏彭堡于家庄出土 217 枚绿松石管珠、76 枚玛瑙珠,宁夏中卫狼窝子坑青铜短剑墓群出土 219 枚绿松石珠,宁夏中卫青铜短剑墓出土 14 枚绿松石珠,等等⑥。

2019 年,洪石综合研究先秦两汉时期的嵌绿松石漆器并指出,绿松石在新石器时代主要被用作腕饰⑦、头饰及重要物件的装饰。夏、商及西周时期嵌绿松石漆器主要有觚、豆,西汉时期主要是杯、盘、案、奁等⑧。

---

① 虢国墓地出土金带饰 12 枚,这些金饰件出土于墓主腰部,应是腰带上的装饰。

② 北京琉璃河西周燕国墓出土了一件镶嵌绿松石的木胎金平脱圈足朱漆觚。朱漆觚高 28.3 厘米,口径 13.3 厘米,足径 8.5 厘米。通体髹朱漆。所谓金平脱技术,一般是用漆将金片黏在器物上,之后在器物表面几次加涂漆液,使漆的厚度稍厚于饰件的厚度。待漆干后仔细打磨平滑,完全露出金饰件纹样。器身下面两道金箔均嵌有绿松石,三个变形夔龙眼部均嵌绿松石。它是迄今为止我国发现的年代最早的一件金平脱器物。

③ 辛庄头 30 号墓出土嵌绿松石熊羊纹金饰件 6 件,嵌绿松石骆驼纹金饰牌 1 件,绿松石部分已脱落。辛庄头 30 号墓出土 2 组 4 件嵌绿松石金耳坠,2 组金耳坠嵌的绿松石颜色不同,一组天蓝色,一组表面呈淡绿褐色。

④ 该遗址发现的嵌绿松石兽面纹金牌饰由上下两组蟠螭纹组成,蟠螭纹眼部及额头镶嵌的小粒绿松石多有脱落,尚存的 5 枚绿松石呈纯净的天蓝色。2020 年 7~10 月陕西历史博物馆第七展厅的"古芮新迹——陕西澄城刘家洼东周遗址考古成果展"陈列展示了该金牌饰。

⑤ 资料来源:央视网。2022 年 6 月 20 日 21:48 CCTV-10[探索·发现]"石家墓地出土大量费昂斯"。据报道,石家墓地 M156 墓主右手腕部出土手串一串,由 91 颗珠子串成,大部分是绿松石珠,其中有 4 颗是费昂斯珠。石家墓群年代在春秋早中期,文化面貌比较复杂,以周文化为主体,包含秦、北方草原等文化因素,专家推测其族属应是非姬姓周人。石家墓群位于泾河上游,西周时这里曾归周王室管辖,到了东周时期,又成为周人、秦人和戎狄争夺之地。

⑥ 参见谢钟慧:《中国北方地区夏至战国时期出土的无机非金属装饰品初探》,重庆师范大学 2016 年硕士学位论文。谢钟慧的论文梳理了中国北方地区(即中国北方的黄河流域、长城地带)夏至战国时期出土的无机非金属装饰品,其中包括绿松石、玛瑙。宁夏中卫狼窝子坑各墓葬均有兽骨。葬式多为单人仰身直肢葬,头向(即简报中的墓向)多为北偏东 20°。该墓群出土的短剑、鹤嘴斧、刀等青铜器都是典型的北方文化风格,与内蒙古桃红巴拉,呼鲁斯太、玉隆太、毛庆沟等地的匈奴墓所出同类器物形制相似。很可能是西周或春秋时期活动在宁夏一带的戎、狄文化遗存。周兴华认为,中卫青铜短剑墓群的年代不会晚于春秋(周兴华:《宁夏中卫县狼窝子坑的青铜短剑墓群》,《考古》1989 年第 11 期)。

⑦ 洪石:《先秦两汉嵌绿松石漆器研究》,《考古与文物》2019 年第 3 期,第 75~86 页。据该文,仅山西陶寺遗址就在 8 个墓葬(陶寺 M2023:4、陶寺 M2010:4、陶寺 M3168:6、陶寺 M2001:3)中发现绿松石腕饰。佩戴绿松石腕饰的男女各半,且大多佩戴在右腕。

⑧ 洪石:《先秦两汉嵌绿松石漆器研究》,《考古与文物》2019 年第 3 期,第 75~86 页。

　　一直以来,关陇地区秦墓中少见绿松石出土,这种现象在甘肃张家川马家塬战国戎族墓地发现后有所改观。马家塬战国墓地的发掘始于 2007 年,考古工作者在该墓地多座墓葬中陆续发现绿松石珠串饰及镶嵌绿松石的饰件,如镶嵌了绿松石的金坠饰、金臂钏、金长方形饰件等。这些秦墓出土的绿松石资料,仅零星见于考古发掘简报或硕士论文,大多属于简单的文字记录,一带而过,学界尚未见有针对秦墓出土绿松石的专题性研究。因此,本文拟在梳理相关学术史的基础上,广泛搜集关中及陇东地区秦墓绿松石出土资料,考察墓主身份性别及绿松石产地来源,并思考周秦时期绿松石所承载的文化内涵等问题。

二、关陇地区秦墓出土的绿松石

　　迄今为止,关陇地区的陕西陇县边家庄、陕西宝鸡益门村、甘肃张家川马家塬、陕西西安张家堡等地有数十处秦墓经科学发掘出土绿松石珠及镶嵌绿松石的饰件,现按照地区及资料发表顺序梳理如下。

(一) 陇东地区出土的绿松石

　　1. 甘肃平凉庙庄六号墓:出土绿松石珠 1 枚(M6:10),扁平,方形,中有穿孔,边长 1.3 厘米[①]。

　　2. 甘肃平凉庙庄七号墓:棺内中部出土绿松石珠 1 枚(M7:20),该绿松石珠与 1 枚玛瑙珠、11 枚料珠及玉璧、石饰等共出。扁平,五角形,中有穿孔,径1.8、高 1.8 厘米[②]。

　　3. 甘肃张家川马家塬 M3:出土了绿松石珠,但数量尺寸不详[③]。

　　4. 甘肃张家川马家塬 M6:

---

　　① 甘肃省博物馆魏怀珩:《甘肃平凉庙庄的两座战国墓》,《考古与文物》1982 年第 5 期,第 21~23 页。

　　② 甘肃省博物馆魏怀珩:《甘肃平凉庙庄的两座战国墓》,《考古与文物》1982 年第 5 期,第 21~23 页。

　　③ 甘肃省文物考古研究所、张家川回族自治县博物馆:《2006 年度甘肃张家川回族自治县马家塬战国墓地发掘简报》,《文物》2008 年第 9 期,第 26 页。

（1）绿松石珠[①]。近二百件，形状各异。六棱形管珠 7 件，标本 M6：176 - 1，一端有孔，略残。残长 2.3、直径 6 厘米。大小不一的扁管珠 32 件，标本 M6：176 - 2，长 0.3～1.6、宽 0.4～1.1、孔径 0.2 厘米。扁珠 1 件，标本 M6：176 - 3，直径 0.7、孔径 0.2 厘米。小环形珠 157 件，标本 M6：176 - 6，直径 0.2～0.4、孔径 0.1～0.2 厘米。

（2）绿松石水滴形坠饰，4 件。标本 M6：176，长 0.9 厘米（图一，左）[②]。坠饰呈上小下大的水滴形。

 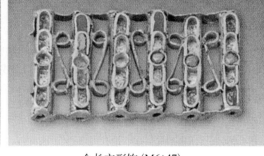

绿松石水滴形坠饰(M6：176)　　　　　　　金长方形饰(M6：47)

图一　马家塬 M6 出土绿松石坠饰、金长方形饰

（早期秦文化联合考古队、张家川回族自治县博物馆：《张家川马家塬战国墓地 2007～2008 年发掘简报》，《文物》2009 年第 10 期，第 29～30 页图二一、一〇）

（3）镶嵌绿松石长方形金饰，2 件（图一，右）[③]。标本 M6：47，用 6 条细长的金管焊接而成。金管之间用"两端呈 S 形的金丝"连接。每条金管之上有 5 个浅凹槽，中间的凹槽呈圆形，其两侧的凹槽呈长椭圆形。镶嵌物大部分已脱落，仅余圆珠状绿松石 3 枚、长椭圆形绿松石 1 枚。从现存镶嵌物看，应是中间的圆形凹槽及它两侧的长椭圆形凹槽镶嵌绿松石，而金管两端的长圆形凹槽镶嵌肉

---

① 早期秦文化联合考古队、张家川回族自治县博物馆：《张家川马家塬战国墓地 2007～2008 年发掘简报》，《文物》2009 年第 10 期，第 32 页。

② 早期秦文化联合考古队、张家川回族自治县博物馆：《张家川马家塬战国墓地 2007～2008 年发掘简报》，《文物》2009 年第 10 期，第 32 页。

③ 早期秦文化联合考古队、张家川回族自治县博物馆：《张家川马家塬战国墓地 2007～2008 年发掘简报》，《文物》2009 年第 10 期，第 29～30 页。

红石髓。

5. 甘肃张家川马家塬 M13 腰部及腿上部有"由绿松石珠、肉红石髓珠和金珠组成的串饰"①。简报中绿松石珠的数量及尺寸不详。

6. 甘肃张家川马家塬 M14 出土的绿松石。

（1）金坠饰（M14：4 - 13）②（图二）。金坠饰中有两枚扁平的绿松石珠。绿松石珠具体尺寸不详。

图二　马家塬 M14 出土绿松石、肉红石髓金坠饰

（早期秦文化联合考古队、张家川回族自治县博物馆：《张家川马家塬战国墓地2007～2008 年发掘简报》,《文物》2009 年第 10 期,第 41～42 页图四七）

坠饰（M14：4-13）

（2）绿松石珠串饰③。据发掘简报,墓主胸、手部发现有绿松石珠与大量各种形状的肉红石髓珠、蜻蜓眼式珠、汉紫和汉蓝珠以及金银珠、金管饰混在一起,推测原本应是一组串饰。发掘简报未言及绿松石珠的数量和尺寸数据。

7. 甘肃张家川马家塬 M16 的嵌绿松石的金耳环、镶嵌绿松石及肉红石髓的金臂钏、绿松石珠腰带饰④。

（1）绿松石项饰。颈部出土项饰一组,由绿松石及肉红石髓串成,出土时已散乱,彩图五是由原物按照出土时的散乱状态复原后的状态⑤。

---

① 早期秦文化联合考古队、张家川回族自治县博物馆：《张家川马家塬战国墓地 2008～2009 年发掘简报》,《文物》2010 年第 10 期,第 14 页。

② 早期秦文化联合考古队、张家川回族自治县博物馆：《张家川马家塬战国墓地 2007～2008 年发掘简报》,《文物》2009 年第 10 期,第 41～42 页。该坠饰详见前文《秦地的肉红石髓与周秦时期的国际贸易》。

③ 早期秦文化联合考古队、张家川回族自治县博物馆：《张家川马家塬战国墓地 2007～2008 年发掘简报》,《文物》2009 年第 10 期,第 34～41 页。

④ 早期秦文化联合考古队、张家川回族自治县博物馆：《张家川马家塬战国墓地 2008～2009 年发掘简报》,《文物》2010 年第 10 期,第 17～22 页。

⑤ 甘肃省文物考古研究所：《甘肃重要考古发现（2000～2019）》,第 253 页,文物出版社,2020 年。

（2）马家塬 M16 右手臂处有一枚镶嵌肉红石髓、绿松石的金臂钏。金臂钏制作精美，呈圆筒形，有五条凸起而光滑的瓦楞纹，每道瓦楞纹两侧各有一周金丝编制的麦穗形纹饰，麦穗纹中间排列有多个镶嵌而成的花朵形肉红石髓及绿松石。金臂钏长度、直径不详。

（3）马家塬 M16[①] 出土穿缀绿松石金耳环及绿松石珠饰。根据图版"M16 随葬品出土情况"[②]，墓主头部右侧有一枚穿缀了圆绿松石珠的金耳环。耳环上侧紧贴头骨处有 1 颗绿松石，耳环下部有两颗绿松石。图录无这些绿松石相关文字说明，尺寸不详。

（4）腰带上的绿松石珠饰。图版"M16 随葬品出土情况"[③]显示，位于墓主下腹部的腰带装饰物，除了金带饰，还有成排的蓝管珠[④]及肉红石髓珠。它们与金带饰相间排列。

（5）绿松石圆环。标本 M16：19，9 枚，圆形薄片状，中有穿孔。直径 0.4、厚 0.2 厘米[⑤]。

8. 甘肃张家川马家塬 M18 出土镶嵌绿松石的云纹青铜敦（M18MS：6）一件[⑥]。如该期封面图所示，铜敦呈上下套合的圆球形，器与盖形状相同，均有环状龙首形三足。子口外缘有上下交会的三角形云纹饰，三角形纹饰内有对称复杂的弧线纹并镶嵌绿松石。绿松石与黄铜丝彼此虚实相间，制作工艺及装饰手法均很高。

9. 马家塬 M25 的镶嵌绿松石、肉红石髓金耳坠（见彩图二）[⑦]。M25 镶嵌绿

---

①　早期秦文化联合考古队、张家川回族自治县博物馆：《张家川马家塬战国墓地 2008～2009 年发掘简报》，《文物》2010 年第 10 期，第 17～22 页。

②　甘肃省文物考古研究所：《西戎遗珍——马家塬战国墓地出土文物》，第 59 页，文物出版社，2014 年。3 枚绿松石均呈长圆形，个头较大，目测大约是金耳环上绿松石珠的两三倍大。

③　甘肃省文物考古研究所：《西戎遗珍——马家塬战国墓地出土文物》，第 58～59 页，文物出版社，2014 年。

④　甘肃省文物考古研究所：《西戎遗珍——马家塬战国墓地出土文物》，第 58～59 页"M16 随葬品出土情况"，据笔者肉眼观察，发现蓝色管珠上可见黑褐色细小的暗纹，蓝色管珠很像是绿松石珠。然而文中没有说明这些蓝色管珠的质地。

⑤　甘肃省文物考古研究所：《西戎遗珍——马家塬战国墓地出土文物》，第 245 页，文物出版社，2014 年。

⑥　早期秦文化联合考古队、张家川回族自治县博物馆：《张家川马家塬战国墓地 2010～2011 年发掘简报》，《文物》2012 年第 8 期，第 7～10 页。

⑦　早期秦文化联合考古队、张家川回族自治县博物馆：《甘肃张家川马家塬战国墓地 2012～2014 年发掘简报》，《文物》2018 年第 3 期，第 11～13 页。有关该金耳坠结构尺寸，详见本书中第二讲《秦地肉红石髓、玛瑙与周秦时期的国际贸易》。

松石金耳坠(M25MS：7)，金耳坠最下端的圆饼形金片上有太极图案，该图案分别用绿松石石片及肉红石髓石片镶嵌而成。详见本书第二讲《秦地肉红石髓、玛瑙与周秦时期的国际贸易》。

10. 马家塬 M60 的绿松石珠，据发掘简报，马家塬 M60 人体周围散落有绿松石珠及肉红石髓珠，具体形状及数目不详①。

（二）陕西省宝鸡地区

1. 陕西凤翔八旗屯 CM2 出土 1 枚绿松石珠，尺寸不详②。

2. 凤翔高庄 M10 出土 5 枚绿松石珠③。高庄 M10 位于墓圹北侧的 2 号人骨右下方出土串珠一串(M10：35)，串珠由 5 枚绿松石珠、1 枚车毂形料珠、1 枚截尖枣核形水晶柱组成。绿松石珠尺寸不详。2 号人骨架胸部还出土 482 枚极小的青、白玉石珠，穿缀物已朽，应是串珠一串。

3. 陕西凤翔县上郭店村秦墓 SGM1 出土镶嵌绿松石的小金盆(图较精美)。小金盆直口，宽平沿外折，肩腹部各有一周弦纹，"宽平沿中部有一圈凹槽，原来嵌有绿松石，现只有局部保留。口径 7.7、沿宽 0.6、高 2.9 厘米。重约180 克"④。

4. 陕西陇县边家庄五号春秋墓出土绿松石串饰。墓主头部发现一组串饰，串饰由 2 枚玉玦、7 件玉牌、1 件玉龟、80 粒玛瑙和若干绿松石珠组成。绿松石珠的数量和尺寸不详⑤。

5. 陇县店子秦墓 M68 出土带有绿松石的串饰，标本 M68：6，用石英、绿松石及玉管和骨片、海贝穿缀而成，绿松石的具体数目及尺寸不详⑥。

---

①　早期秦文化联合考古队、张家川回族自治县博物馆：《甘肃张家川马家塬战国墓地 2012～2014年发掘简报》，《文物》2018 年第 3 期，第 9 页。

②　陕西省雍城考古工作队吴镇烽、尚志儒：《陕西凤翔八旗屯秦国墓葬发掘简报》，《文物资料丛刊(3)》，文物出版社，1980 年，第 68 页。

③　雍城考古工作队吴镇烽、尚志儒《陕西凤翔高庄秦墓地发掘简报》，《考古与文物》1981 年第 1 期，第 34 页。

④　凤翔县博物馆：《陕西凤翔县上郭店村出土的春秋时期文物》，《考古与文物》2005 年第 1 期。

⑤　陕西省考古研究所宝鸡工作站、宝鸡市考古队：《陕西陇县边家庄五号春秋墓发掘简报》，《文物》1988 年第 11 期，第 20 页。

⑥　陕西省考古研究所：《陇县店子秦墓》，第 109 页图版七九：5，三秦出版社，1998 年。

6. 陕西宝鸡益门村二号墓出土绿松石。计有绿松石串饰一串、嵌绿松石金柄铁剑 3 件、嵌绿松石金带钩 2 件、嵌绿松石兽面纹金方泡形带饰 4 件。

（1）绿松石串饰一串（M2：185）[①]。共有 40 块绿松石，呈墨绿、翠绿、青绿等不同色彩。小块的绿松石多呈蓝绿色，色相较好，表面较少黑色或杂色斑纹（彩图六）。

（2）镶嵌绿松石金柄铁剑 3 件。3 件铁剑的剑身形制相同，而柄部的形制、纹饰各具特色，报告根据剑柄部形态将其分为三式。

a. Ⅰ式金柄铁剑 1 件（M2：1）（彩图七）[②]。"剑柄整体镂空，两面纹饰相同。均由阴线文组成蟠虺纹，其间饰有卷曲云纹，并镶嵌一圆珠形绿松石及料饰。柄部有兽面纹。兽目镶嵌有绿松石"。嵌于剑柄的绿松石呈 S 形、蝌蚪形或圆珠形。这些绿松石嵌饰呈浅蓝色、蓝绿色，有的夹杂黑褐色暗纹。从图上可以观察到，有 S 形、蝌蚪形绿松石 32 枚，圆珠形绿松石 37 枚，均是精磨而成。

b. Ⅱ式金柄铁剑 1 件（M2：2）[③]。柄部呈实心长条形，由纯金打造，横截面呈六边形，表面无纹饰。剑格与剑首饰的变形蟠螭纹中间镶嵌了小绿松石珠。从图可以观察到，剑格嵌小绿松石珠 21 枚，其中 1 枚脱落。剑首部分嵌小绿松石珠 24 枚，其中 1 枚脱落。绿松石珠少数呈浅蓝色，或许是沾染铁锈的缘故，其余的呈浅黄绿色。

c. Ⅲ式金柄铁剑 1 件（M2：3）[④]。剑柄与剑格、剑首浑然一体，纯金质地，使用浇铸法制成。表面为镂空的变形蟠螭纹。螭纹的眼部嵌绿松石珠作为点缀，从石珠已脱落的部位看，绿松石珠嵌于圆柱形细管之中。表面看似圆珠状的绿松石嵌饰，其横断面略呈有细柄的大头钉形，细柄便于嵌入圆柱形细管中。该剑柄每面各嵌 24 枚小绿松石珠，共 48 枚绿松石珠。绿松石珠呈浅蓝色、浅黄绿色。[⑤]

（3）镶嵌绿松石鸳鸯金带钩 2 件。形制相似，外观极像鸳鸯鸟，作引颈回首

① 宝鸡市考古队：《宝鸡市益门村二号春秋墓发掘简报》，《文物》1993 年第 10 期，第 39 页。宝鸡市文物考古研究所：《秦墓遗珍——宝鸡益门二号春秋墓》，第 158～159 页，科学出版社，2016 年。

② 宝鸡市文物考古研究所编著：《秦墓遗珍——宝鸡益门二号春秋墓》，第 45～47 页，科学出版社，2016 年。

③ 宝鸡市文物考古研究所编著：《秦墓遗珍——宝鸡益门二号春秋墓》，第 48 页，科学出版社，2016 年。

④ 宝鸡市文物考古研究所编著：《秦墓遗珍——宝鸡益门二号春秋墓》，第 49 页，科学出版社，2016 年。

⑤ 白崇斌、Gioj F. Guidi、田仁孝：《金柄铁剑镶嵌宝石的化学与矿物学性质研究》，《秦墓遗珍——宝鸡益门二号春秋墓》，第 190～194 页。

状,有鸭嘴形扁平长喙。

a. 鸳鸯金带钩之一(M2:25)①。鸳鸯鸟的头颈部原本应有多枚镶嵌物,出土时多已脱落,仅存 4 枚绿松石。其中眼部的 2 枚呈圆形、头顶部的 1 枚呈 Y 字形、头后侧的 1 枚呈蝌蚪形。身体部位有左右对称的圆柱状孔洞,应是镶嵌物脱落后的痕迹,原镶嵌物无疑应是宝石,但不知是否为绿松石。

b. 鸳鸯金带钩之二(M2:25)②。头部原有的 Y 字形、蝌蚪形镶嵌物均已脱落,尚存 2 枚呈圆形的绿松石,分别位于眼部、头顶部。

(4) 镶嵌绿松石兽面纹金方泡形带饰 4 件(M2:26～M2:29)③。这些方泡由纯金制成,出土时位于墓室一端,分布零散,没有规律性。4 件方泡的大小及形制基本相同,呈不规则方形,由对称的多条蟠螭纹构成兽面。每条蟠螭纹眼部为透雕圆孔,内嵌绿松石。出土时镶嵌的绿松石大多已脱落。从现有的孔洞观察,绿松石原本应该有 10 枚。其中 8 枚兽面一端呈圆形,眼睛部位的 2 枚呈椭圆形。方泡呈片状,背面是空的,背部一体铸造出一长条形横条,以方便穿入皮条固定。

a. 兽面纹金方泡之一(M2:26)。兽面上镶嵌的绿松石仅余 7 枚,眼部 2 枚椭圆形、头部 1 枚圆形绿松石已脱落。

b. 兽面纹金方泡之二(M2:27)。兽面上仅余 3 枚圆形绿松石,其中 2 枚左右对称位于眼部上方额头两侧,1 枚位于眼部下方。

c. 兽面纹金方泡之三(M2:28)。兽面上尚余 6 枚圆形绿松石,多位于眼部上方两侧。

d. 兽面纹金方泡之四(M2:29)。兽面上仅余 2 枚圆形绿松石,分别位于眼部上方两侧。

(三)陕西省西安地区

1. 咸阳石油钢管钢绳厂 M27063④ 出土镶嵌绿松石蜻蜓眼式珠 3 枚。其中

①　宝鸡市文物考古研究所:《秦墓遗珍——宝鸡益门二号春秋墓》,第 16～18 页,科学出版社,2016 年。
②　宝鸡市文物考古研究所:《秦墓遗珍——宝鸡益门二号春秋墓》,第 19～21 页,科学出版社,2016 年。
③　宝鸡市文物考古研究所:《秦墓遗珍——宝鸡益门二号春秋墓》,第 11～13 页,科学出版社,2016 年。
④　咸阳市文物考古研究所:《咸阳石油钢管钢绳厂秦墓清理简报》,《考古与文物》1996 年第 5 期。赵德云认为这里的镶嵌绿松石应是蜻蜓眼的圆斑状眼珠。详见本书第一讲《关陇地区秦墓所出蜻蜓眼式珠》。

2 颗直径 0.7、孔径 0.3 厘米，1 颗呈六棱形，绿松石脱落，残存直径 0.8、孔径 0.45、厚 0.45 厘米。

2. 西安南郊茅坡光华胶鞋厂 M49 出土绿松石环。1 件绿松石环出土于墓主左上腹部，与绿松石环同出的还有 1 枚蜻蜓眼式珠、5 件相互叠压的桥形铜饰片——铜璜①。

3. 西安南郊茅坡邮电学院秦墓出土 3 枚镶嵌绿松石的蜻蜓眼式珠。标本基槽 M11：18，表面白色圆圈内嵌三颗绿松石。标本 M3：4，珠体深蓝色，表面白色同心圆中嵌 1 枚绿松石。标本 M82：1，胎体深蓝色，表面饰白色圆圈、绿松石及麻点图案。这些蜻蜓眼式珠直径、高、孔径等详细资料参见本书第一讲《关陇地区秦墓所出蜻蜓眼式珠》。

4. 西安张家堡秦墓 95 世泰思 M19 出土绿松石料。绿松石料 4 件，标本 95 世泰思 M19：6 - 12、13、14、15，均呈淡绿色。6 - 13，残长 1.6、厚 0.7 厘米②。

笔者根据上文墓葬出土数据制作了关陇地区秦墓出土绿松石一览表。甘肃省的绿松石出土地有平凉庙庄、张家川马家塬，陕西省出土绿松石秦墓主要分布在陇县、宝鸡、凤翔、西安（表一）。见诸记载或图录的秦墓出土绿松石饰件多达数百件，其中尤以甘肃马家塬墓地出土的绿松石最多，如若马家塬墓地所有墓葬清理完毕，绿松石数量还会增加③。下面将观察绿松石使用者的身份地位及性别。

甘肃庆阳石家墓群最初被认定为秦墓④，甘肃庆阳石家墓群兼具周、秦、戎几类文化因素，墓主年代在春秋早中期。梁云先生认为“其人群是深受秦国影响的周余民”⑤，笔者以为此说甚确。从墓葬时间和复杂的文化内涵及历史背景

① 西安市文物保护考古所：《西安南郊秦墓》，第 48～49 页，陕西人民出版社，2004 年。
② 陕西考古研究院：《西安张家堡秦墓发掘报告》，第 270 页，陕西科学技术出版社，2018 年。
③ 马家塬墓地出土文物现藏甘肃省考古研究所。据发掘简报，还有一些墓葬，如马家塬 M25 身体部位尚未清理，后续或应有更多绿松石、肉红石髓等饰件发现。
④ 甘肃省文物考古研究所、王永安、郑国穆、张俊民：《甘肃宁县西头村石家墓群发现春秋秦墓》，《中国文物报》2016 年 8 月 26 日第 8 版。石家墓葬及车马坑随葬器物之形制、纹饰有春秋时期秦墓特征。墓葬呈南北向，随葬品的组合等有周人墓葬特点。中小型贵族墓葬多有殉狗，葬式多为侧身屈肢葬。后来发掘者认为石家墓群或应属于“两周的封国部族”的遗存。
⑤ 梁云先生认为，石家墓地秦文化因素在种类数量上至少与周文化因素持平，戎狄文化因素较少，因此，该墓地并非戎狄文化遗存。石家墓地周秦文化因素混杂融合，且墓主多采用北头向，说明墓地的使用者是“深受秦国影响的周余民”。参见梁云：《早期秦文化探索》，第 372 页，上海古籍出版社，2021 年。

看,石家墓群不应属于秦墓。因此,本讲未将该墓地 M156 墓主右手腕部出土的绿松石手串列入秦墓出土范畴。

三、绿松石使用者的身份地位及性别

综上所述,秦墓所出绿松石多为小件颗粒状,仅益门村二号墓出土的绿松石颗粒较大。其用途多种多样,或为项饰上的石珠、坠饰,或为金耳环、金臂钏、金带饰、金带钩、金剑柄,甚至是金盆、青铜敦等贵重物件上的镶嵌物。作为项饰、带饰的绿松石珠通常与肉红石髓、玛瑙、蜻蜓眼式珠、料珠等其他的材质珠饰搭配使用,有色彩斑斓的效果。

甘肃平凉庙庄六号墓(以下简称庙庄 M6)为凸字形墓葬,墓室连着车马坑,车坑内有 1 车 4 马。该墓早期被盗,贵重随葬品仅有铜壶 2 件及铜鼎、铜洗、铜匜各 1 件。绿松石珠与几枚料珠共出于腹部。车坑内有铁矛、铜镞等武器,墓主头西足东,右手头侧放置带柲铜戈 1 件,墓主性别应为男性。M6"车子装饰华丽,轴头两端悬挂飞铃,又有红色的车耳,说明死者是当时社会上有一定社会地位和影响的人物"[①]。

甘肃平凉庙庄七号墓(以下简称庙庄 M7)与庙庄 M6 南北相距 13 米,形制与庙庄 M6 相同,贵重随葬品有铜鼎、铜壶、铜洗、铜鼎形灯各 1 件。绿松石珠与玛瑙珠、料珠、玉石饰等共出于棺内中部。从随葬品摆放位置看,墓主应与庙庄 M6 同样是西头向。未出土任何武器,墓主性别或许有可能是女性。发掘者认为庙庄诸墓年代大致在战国晚期,下限或可接近秦统一时期。平凉庙庄墓地共有 4 座中型墓葬(M6~M9),笔者以为,这些墓主或应为镇守平凉一带的秦军事将领(高级贵族)及其家属。

甘肃张家川马家塬戎人墓地有多座墓葬出土绿松石。马家塬 M6 出土了近二百件绿松石珠,此外还有绿松石坠饰及嵌绿松石金饰,M6 是马家塬墓地出土绿松石最多的墓葬。马家塬 M6 是该墓地规模最大、级别最高的墓葬,发现众多金银制品、车马饰件及大量玻璃珠、肉红石髓、玛瑙、绿松石等贵重装饰品。该墓

---

①　甘肃省博物馆魏怀珩:《甘肃平凉庙庄的两座战国墓》,《考古与文物》1982 年第 5 期,第 33 页。

未出土可资判断墓主性别的器物,有学者推测马家塬战国墓墓主应该是归顺秦国的戎族的一个"王",性别是男性①。笔者以为这些分析也有道理。马家塬M13墓主为一身高约1.71米、年约30岁的男性,马家塬M14性别不详,马家塬M16墓主为年约40岁的男性,马家塬M18墓主性别不详,宝鸡益门村二号墓墓主应为男性。上述墓主均属戎人贵族阶层。有关上述马家塬墓主身份、性别的具体分析论证详见本书第二讲《秦地肉红石髓、玛瑙与周秦时期的国际贸易》中"肉红石髓、玛瑙的出土位置、用途及使用者的身份地位"一节。马家塬M25、马家塬M60均为小型墓葬,均在墓道内葬车1辆,多有殉牲。马家塬M60身体装饰有肉红石髓珠及绿松石珠,马家塬M25出土镶嵌绿松石金耳坠。上述二墓墓主均性别不详。

陇县边家庄五号墓墓主颈部的一组串饰中有若干绿松石珠②。因未做人骨鉴定,未出可资判断性别的随葬品,该墓墓主性别不详③。陇县店子M68为竖穴土圹墓,方向345度(北头向),年代在战国中期。该墓随葬品除带绿松石的串饰外,还有铜镯1个、铜铃6个,及陶盂、陶罐各1件④。墓主应属较富裕的平民。墓主仰身屈肢,年龄约60岁,性别不详。

凤翔八旗屯CM2的绿松石塞出于壁龛殉人左侧耳畔,殉人性别不详。

凤翔高庄M10共有两副木棺,从人骨朽痕可判断二人均为南头向,葬式均为下肢蜷曲较缓的屈肢葬(下肢弯曲度大于45度)⑤。出土串珠的2号人骨位于墓穴北侧,位于墓穴南侧的1号人骨右手旁出土铜戈。1号人骨随身出土的物品仅有2件玉璜、1枚石饰及1枚铜带钩。高庄M10的2号人骨随葬2串串珠、4件玉璜、1件金襟钩、1件玉泡、2件柱状饰、2件铜削,随葬品远较1号人骨奢华。至于1号人骨与2号人骨之间的关系,有学者以为是夫妻⑥,也有人以为是

---

① 李永平:《甘肃张家川马家塬战国墓出土文物及相关问题探讨》,《文博》2007年第6期,第10~15页。

② 陕西省考古研究所宝鸡工作站、宝鸡市考古工作队:《陕西陇县边家庄五号春秋墓发掘简报》,《文物》1988年第11期,第20与第14页之图一 M5椁室平面图。

③ 有关该墓年代、墓主身份等详细分析参见本书第二讲《秦地肉红石髓、玛瑙与周秦时期的国际贸易》。

④ 陕西省考古研究所:《陇县店子秦墓》,第170页续附表一,三秦出版社,1998年。

⑤ 雍城考古工作队吴镇烽、尚志儒:《陕西凤翔高庄秦墓地发掘简报》,《考古与文物》1981年第1期,第14页图四 M10平面图。

⑥ 曾有学者根据随葬串珠玉器等装饰品较多推断2号人骨为女性。然而,在秦汉时期,男女均可佩戴串珠等装饰品。笔者以为,在未曾进行人骨性别鉴定的情况下,推断墓主性别需慎重。

身为贵族的主人和地位较高的近身侍卫之类。1 号人骨随葬铜戈 1 件,性别应为男性,2 号人骨性别不详。

凤翔上郭店村秦墓 SGM1 除了嵌绿松石的小金盆外,还出土 2 件精美小铜鼎及金首铜刀、金带钩、玉环、玉饰等奢侈品。金首铜刀的金首纹饰风格与宝鸡益门村二号春秋墓金柄铁剑(益门村 M2:1)的剑柄风格相近。与 SGM1 相邻的 SGM2 出土的料珠串饰与益门村二号墓所出料珠完全相同。简报将郭店村 2座秦墓年代定在春秋晚期①。SGM1 扰乱严重,墓主葬式及头向均不清。郭店村秦墓未出土同时期秦墓常见的陶器,SGM1 所出 8 兽带盖四足小鼎器形、纹饰与同时期常见的秦鼎截然不同,有着浓郁的中原或楚文化风格,而喜好金器这一举措本身又极具北方文化特色。综合考量,SGM1 墓主是一位有一定社会地位和经济实力的贵族。缺乏可资判断性别的随葬品。

宝鸡益门村二号墓出土的绿松石非常可观,计有绿松石串饰一串、镶嵌十余枚绿松石的金带钩、镶嵌绿松石的金柄铁剑 3 件,嵌绿松石金方泡 4件。该墓随葬大量金、玉、铁、铜器和原始玻璃(料器)等贵重物品。该墓出土的 3 件金柄铁剑为武器,说明墓主应为男性②。

西安南郊茅坡光华胶鞋厂 M49 为一小型洞室墓,方向 360 度,墓主屈肢葬式。1 枚蜻蜓眼式珠出土于墓主左上腹部,与蜻蜓眼式珠同出的还有 1 件绿松石环、5 件相互叠压的桥形铜饰片——铜璜。这些绿松石、蜻蜓眼式珠、铜璜或应是一组饰件。该墓还随葬纺轮、小口陶罐各 1 件③。随葬纺轮说明该墓墓主应为女性,其身份是较为富裕的平民。

西安南郊茅坡邮电学院秦墓基槽 M11 是座西头向的小型墓,随葬品有几件陶器和料珠、铜环、玉环、骨饰等。该墓出土的蜻蜓眼式珠上镶嵌了 3 颗绿

① 凤翔县博物馆:《陕西凤翔县上郭店村出土的春秋时期文物》,《考古与文物》2005 年第 1 期,第3~6 页。与 SGM1 邻近的 SGM2 同样葬式不清,简报根据墓坑内残存牙齿的方位,推测 SGM2 墓主是东头向。上述种种随葬品都透露出上郭店村秦墓的墓主深度浸染了北方文化与中原文化。笔者曾探讨秦人及周边诸侯国的头向,春秋晚期的秦地,都城周边秦墓地均流行西头向,东头向虽然在秦地极为罕见,却是北方文化区及楚国贵族的惯用头向。笔者以为,如果仅从头向判断,SGM2 墓主并非本土秦人,其祖籍很可能在其他地区。

② 有关该墓年代、墓主身份等详细分析参见本书第二讲《秦地肉红石髓、玛瑙与周秦时期的国际贸易》。

③ 西安市文物保护考古所:《西安南郊秦墓》,第 48~49 页,陕西人民出版社,2004 年。

松石。未出土武器或纺轮等可以证实墓主性别的随葬品，墓主应为家境较殷实的平民。

西安南郊茅坡邮电学院 M3 是座北头向的小型洞室墓，墓主仰身屈肢，随葬品有一枚镶嵌绿松石的蜻蜓眼式珠以及釜、壶、瓮等 4 件陶器。墓主性别不详。

西安南郊茅坡邮电学院秦墓 M82 为一座小型洞室墓，墓主仰身屈肢，西头向。除了一枚镶嵌绿松石的蜻蜓眼式珠，该墓随葬品还有料珠串饰一串（63 枚珠子）、铜璜 24 件、大小相次的玉环 9 件、铜铃 5 件，石环 2 件、铜环首铁削及铜管饰各 1 件。该墓未出土可以证实墓主性别的随葬品①。

西安张家堡秦墓 95 世泰思 M19 出土多件残破的玉料、绿松石料及玛瑙料，墓主应是玉石作坊的工匠，推测其性别或应是男性。该墓年代在战国晚期后段②。

咸阳石油钢管钢绳厂 M27063 年代为战国晚期前段，墓主应是当时秦军的一名下级军官，详细分析见本书第一讲《关陇地区秦墓所出蜻蜓眼式珠》。

如前所述，秦墓出土嵌绿松石器物多出土于级别比较高的大、中型秦墓，偶见有陇县店子 M68 和西安南郊茅坡邮电学院秦墓 M82、M3 这样的小型秦墓。笔者分析了出土绿松石秦墓墓主的性别。如上文一览表所示，共有 17 座墓葬随葬绿松石（墓主），仅 6 例墓主可判定性别，其余 11 个墓主性别不详。性别清楚的 6 例中有男性 5 人、女性 1 人，即男性占绝对多数。这一结果或许表明，彼时男性拥有绿松石的机会远多于女性。

四、绿松石的判别及其加工制作工艺

2015 年，张登毅等人从表面形状、周边角度、厚度、厚度变化维度等方面，对商周时期遗址出土的 153 件绿松石嵌片进行标量化分析研究。得出了商周时期匠人在制作绿松石嵌片时，大多将绿松石片切割成长方形的结论："在周边角度

---

① 该墓出土的花托形铃形铜饰及铜管饰的形状在秦墓中均罕见。铜管饰两头为圆管，中间呈圆珠状，应为串饰的部件。17 件铜璜置于墓主左胸部，料珠 1 件出于盆骨处，其余随葬品出于墓主头顶部。一般小型秦墓多随葬陶器，M82 未出陶器，其墓主身份或许比较特殊。

② 有关该墓年代、墓主身份等详细分析参见本书第二讲《秦地肉红石髓、玛瑙与周秦时期的国际贸易》。

的处理上,商代的匠人往往将这样的夹角制作成钝角,而西周的匠人往往将这样的夹角制作成锐角,也就是说,商代匠人镶嵌绿松石嵌片时,将面小的那一面镶嵌在器物上;而周代匠人则恰好相反,将面大的那面镶嵌在器物上。"最后得出了绿松石嵌片的标准化程度与遗址等级的高低、年代的早晚有密切关系的结论,即高等级遗址的绿松石嵌片的标准化程度更高,各时期年代较晚的遗址绿松石嵌片的标准化程度更高①。

2016 年,西安文物保护修复中心联合意大利新技术能源环境研究中心、宝鸡市考古工作队使用了扫描电镜(SEM)、能谱仪(EDS)、X 射线衍射仪,采用无损分析手法,对该墓出土铁剑柄镶嵌的宝石样品(圆钉形及 S 形宝石等)进行化学和矿物性质研究。经电镜能谱和 XRD 综合分析,确定柄部镶嵌物是绿松石②。

2019 年,韩飞测量并统计了张家川马家塬 M6 出土的 160 枚小环形绿松石珠直径及厚度,并对绿松石珠进行了微痕研究,探究当时绿松石珠饰的加工制作方式③。统计结果表明,这些绿松石珠直径大多在 2～3 毫米,高度和孔径均在 1 毫米左右。韩飞认为马家塬 M6 的绿松石珠"应是利用边角余料,甚至直接利用大件绿松石器物制作过程中的孔芯"制作而成。具体步骤是初步加工成直径 2～3 毫米的圆柱体,再用 1 毫米的金属管钻,配合解玉砂对钻方式贯通打孔,之后使用高速旋转的砣具将其切削为 1 毫米厚的薄片,最后抛光打磨④。该绿松石珠直径及厚度测量使用了数码显微镜放大手法,而微痕观察则使用了三维景深显微镜。

2020 年,秦晓丽认为,从古代文明进程中的社会意义角度看,绿松石制品及其镶嵌工艺,是一个跨文化的、世界性的研究课题⑤。

---

① 张登毅、李延祥、黄凤春、刘群:《商周时期绿松石嵌片的标量化研究》,《科学技术哲学研究》2015 年第 6 期,第 76～81 页。

② 白崇斌、Gioj F. Guidi、田仁孝:《金柄铁剑镶嵌宝石的化学与矿物学性质研究》,《秦墓遗珍——宝鸡益门二号春秋墓》,第 190～194 页,科学出版社,2016 年。

③ 韩飞:《甘肃张家川马家塬战国墓地出土绿松石珠微痕研究》,《文博》2019 年第 2 期,第 69～71 页。

④ 韩飞:《甘肃张家川马家塬战国墓地出土绿松石珠微痕研究》,《文博》2019 年第 2 期,第 69～71 页。

⑤ 秦小丽:《跨文化视角下的绿松石与镶嵌礼仪饰品研究》,《中原文化研究》2020 年第 6 期,第 12～19 页。

　　绿松石的色彩与同为蓝色系的孔雀石、硅孔雀石、蛇纹岩等有相似之处,尤其是在出土保存状态不佳的情况下,仅凭发掘者、研究者的肉眼观察,难以区分它们材质的不同,因而需要采用科学的无损分析手法对其材质进行判别。墓葬及遗址出土的绿松石,除少量是半成品、废料外,大多属于成品,因而研究其加工制作工艺大多是借助各种仪器进行无损分析。

五、两周时期出土的绿松石产地及来源

　　绿松石是人类最早开采的宝石之一,它的主要成分是铜、铁、铝及水的化合物,因而绿松石矿往往是开采铜矿时作为副矿被发现的。世界各地铜矿矿源丰富,绿松石矿源也很多。亚欧大陆的中国、伊朗、俄罗斯、印度、巴基斯坦,美洲的智利、秘鲁、美国,非洲的埃及、南非等地,都有丰厚充足的矿藏储量。据考证,今伊朗呼罗珊省(Khorasan)的尼沙普尔(Nishapar)和科尔曼(Kirman)一带,是古代绿松石的主要矿源地,早在公元前 3000 年就已经开采。古埃及的绿松石部分源于西奈半岛的斯拜尔(Sebal),这里绿松石的开采至少有 4 000 年的历史[①]。古埃及墓葬中发现了大量用绿松石镶嵌的各种器物,如镶嵌绿松石的项饰、盒子、黄金手镯以及镶嵌绿松石的面具等。据考古发现,年代在距今 7 000 年的古埃及墓葬中就已发现绿松石饰品,在距今 5 000 年的埃及 Zer 皇后木乃伊的手臂上佩戴了四只绿松石手镯[②]。

(一)我国两周时期的绿松石采矿遗址

1. 秦岭矿带古绿松石采矿遗址

2010~2015 年,北京科技大学联合陕西省考古研究院,对陕西洛南河口古代绿松石采矿遗址展开调查,发现 10 处古代开采绿松石的洞穴遗址。陕西洛南河口古代绿松石采矿遗址位于陕西省洛南县洛河沿岸,坐落于秦岭东段南麓,洛

---

　　① 干福熹:《玻璃和玉石之路——兼论先秦前硅酸盐质文物的中、外文化和技术交流》,《广西民族大学学报(自然科学版)》2009 年第 4 期,第 10 页。
　　② 干福熹:《玻璃和玉石之路——兼论先秦前硅酸盐质文物的中、外文化和技术交流》,《广西民族大学学报(自然科学版)》2009 年第 4 期,第 10 页。

河上游。通过调查发现,该遗址周边存在多处古代开采绿松石的洞穴遗址,并采集到采矿工具石锤、陶片及绿松石矿石。根据陶片、石锤的形制分析及碳十四测年等判断,该遗址的开采年代从新石器晚期一直延续到春秋时期①。

徐良高实地考察了湖北郧县鲍峡镇的绿松石矿采矿场,该采矿场位于汉江的支流堵水旁。"比较而言,'绿松石之路'的假说可能比'玉石之路'的假说更易得到科学的证明"。徐良高认为,这里有高品质且储量丰富的矿藏,如果古代确实曾经存在"绿松石之路"的话,这条线路应该是从堵水进入汉江,再运到各地②。

2. 新疆黑山岭绿松石采矿遗址

该遗址位于哈密市与若羌县交界的无人区,是一处古代绿松石采矿遗址群。该遗址发现于1981年,2016年对该遗址进行初步踏查,2018年正式发掘。"遗址区东西长约7 500、南北宽约2 500米。两次调查共发现矿坑、选矿点等遗迹近60处,采集到大量陶器、石器标本"。发现采矿人居住址与采矿遗址。发掘出土了1 200多颗绿松石,出土的陶器也与甘肃骟马文化有一定联系。通过陶器类型学分析及对出土骨骼、木炭等进行碳十四测年,初步判断其采矿的年代在西周晚期至春秋战国时期③。该遗址群采矿人的居住与采矿分布于同一区域,主要集中于采矿坑口周边。该遗址群被视为目前我国发现的最大的绿松石采矿遗址群。

(二) 出土绿松石的分析检测

2011年,何煦、陈林等人采用X射线能谱、电感耦合等离子体质谱、X射线衍射、红外吸收光谱和扫描电镜等测试技术,对比研究竹山和马鞍山两地绿松石的微量元素和稀土元素特征。结果表明,竹山与马鞍山地区绿松石主成分含量虽然基本一致,但各自的微量元素含量差别较大:"两地区绿松石的稀土元素均富集重稀土,二者的稀土配分模式图出现错反向,马鞍山地区的绿松石表现出铈负异常;马鞍山绿松石的结晶程度优于竹山县绿松石。"该方法对研究绿松石的

---

① 北京科技大学冶金与材料史研究所、陕西省考古研究院:《陕西洛南河口绿松石矿遗址调查报告》,《考古与文物》2016年第3期,第11~17页。

② 徐良高、赵春燕:《"绿松石之路"的价值及其探索的可行性讨论》,第497~502页,《三代考古(第四辑)》,科学出版社,2011年。

③ 西北大学文化遗产学院、北京科技大学科技史与文化遗产研究院、新疆文物考古研究所:《新疆若羌黑山岭古代绿松石矿业遗址调查简报》,《文物》2020年第8期,第4~13页。

产地具有实际应用价值①。

2014 年,叶晓红、任佳、许宏等学者考察了鄂、豫、陕绿松石矿的北矿带及南矿带,并对发掘出土及地表采集的绿松石样品分别进行铜同位素组成、显微结构、化学成分等各种分析。根据测试结果,将北矿带的云盖寺矿初步确定为二里头遗址出土绿松石的矿源地之一②。并提出"铜同位素结合稀土元素分析在古代绿松石的产地示踪上更具确定性,而显微结构、化学成分及物相分析等方法可进一步用于出土绿松石的次生变化机理研究"③。

2014 年,二里头遗址发掘者认为,二里头遗址绿松石制品作坊区的发现,充分说明二里头时期已经有稳定的绿松石来源,今鄂、豫、陕三省交界处的绿松石矿分为北矿带及南矿带。位于北矿带的云盖寺矿是该遗址出土绿松石的矿源之一④。

2015 年,张登毅、李延祥对山西出土的先秦绿松石制品进行分区分期的类型学研究,发现东北喀左东山嘴、陕西南郑龙岗寺及山西临汾下靳均出土"黑色石皮为衬地的薄片状料"的绿松石小饰件,而陕西洛南一带绿松石矿出产该种特殊绿松石料,因而认为它们有可能源于陕西洛南一带⑤。

2018 年,先怡衡、樊静怡、李欣桐、李延祥等人利用固体热电离高精度质谱计,对在陕西洛南河口古代绿松石采矿遗址采集的绿松石锶(Sr)进行同位素比值检测。检测结果发现,根据绿松石所含锶同位素的地球化学特征,可以在一定程度上区分绿松石的产地及来源,并认为二里头遗址出土的绿松石废料与洛南绿松石古矿之间的关系较为密切⑥。

---

① 何煦、陈林、李青会、顾冬红、干福熹、李飞、李珍:《竹山和马鞍山绿松石微量元素和稀土元素特征》,《岩矿测试》2011 年第 6 期,第 709～713 页。

② 叶晓红、任佳、许宏、陈国梁、赵海涛:《二里头遗址出土绿松石器物的来源初探》,《第四纪研究》2014 年第 1 期,第 212～223 页。

③ 叶晓红、任佳、许宏、陈国梁、赵海涛:《二里头遗址出土绿松石器物的来源初探》,《第四纪研究》2014 年第 1 期,第 212～223 页。

④ 中国社会科学院考古研究所:《二里头 1999～2006(贰)》,第 998～1006 页,文物出版社,2014 年。叶晓红、任佳、许宏、陈国梁、赵海涛:《二里头遗址出土绿松石器物的来源初探》,《第四纪研究》2014 年第 1 期,第 212～223 页。

⑤ 张登毅、李延祥:《山西出土先秦绿松石制品初步研究》,《华夏考古》2015 年第 4 期,第 21～28 页。

⑥ 先怡衡、樊静怡、李欣桐、李延祥、周雪琪、高占远、吴萌蕾:《陕西洛南绿松石的锶同位素特征及其产地意义——兼论二里头出土绿松石的产源》,《西北地质》2018 年第 2 期,第 108～115 页。

北京科技大学及甘肃考古研究所等单位曾对甘肃省甘南藏族自治州临潭县磨沟遗址和齐家坪遗址出土的绿松石（两遗址年代均在新石器时代晚期）进行红外光谱、拉曼光谱无损分析检测，并对比其与湖北、安徽、新疆产出绿松石的异同。该分析结果表明，"红外和拉曼光谱分析对绿松石的主要官能团和晶体骨架结构有高灵敏度，但是无法对不同产地及成因类型的绿松石进行有效的区分"[①]，即红外分析和拉曼光谱分析无法判别绿松石的产地。

（三）中国古代绿松石的来源及研究现状

如前文所述，我国西北地区新石器时代晚期遗址常见绿松石饰件，自那时起先民就已经有了绿松石来源渠道。到了先秦时期，中原地区也开始流行使用绿松石。但这些出土绿松石的产地来源问题一直悬而未决，在学界备受关注。

据最新考古发掘及研究成果，我国至少已经发现陕西洛南河口古代绿松石矿、新疆黑山岭古代绿松石矿两处古代绿松石采矿遗址，它们都是春秋战国时期已经开采的绿松石矿。

洛南河口古代绿松石采矿遗址是中原地区唯一的一处早期绿松石矿址，而包括该矿址在内的秦岭地区绿松石矿带，也是目前我国年代最早的绿松石矿源地之一。这一带从古至今一直是绿松石的重要产地。产自中国鄂西北的绿松石，古称"荆州石"或"襄阳甸子"[②]。洛南河口"遗址的发现，为研究我国早期绿松石的开采及使用，探索早期绿松石的流通及来源提供了重要资料"[③]。

以往学者多以为我国古代墓葬出土的绿松石来自西亚、波斯等地[④]。学界

---

①　赵绚、李延祥、陈国科、王子乾：《利用无损分析对甘肃齐家坪遗址和磨沟遗址出土绿松石进行产源探索》，《中国宝玉石》2021年第1期，第26～34页。

②　今天的绿松石产地主要分布在鄂西北的郧县、竹山、郧西等地，位于武当山脉的西端、汉水以南的部分区域内。

③　北京科技大学冶金与材料史研究所、陕西省考古研究院：《陕西洛南河口绿松石矿遗址调查报告》，《考古与文物》2016年第3期，第11～17页。

④　干福熹：《玻璃和玉石之路——兼论先秦硅酸盐质文物的中、外文化和技术交流》，《广西民族大学学报（自然科学版）》2009年第4期，第6～17页。干福熹分析了古代绿松石、软玉和金青石在中国、国外的产地与来源及实际使用的情况，提出我国西周以前的绿松石有可能来自波斯，并根据考古资料提出，在公元前1500～500年间，古代玻璃器及玉石材料由西向东、由北到南，沿着古代草原之路从西亚和中亚进入中国内地的路径。

最新研究成果表明,中原地区早期的绿松石饰品与洛南河口等秦岭地区绿松石产地有密切关系。新疆黑山岭绿松石采矿遗址群紧邻丝绸之路古道,它的发现对于研究解决新疆乃至西北地区早期绿松石的来源和矿料的获取技术具有重要意义,也对早期绿松石"西来说"提出了质疑①。

秦岭地区古绿松石矿带、新疆黑山岭绿松石采矿遗址群的发现,说明我国春秋战国时期一些遗址出土的绿松石(至少其中一部分)应属于自产。而关中秦地距离秦岭较近,应该更容易得到绿松石原料。

百年前的章鸿钊就曾提出使用化学分析检测手段来判别绿松石的产地,"欲详出土物之来源,当比较波斯甸子与襄阳甸子,或其余各地所产,以化学分析之所得断"②。目前,学界也在尝试使用各种科学仪器、多种分析检测手段解决绿松石来源问题。对比各时期、各遗址出土绿松石主成分含量之外的微量元素、稀土元素特征差别③,或可在一定程度上大致区分绿松石的产地及来源。

六、秦墓出土绿松石的色彩及等级划分

绿松石的主要成分是铜、铁、铝及水的化合物,因而其色彩主要取决于铜、铁的含量,铜含量高时呈蓝色,铁含量高时偏绿色,氧化铁含量高时呈黄色、褐色④。因而绿松石呈现出蓝、绿、黄、褐、白等多种色彩,而色彩是决定绿松石价值和等级的要素之一。一般来说,以天蓝色、蓝绿色最佳,绿色、灰绿色次之,褐色、白色的最差。通常根据绿松石的产地、颜色、光泽、质地、块度大小、色彩的构成布局等方面,对绿松石进行分类,并划分其质量等级。

2018年发布的《中华人民共和国国家标准》中有关于绿松石鉴定、分级的具体

---

　　①　西北大学文化遗产学院、北京科技大学科技史与文化遗产研究院、新疆文物考古研究所:《新疆若羌黑山岭古代绿松石矿业遗址调查简报》,《文物》2020年第8期,第12页。

　　②　章鸿钊:《石雅》(再刊),《地质专报》乙种第二号,第29～30页,中央地质调查所印行,1927年。

　　③　何煦、陈林、李青会、顾冬红、干福熹、李飞、李珍:《竹山和马鞍山绿松石微量元素和稀土元素特征》,《岩矿测试》2011年第6期,第709～713页。

　　④　[英] Ronald Louis Bonewitz 著,张洪波、张晓光译,杨主明、董明审:《宝石圣典:矿物与岩石权威图鉴》,第196页,电子工业出版社,2010年。

条款①。绿松石分级标准的制定者曾撰文,从标准的制定过程、分级要求及内容等方面对该标准进行解读。"绿松石分级是通过肉眼观察来完成的,分级内容包括:颜色、质地、表面洁净度、光泽、透明度及特殊花纹。颜色分级采用 HSB 颜色分级体系,对色相、明度、饱和度及不均匀颜色的划分进行规范,质地分级采用密度测试。该分级标准经过行业意见征集、实验室试用,分级流程简便易行,可操作性强"②。

国内业界通常将绿松石划为三个等级③。"一级绿松石:呈鲜艳的天蓝色,颜色纯正、均匀,光泽强,半透明至微透明,表面具备玻璃感。质地致密、细腻、坚韧,无铁线或其他缺陷,块度大。二级绿松石:呈深蓝、蓝绿、翠绿色,光泽较强,微透明。质地坚韧,铁线或其他缺陷很少,块度中等。三级绿松石:呈浅蓝或蓝白、浅黄绿色,光泽较差,质地比较僵硬,铁线明显,或白脑、筋、糠心等缺陷较多,块度大小不等。"按照质地,绿松石则分为瓷松、铁线瓷松、硬松和面松(或称泡松)。

波斯绿松石颜色纯硬度大,通常呈天蓝色,几乎不见绿色。北美绿松石则是兼有天蓝色及绿色。在北美土著印第安人的绿松石信仰中,绿松石有雌雄之分,天蓝色是天空——天父的颜色,象征雄性,绿色是大地母亲的颜色,象征雌性④。秦墓出土绿松石则有天蓝色、绿色、蓝绿色及黄绿色等不同色彩。

马家塬 M6 出土的绿松石嵌饰普遍较精美。马家塬 M6 出土的水滴形绿松石坠饰整体呈浅蓝绿色,上面点缀几个红褐色斑点,宛若花纹,极具美感。绿松石表面光泽度很高,色相好,制作工艺精湛。该水滴形绿松石坠饰堪称迄今为止秦墓出土绿松石珠饰中的上品。

益门村二号墓Ⅰ式金柄铁剑上镶嵌了近 70 枚小绿松石珠,多数表面呈 S形、蝌蚪形,少数呈圆珠形。这些绿松石嵌饰多呈浅蓝色、蓝绿色,有的夹杂黑褐色暗纹。Ⅱ式、Ⅲ式金柄铁剑上镶嵌的绿松石珠少数呈浅蓝色,其余的呈浅黄绿

① 2018 年 5 月 14 日,中华人民共和国国家质量监督检验检疫总局、中国国家标准化管理局发布《中华人民共和国国家标准》,其中 GB/T36168—2018 为《绿松石 鉴定》,GB/T36169—2018 为《绿松石 分级》,该标准于 2018 年 12 月 1 日实施。至此,我国对绿松石的鉴定和分级有了明确的国家级别的通用标准。绿松石鉴定、分级标准由中国地质大学珠宝检测中心、中国地质大学珠宝学院研制。

② 何翀、曹扶芳、狄敬如、杨明星、卢靭、刘玲:《国家标准〈绿松石 分级〉解读》,《宝石和宝石学》2018 年第 6 期,第 7～17 页。

③ 《绿松石分为几个种类? 几个等级?》,https://www.52yushi.com/yushi/lvsongshi/8781.html。

④ [英] Ronald Louis Bonewitz 著,张洪波、张晓光译,杨主明、董明审:《宝石圣典:矿物与岩石权威图鉴》,第 196 页,电子工业出版社,2010 年。

色。这些呈浅蓝色的小绿松石珠色泽纯净,质量上乘。

宝鸡益门村二号墓出土的 40 枚穿孔绿松石块,原本应是一件绿松石串饰。每个绿松石块上面均有双面钻留下的穿孔。这些绿松石有圆有方,大小相杂,形状不规则,报告认为是自然石块。仔细观察可以看到,在加工这些绿松石块时,工匠们是依照原石原本的轮廓对其表面进行了精细打磨,因而,每块绿松石表面光泽度很高。40 枚绿松石大小不一,方圆各异,整条绿松石串饰给人一种粗犷而自然的美。除了少数石块铁线及斑点较少,其他石块大多表面有分布均匀而清晰的黑色铁线纹路,宛若优美的纹饰。按照现今宝石行业的等级鉴定标准,这些绿松石也许规格不很高,少数几块属于二级,多数属于三级。这些绿松石少数呈浅蓝色,多数是蓝绿色,有的有黄色、茶褐色斑块,有几块表面呈黄褐色。由于埋藏在地下年代久远,这些绿松石上大面积的黄色、茶褐色斑块,不知是否是受周围铁器锈蚀的影响所致。

如果依照当今标准来确定并划分秦墓出土绿松石的等级,我们会发现,它们的质地普遍不是很好。其原因或在于,秦汉时期绿松石矿源远较现代稀少、大多依靠远途转手贸易,考虑到这一客观原因,加上它们大都出土于高规格的贵族、戎王的墓葬,只有社会上层才有财力拥有,可以想见,这种品质的绿松石应该已是当时市面上最好的绿松石了。

七、绿松石之作用及文化内涵

秦晓丽从跨文化视角出发,比较了世界各古代文明中绿松石装饰品的宗教、审美的意义以及权威、礼仪性象征,认为二里头遗址出土的镶嵌绿松石牌饰等器物的含义应与古埃及图坦卡蒙王冠上的绿松石、美洲出土的嵌绿松石面具、胸饰及甲胄等相似,"被赋予了更为广泛的社会意义及宗教神性,发挥着具有权力象征的重要作用"[1]。

绿松石是人类开采的最为古老的宝石之一,深受古今中外人士的喜爱。最

---

[1]　秦小丽:《跨文化视角下的绿松石与镶嵌礼仪饰品研究》,《中原文化研究》2020 年第 6 期,第 12～19 页。

古老的绿松石发现于古埃及法老墓葬。在古埃及,绿松石被认为有起死回生的能力,因而深受古埃及贵族们的喜爱。绿松石也是西历十二月的生辰石。他们把绿松石与钻石、红宝石、蓝宝石相提并论,在某种程度上,他们更认为绿松石具有其他宝石不具有的魔力。中东、西亚、波斯人从古至今一直注重使用绿松石,且佩戴绿松石有场合、时间地点等很多约定俗成的习惯和讲究。印第安人同样视绿松石为圣石,直到近现代,北美普韦布洛印第安人①仍然认为绿松石有神力,能够让人达成所愿,因而会在弓矢、枪支上镶嵌绿松石以提高命中率②。

如前所述,我国新石器时期先民们就已经开始使用绿松石作配饰。先秦两汉时期,除了用于身体的首饰、挂件外,绿松石多镶嵌在漆盘、案、奁等贵重物品上③。或许是因为这些贵重物品常用于宴饮、祭祀等较为的重要场合,可以彰显主人的身份、地位及财势。在当时,人们对于绿松石或许还有与西亚类似的信仰,但现在已无从知晓。

绿松石在佛教中被赋予了驱灾避祸、平安吉祥,财富、健康长寿、成功等所有正能量的神力,具有类似护身符的神秘色彩。藏传佛教中,很多法器或佛像上都镶嵌绿松石,人们佩戴使用绿松石的习俗由来已久,至今仍有这样的传统,无论男女老幼,几乎人人拥有绿松石饰件④。匠人们将绿松石珠片与琥珀、珊瑚、珍珠及硬玉等搭配穿缀成耳饰、项链或头饰,或镶嵌在金、银上制成耳环及各种用途的坠饰。

从我国藏区人们今天佩戴使用绿松石的习俗,可以看到信仰可以流传久远。绿松石饰件在传入的同时,它所承载的文化内涵应该也在传播开来。或许其与蜻蜓眼所具有的意涵相似。源于西亚、北非等地的蜻蜓眼式珠,后来传入东亚地区。新疆尼雅东汉中晚期墓葬 MN1M3 墓主将一枚穿孔蜻蜓眼式玻璃珠贴身斜背在身上,墓主将其视若珍宝,很明显这枚蜻蜓眼式玻璃珠有辟邪祈福的功用⑤。

---

① 普韦布洛印第安人是北美西南部古老的土著居民。最早前来美洲的西班牙人称当地印第安人村落为"普韦布洛"。普韦布洛人的生业主要是狩猎、采集和放牧畜群,也从事灌溉农业。

② [英] Ronald Louis Bonewitz 著,张洪波、张晓光译、杨主明、董明审:《宝石圣典:矿物与岩石权威图鉴》,第 197 页,电子工业出版社,2010 年。

③ 洪石:《先秦两汉嵌绿松石漆器研究》,《考古与文物》2019 年第 3 期,第 75~86 页。

④ 又如 2020 年底走红网络、后来成为四川理塘旅游大使的藏族小伙丁真珍珠,镜头里的他佩戴不同款式的绿松石耳坠和项链,而丁真的这个习惯也影响到他的粉丝,在内地粉丝中掀起了一波佩戴绿松石,甚至是追同款的热潮。

⑤ 王炳华:《尼雅 95 一号墓地 3 号墓发掘报告》,《新疆文物》1999 年第 2 期。

史书记载中没有关于秦人使用绿松石的只言片语。我们推测秦人社会中绿松石的作用及文化内涵，或应与世界各地对于绿松石的应用相同。嵌绿松石器物多出土于等级较高秦墓或随葬品较多的低等级秦墓，持有者身份多为贵族，偶有平民。可见绿松石在当时与肉红石髓、玛瑙、琥珀[①]等宝石同样，是可以彰显主人身份、地位及财势的贵重物品。

八、结 语

综上所述，近年来关陇地区秦墓出土绿松石及其饰件数百件。它们多为小件颗粒状，仅益门村二号墓绿松石颗粒较大。它们或为项饰上的石珠、坠饰，或为金耳环、金臂钏、金带饰、金带钩、金剑柄的附属品，或是镶嵌在青铜敦等贵重物件上。本文分析表明，绿松石多出土于级别比较高的大、中型秦墓，且男性拥有绿松石的机会多于女性。

作为一种稀缺资源，无论古今中外，绿松石被赋予了祈福避祸等超能力，甚或是一种信仰，它背后折射的无疑是人类对美好生活的向往。笔者以为，秦人社会中绿松石的作用及文化内涵也应是同样的，是一种正能量的存在，同时也是彰显持有者身份地位、经济能力的贵重物品。

按照现代绿松石鉴定标准，除马家塬 M6、益门村二号墓等高等级墓葬的绿松石属于优质绿松石外，其他秦墓出土的绿松石大多颜色、质地一般，原因或在于彼时绿松石矿源远较现代稀少。而绿松石的加工制作及镶嵌工艺，是今后值得研究的内容。

此前学者多以为中国古代的绿松石有可能来自波斯。而近年来秦岭地区古绿松石矿带、新疆黑山岭绿松石采矿遗址群的发现及相关研究结果表明，我国先秦乃至春秋战国时期出土的绿松石，至少其中一部分应属自产。相信随着相关分析研究工作的开展，秦墓出土绿松石的产地问题也会有一个比较科学的结论。

---

① 甘肃礼县大堡子山发掘的秦公墓 M3，是迄今为止发现秦墓中级别最高的墓葬。M3 为中字形大墓，被盗严重，墓主仰身直肢，头向西。墓主胸、颈部散乱分布有大量的琥珀珠，琥珀珠的数量及尺寸均不详。详见戴春阳：《礼县大堡子山秦公墓地及有关问题》，《文物》2000 年第 5 期，第 75 页。

附表：关陇地区秦墓出土绿松石一览表(按省别及墓葬年代早晚排序)

序号	省别	出土墓葬	墓主性别	器物名称	绿松石形状	数量/枚	年代	资料出处
1	甘肃省	平凉庙庄六号墓 M6：10	男性	绿松石珠	扁平、方形	1	战国晚期	《考古与文物》1982－5
2		平凉庙庄七号墓 M7：20	不详	绿松石珠	扁平、五角形	1	战国晚期	《考古与文物》1982－5
3		张家川马家塬 M6	男性	绿松石珠饰件	绿松石珠、形状各异	近200	战国晚期	《文物》2009－10
4		张家川马家塬 M6	男性	嵌绿松石金长方形饰	圆形、长椭圆形	4	战国晚期	《文物》2009－10
5		张家川马家塬 M6	男性	坠饰	水滴形坠饰	4	战国晚期	《文物》2009－10
6		张家川马家塬 M6	男性	绿松石珠饰件	六棱形管珠	7	战国晚期	《文物》2009－10
7		张家川马家塬 M6	男性	绿松石珠饰件	大小不一、扁管珠	32	战国晚期	《文物》2009－10
8		张家川马家塬 M6	男性	绿松石珠饰件	小环形珠	157	战国晚期	《文物》2009－10
9		张家川马家塬 M6	男性	绿松石珠饰件	扁珠	1	战国晚期	《文物》2009－10
10		张家川马家塬 M13	男性	绿松石串饰	珠状	不详	战国晚期	《文物》2010－10
11		张家川马家塬 M14	不详	嵌绿松石金坠饰	扁管珠	2	战国晚期	《文物》2009－10
12		张家川马家塬 M14	不详	绿松石串饰	绿松石珠	多个	战国晚期	《文物》2009－10
13		张家川马家塬 M16	男性	嵌绿松石金臂钏	花朵形	多个	战国晚期	《文物》2010－10

续表

序号	省别	出土墓葬	墓主性别	器物名称	绿松石形状	数量/枚	年代	资料出处
14	甘肃省	张家川马家塬 M18	不详	嵌绿松石云纹青铜敦	不详	多个	战国晚期	《文物》2012-8
15		张家川马家塬 M25	不详	嵌绿松石金坠饰	蝌蚪形	1	战国晚期	《文物》2018-3
16		张家川马家塬 M60	不详	绿松石珠	不详	不详	战国晚期	《文物》2018-3
17		陇县边家庄五号春秋墓	不详	绿松石珠饰件	绿松石珠	若干	春秋早期	文物1988-11
18		凤翔八旗屯 CM2:37	不详	绿松石塞	圆柱体	1	春秋中期	《文物资料丛刊（3）》1980
19		凤翔高庄 M10/2号人骨	不详	绿松石珠	不详	5	春秋晚期	《考古与文物》1981-1
20		凤翔上郭店村秦墓 SGM1	不详	嵌绿松石小金盆	不详	不详	春秋晚期	《考古与文物》2005-1
21	陕西省	宝鸡益门村二号墓	男性	绿松石串饰	不规则	40	春秋晚期	《文物》1993-10
22		宝鸡益门村二号墓 M2:1	男性	嵌绿松石铁剑金柄	S形、蝌蚪形、圆珠形	69	春秋晚期	《秦墓遗珍》
23		宝鸡益门村二号墓 M2:2	男性	嵌绿松石铁剑金柄	圆珠形	45	春秋晚期	《秦墓遗珍》
24		宝鸡益门村二号墓 M2:3	男性	嵌绿松石铁剑金柄	圆珠形	48	春秋晚期	《秦墓遗珍》
25		宝鸡益门村二号墓 M2:25	男性	嵌绿松石金带钩	圆形、椭圆形	4	春秋晚期	《秦墓遗珍》
26		宝鸡益门村二号墓 M2:24	男性	嵌绿松石金带钩	圆形、蝌蚪形	2	春秋晚期	《秦墓遗珍》

续表

序号	省别	出土墓葬	墓主性别	器物名称	绿松石形状	数量/枚	年代	资料出处
27		宝鸡益门村二号墓 M2：26	男性	嵌绿松石兽面纹金带饰	圆形、椭圆形	7	春秋晚期	《秦墓遗珍》
28		宝鸡益门村二号墓 M2：27	男性	嵌绿松石兽面纹金带饰	圆形	3	春秋晚期	《秦墓遗珍》
29		宝鸡益门村二号墓 M2：28	男性	嵌绿松石兽面纹金带饰	圆形	6	春秋晚期	《秦墓遗珍》
30		宝鸡益门村二号墓 M2：29	男性	嵌绿松石兽面纹金带饰	圆形	2	春秋晚期	《秦墓遗珍》
31	陕西省	陇县店子秦墓 M68	女性	绿松石串饰	绿松石珠	不详	战国早期	《陇县店子秦墓》
32		西安南郊茅坡光华胶鞋厂 M49	女性	绿松石环	环形	1	战国晚期后段至秦统一	《西安南郊秦墓》
33		西安南郊茅坡邮电学院基槽 M11	不详	嵌绿松石蜻蜓眼式珠	圆珠形	3	战国晚期后段至秦统一	《西安南郊秦墓》
34		西安南郊茅坡邮电学院 M82	不详	嵌绿松石蜻蜓眼式珠	圆珠形	1	战国晚期后段至秦统一	《西安南郊秦墓》
35		西安南郊茅坡邮电学院 M3	不详	嵌绿松石蜻蜓眼式珠	圆珠形	1	战国晚期后段至秦统一	《西安南郊秦墓》
36		西安张家堡秦墓 95 世秦思 M19	男？	绿松石料	残破、不规则	4	战国晚期后段	《西安张家堡秦墓》

第四讲　从出土实物看秦国铁农具的
生产制造与管理

　　秦字的金文结构,上部为左右各一只手持杵,其下有臼,下部为双禾或一禾,意为双手持杵,于臼中舂禾。许慎《说文解字》云:"秦,伯益之后所封国。地宜禾,从禾,舂省。一曰秦,禾名。"如上海博物馆收藏的"秦公簋二"中的秦字金文即为 ![秦]①。学界研究表明,无论"秦"字本身的含义,还是秦最初的建邑立国,都与农业密不可分。近年来发现的关中地区秦墓多有铁锸之类的挖土工具出土,铁锸既是农具,也可用于农耕之外的土木作业。正是由于铁制农具的普及以及水利设施的兴修,秦国农业才得以快速发展。

　　战国晚期,各诸侯国多设置官署机构管理冶铁业,当时铁器贸易的利润非常丰厚,冶铁业和铁器贸易成为战国工商业的重要支柱②。然而,由于史书没有明确记载,我们尚不清楚秦国政府对铁器生产的管理形态,以及是否有比较具体的尺寸要求。因此,本文收集渭水流域秦文化遗存出土铁农具资料,通过对出土量最大的直口铁锸(以下简称铁锸)进行计量统计分析,探讨秦国铁农具(工具)制造是否存在标准化,以及秦国铁农具的出现时间、秦国铁农具的制造、管理等问题。秦地铁制农具的出现与中国冶铁的起源密切相关。因此,本文将从梳理中国铁器、冶铁术起源及秦国铁制农具出现相关学术史开始。

一、中国冶铁的起源与秦国铁制农具的出现

(一)中国冶铁起源相关学术史

　　从出土资料看,我国早期铁器主要分布在西北地区的新疆、甘肃、青海、宁夏

---

　　① 李朝远:《新出秦公器铭文与籀文》,《考古与文物》1997 年第 5 期,第 84 页图六"秦"字。

　　② 李健民:《战国时期铁农具的考古发现与研究》,《农业考古》2005 年第 1 期。

和陕西,中原地区的河南、山西以及长江中下游的吴楚地区①。

　　1993 年,唐际根②、陈戈③论及中国冶铁起源问题,均认为我国铁器最早出现在新疆。陈戈认为至少在公元一千年以前新疆即已进入铁器时代;唐际根认为新疆是我国人工冶铁起源地,大约在中原的商末周初到春秋时期,新疆各地使用铁器已较为普遍。1996 年,赵化成先生注意到公元前 5 世纪中叶以前,中国的人工铁器多出土于新疆、甘肃、宁夏等偏西地区④。进入 21 世纪,刘学堂⑤、韩建业⑥、郭物⑦、陈建立⑧等学者均发表冶铁起源相关著述,虽然对铁器具体出现时间各家看法略有不同,但上述学者均认同新疆是我国最早使用铁器的地区,这些铁器来自西亚,并经由新疆向东传播。

　　2005 年,白云翔《先秦两汉铁器的考古学研究》对中国冶铁起源相关学术史进行了详细梳理,即从时间上看,学界存在夏代说、商代说、西周说、春秋说等多种观点。其中西周冶铁起源说是目前学界的主流看法,春秋冶铁起源说则是史学、考古学界曾经较为流行的看法⑨。

　　2009 年,孙危综合历史学、考古学及人类学、古文字学研究成果,认为最早发现铁器的沙井文化晚期(公元前 8 世纪以后)与南支吐火罗人东迁时间吻合,铁器是由吐火罗人由新疆沿河西走廊一路迁徙带到中原诸国的⑩。

　　2012 年,陈建立等学者认为,铁器在中原地区的出现要晚于西北地区,而铁器在中国出现的时间要晚于西亚地区,生铁冶炼和生铁钢制体系也晚于块炼铁

---

　　①　陈建立、毛瑞林、王辉、陈洪海等:《甘肃临潭磨沟寺洼文化墓葬出土铁器与中国冶铁技术起源》,《文物》2012 年第 8 期,第 49 页。

　　②　唐际根:《中国冶铁术的起源问题》,《考古》1993 年第 6 期。

　　③　陈戈:《新疆察吾乎沟口文化略论》,《考古与文物》1993 年第 5 期。

　　④　赵化成:《公元前 5 世纪中叶以前中国人工铁器的发现及其相关问题》,《考古文物研究——纪念西北大学考古专业成立四十周年文集(1956～1996)》,第 289～300 页,三秦出版社,1996 年。

　　⑤　刘学堂:《中国冶铁术的起源》,《中国文物报》2004 年 4 月 2 日。刘学堂:《中国冶铁术起源的发现与研究综述》,《中国文物报》2017 年 9 月 22 日。

　　⑥　韩建业:《新疆的青铜时代和早期铁器时代文化》,文物出版社,2007 年。

　　⑦　参见陈建立、毛瑞林、王辉、陈洪海等:《甘肃临潭磨沟寺洼文化墓葬出土铁器与中国冶铁技术起源》,《文物》2012 年第 8 期,注释【13】。

　　⑧　陈建立、毛瑞林、王辉、陈洪海等:《甘肃临潭磨沟寺洼文化墓葬出土铁器与中国冶铁技术起源》,《文物》2012 年第 8 期,第 52 页。

　　⑨　白云翔:《先秦两汉铁器的考古学研究》,第 19～20 页,科学出版社,2005 年。

　　⑩　孙危:《中国早期冶铁相关问题小考》,《考古与文物》2009 年第 1 期,第 60～64 页。

体系。中原地区的块炼铁技术有可能源于中亚、西亚,新疆和甘青地区可能是传播的通道,"但随着文化交流和汉文化的西进,生铁制品或生铁冶炼技术传播到甘肃、新疆的证据也是明显的"①。即在我国冶铁术起源上,或可能有一个相互的东西方文化交流的过程。

近年发掘的新疆尼勒克县吉仁台沟口遗址②有房址、墓葬及冶铜遗迹,出土大量陶器、石器及少量铜器、骨器、铁器,还发现 2 000 多粒炭化黍。遗址中发现与冶铸活动相关的炼炉、鼓风管、铜矿石、炼渣及坩埚、陶范、石范、煤块、煤渣等遗迹、遗物,还出土几件铁块和较多铁炼渣,房址内煤块、煤渣的发现以及遗址周围分布的煤炭资源,说明这里已经开始使用燃煤作燃料③。刘学堂认为,该遗址出土的铁块有准确地层关系,约在公元前 16 世纪,在目前中国境内出土铁器中年代最早④。出土木炭、兽骨等的碳十四测年结果也显示,该遗址距今 3 600～3 000 年,主体遗存年代在青铜时代中晚期⑤。

(二)铁器及铁制农具在秦国的出现及相关学术史

1. 秦国铁器研究学术史

有关秦国铁制农具何时出现的话题,很早以前学界就有讨论。

2011 年,袁仲一先生提出:"秦在春秋早期已有块炼渗碳钢的铁剑;春秋晚期出现生铁铸件;战国时铁器已普及化。但是铁兵器较少见,这是因为炼钢技术还处于早期阶段,不能大规模地生产钢铁兵器。"⑥

---

① 陈建立、毛瑞林、王辉、陈洪海等:《甘肃临潭磨沟寺洼文化墓葬出土铁器与中国冶铁技术起源》,《文物》2012 年第 8 期,第 52 页。

② 吉仁台沟口遗址位于新疆维吾尔自治区伊犁哈萨克自治州尼勒克县,地处喀什河中游沟口,2015～2018 年,考古工作者对居址区进行了系统发掘。该遗址虽属安德罗诺沃文化体系,但在陶器及墓葬上有区域特征,发掘者建议将其命名为"吉仁台沟口文化"。该遗址应是青铜时代中晚期伊犁河谷一处中心聚落。参见新疆文物考古研究所、伊犁哈萨克自治州文物局、尼勒克县文物局:《新疆尼勒克县吉仁台沟口遗址》,《考古》2017 年第 7 期,第 57～70 页。袁晓、罗佳明、阮秋荣:《新疆尼勒克县吉仁台沟口遗址 2019 年发掘收获与初步认识》,《西域研究》2020 年第 1 期,第 120～125 页。

③ 王永强、袁晓、阮秋荣:《新疆尼勒克县吉仁台沟口遗址 2015～2018 年考古收获及初步认识》,《西域研究》2019 年第 1 期,第 133～138 页。

④ 刘学堂:《中国冶铁术起源的发现与研究综述》,《中国文物报》2017 年 9 月 22 日。

⑤ 阮秋荣:《新疆尼勒克吉仁台沟口遗址的发现与收获》,《文物天地》2021 年第 7 期,第 48～58 页。

⑥ 袁仲一:《秦青铜、冶铁技术发展情况概述》,《秦始皇帝陵博物院(总壹辑)》,第 161～172 页,三秦出版社,2011 年。

2012 年，邸楠将秦人铁器发展分为三个阶段，认为春秋时期是铁器发展的早期阶段，而战国早中期是铁器缓慢发展阶段，战国晚期至秦统一时期才是铁器快速发展阶段①。

2017 年，林永昌等学者认为，战国中期后关中秦墓中铁带钩、铁削出土案例急剧增加，可能是铁器替代铜器的结果。战国中晚期秦地铁器的普及程度有地域性特点，即距离都城越近，随葬铁器和其他金属制品的比例越高，这一结果"可能说明中心与地方在手工业生产与产品流通的差异"②。同年，林永昌等学者对比东周时期铁器技术与工业的地域性差异，提出三晋地区虽然是铁器生产中心，但楚、燕两地有着较大规模的铁器生产及块炼铁传统，较早将铁器技术应用于兵器生产。相比之下，秦地铁工业生产规模及铁器普及程度可能不及三晋、燕、楚地区③。

经分析检测，临潭磨沟寺洼文化早期墓葬 M444 出土的铁条（M444：A7）是由块炼渗碳钢锻打而成，年代在公元前 14 世纪左右④。寺洼文化的族属是史书上的犬戎、西戎，说明那时的戎人已经开始使用人工冶铁制品。上文提到新疆尼勒克县吉仁台沟口遗址开始使用燃煤冶铸铜器，并发现炼炉、鼓风管、铜矿石等一整套冶铸活动遗迹、遗物，而该遗址出土的几件铁块和较多铁炼渣，或许说明该地区人们可能已开始尝试冶铁。吉仁台沟口遗址出土铁块的地层年代在公元前 16 世纪，如果这些铁块经实验室分析检测确实属于人工块炼铁，那么在稍晚的公元前 14 世纪，临潭磨沟寺洼文化的戎人掌握冶铁术也就顺理成章，不足为奇了。

如前所述，学界在我国铁器起源问题上基本达成共识，即铁器及块炼铁技术最早出现在新疆，并经由河西走廊向东传播，中原的块炼铁技术很可能来自中亚、西亚。从地理位置看，秦地的陇东、关中地区介于新疆、河西走廊和中原之

---

① 邸楠：《关中地区秦墓出土铁器初步研究》，《郑州大学学报（哲学社会科学版）》2012 年第 6 期。

② 林永昌、陈建立、种建荣、雷兴山：《论秦国铁器普及化与关中地区战国时期铁器流通模式》，《中国国家博物馆馆刊》2017 年第 3 期，第 36～51 页。

③ 林永昌、陈建立：《东周时期铁器技术与工业的地域性差异》，《南方文物》2017 年第 3 期，第 98～106 页。

④ 陈建立、毛瑞林、王辉、陈洪海等：《甘肃临潭磨沟寺洼文化墓葬出土铁器与中国冶铁技术起源》，《文物》2012 年第 8 期，第 47 页。

间,是铁器传播的必经之路。礼县一带早期秦、戎文化遗存呈犬牙交错状分布,作为戎人近邻的秦人极可能从戎人那里学到了冶铁术。

2. 秦墓出土的早期铁器

秦墓出土的最早的铁器,当属甘肃灵台景家庄一号墓[①]出土的铜柄铁剑(M1:14),铁剑曾取样由北京钢铁学院做金相分析,但因全部锈蚀未获结果,该墓年代在春秋早期晚段。

礼县圆顶山"98LDM2 号墓出土 1 件金首金格铁剑 1 件和 3 件铜茎铁剑,铁剑身均已朽"[②],铁剑均为铜柄,柄多为镂空蟠螭纹上嵌绿松石珠。发掘者将圆顶山 98LDM2 年代定在春秋早期[③]。礼县圆顶山墓地共出土剑 5 件,其中 4 件为铁剑,"铁剑所占比例,也说明时代应属偏晚"[④]。祝中熹认为,从剑柄形态和纹饰看,圆顶山铁剑年代介于边家庄铜剑与益门村二号墓金柄铁剑之间[⑤]。边家庄铜剑的年代在春秋早期,益门村二号墓的年代在春秋晚期早段,即铁剑年代应在春秋中期。

宝鸡益门村二号墓[⑥]出土的金环首铁刀及金柄铁剑年代也比较早,该墓年代在春秋晚期早段。经鉴定,铁刀、铁剑的材质属于结构疏松的人工块炼铁(块炼渗碳钢),而非陨铁。白崇斌认为春秋时期秦地的铁器"处于我国冶铁的开始阶段"[⑦]。

凤翔一号秦公大墓曾出土铁铲、铁锸、铁斧,该墓年代在春秋晚期早段,墓主人被推定为秦景公(前 535 年卒)。该墓的铁锸是迄今为止年代最早的秦国直口铁锸实物[⑧]。

凤翔马家庄一号建筑群遗址祭祀坑 K132 填土中出土铁锸 1 件(k132-1),

①　刘得祯、朱建唐:《甘肃灵台景家庄春秋墓》,《考古》1981 年第 4 期。
②　礼县博物馆、礼县秦西垂文化研究会:《秦西垂陵区》,第 28 页,文物出版社,2004 年。
③　甘肃省文物考古研究所、礼县博物馆:《礼县圆顶山春秋秦墓》,《文物》2002 年第 2 期,第 29 页。
④　礼县博物馆、礼县秦西垂文化研究会:《秦西垂陵区》,第 24 页,文物出版社,2004 年。
⑤　礼县博物馆、礼县秦西垂文化研究会:《秦西垂陵区》,第 28 页,文物出版社,2004 年。
⑥　宝鸡市考古队:《宝鸡市益门村二号春秋墓发掘简报》,《文物》1993 年第 10 期。
⑦　白崇斌:《宝鸡市益门村 M2 出土春秋铁剑残块分析鉴定报告》,《文物》1994 年第 9 期,第 82～85 页。
⑧　韩伟、焦南峰:《秦都雍城考古发掘研究综述》,《考古与文物》1988 年第 5、6 期合刊。

铁锸呈横长方形,宽 13.2.高 6.6 厘米①。发掘者认为,马家庄一号建筑群遗址年代在春秋中期,晚期废弃,祭祀坑年代有早晚之别,早段在春秋中期,晚段在战国早期。

上述出土资料证实,秦国在春秋早期就已经出现铁器,但直到春秋晚期,秦墓出土铁器多是铁剑之类的兵器,不见铁农具、铁工具。春秋晚期早段的一号秦公大墓虽然出土铁锸,但同时期一般平民墓随葬品中不见铁锸。年代在西周早中期至战国时期的甘肃甘谷毛家坪 A 组秦人遗存,居址中发现各种石器、骨器、蚌器。其中可作农具的有单孔石刀、双孔石刀、石斧、石锛,计有石刀 19 件(分单孔石刀、双孔石刀、两侧带缺口石刀三种,各时期均有出土),石斧 2 件,石锛 3 件,骨铲 1 件。年代在春秋晚期至战国早期的陕西长武县上孟村秦墓地出土石刀 1 件、蚌刀 2 件②。毛家坪居址发现的 1 件锈蚀严重的残断铁镰,年代应在战国晚期。平民墓中大量出土铁锸是在战国晚期,而之前考古发现的秦人农具几乎均是石器或蚌器,极少有铁农具。

二、秦文化考古发现中的铁制掘土工具/农具

近几十年,地处渭水流域的陇东、关中地区已发现并发掘秦文化遗存五十余处,这些遗存的年代从西周中晚期,历经春秋、战国时期直到秦末③。由于多是墓葬,而非居址,因而农具的发现并不多。已发现的农具有石器、蚌器、铁器,其中尤以铁农具居多。现按具体发现年代顺序概述如下:

1954 至 1957 年,陕西西安半坡墓地竖穴墓 M31 填土中出土直口铁锸(M31∶1)1 件,宽 14、高 6.7、銎距 1 厘米,该墓年代在战国晚期。该墓地还出土 21 件铁带钩④。

1967 年,甘肃秦安陇城镇上袁家村 M6、M7 各出土直口铁锸 1 件,形制、大

---

① 陕西省雍城考古队:《凤翔马家庄一号建筑群遗址发掘简报》,《文物》1985 年第 2 期,第 26 页。

② 陕西省考古研究所负安志:《陕西长武上孟村秦国墓葬发掘简报》,《考古与文物》1984 年第 3 期。

③ 陈洪:《秦文化之考古学研究》,第 31～34 页,科学出版社,2016 年。

④ 金学山:《西安半坡的战国墓葬》,《考古学报》1957 年第 3 期。简报称该铁器为"铁锄",笔者观察该简报所附照片器形,确认该"铁锄"应为直口铁锸。

小相同。M6 出土铁锸(M6：51)长 14、宽 6.5 厘米(图一，1)。M7 铁锸出于填
土中①。

1973 年，陕西西安临潼郑庄石料加工场出土铁锸 13 件，铁铧、镰各 1 件。
铁锸形制相同，规格略异，宽 13.5～24、高 6～7.5 厘米②。简报未提供铁锸具体
尺寸，看数据应均为直口铁锸(图一，2)。

1976 年，甘肃平凉县东四十里铺公社庙庄大队发现 4 座战国晚期中型墓
葬，发掘清理了其中的六、七号墓。六号墓填土中出土直口铁锸 1 件(M6：
205)，一字形，单刃，顶端有长方形銎，断面呈楔形，宽 13.5、高 6.8 厘米③。

1976 年，陕西临潼上焦村秦墓地发现多件铁器④。上焦村 M16 出土直口铁
锸 1 件(M16：06)，锸宽 14、高 6.5 厘米。上焦村 M17 出土铁斧 1 件(M17：
03)，上焦村 M18 出土铁锛 1 件(M18：32)。该墓地位于秦始皇陵东侧，发掘者
认为这些墓葬的墓主是被秦二世虐杀的兄弟姊妹，年代在秦代。

1977 年，陕西凤翔高庄墓地清理墓葬 46 座，其中高庄 M6、M7、M13 填土中
出土铁锸共 7 件，均为横条形、齐刃的直口铁锸。标本 M6：1，宽 14、高 6 厘
米⑤。其余铁锸尺寸不详。

1979～1980 年，陕西凤翔西村墓地清理墓葬 42 座，其中凤翔西村 79M58 出
土铁铲 1 件(79M58：1)，填土内出土。该铁铲宽平刃，高 12.5、刃宽 12.1、銎长
5.1、宽 2 厘米。该墓年代在战国晚期⑥。

1979～1980 年，位于秦始皇陵西侧的赵背户村秦刑徒墓地发掘中，发现 61
件铁器，其中包括直口铁锸 22 件，凹口铁锸 2 件，铁锛 3 件⑦。22 件直口铁锸宽
度 10.7～14、高 5.3～7 厘米，直口铁锸标本 79c3，宽 14、高 6 厘米。该墓地的凹
口铁锸属于首次发现，此前发现的铁锸均为直口铁锸。

1980～1982 年，秦咸阳宫二号建筑遗址发现铁铲 1 件。椭圆形銎、中空，铲

①　甘肃省文物考古研究所：《甘肃秦安上袁家秦汉墓葬发掘》，《考古学报》1997 年第 1 期。
②　秦俑坑考古队：《临潼郑庄秦石料加工场遗址调查简报》，《考古与文物》1980 年第 2 期。
③　甘肃省博物馆魏怀珩：《甘肃平凉庙庄的两座战国墓》，《考古与文物》1982 年第 5 期。
④　秦俑坑考古队：《临潼上焦村秦墓清理简报》，《考古与文物》1980 年第 2 期。
⑤　雍城考古队吴镇烽、尚志儒：《陕西凤翔高庄秦墓地发掘简报》，《考古与文物》1981 年第 1 期。
⑥　雍城考古队李自智、尚志儒：《陕西凤翔西村战国秦墓发掘简报》，《考古与文物》1986 年第 1 期。
⑦　始皇陵秦俑坑考古发掘队：《秦始皇陵西侧赵背户村秦刑徒墓》，《文物》1982 年第 3 期。

身圆肩,刃部已残[①]。

1981～1984 年,陕西凤翔马家庄一号建筑群遗址 132 号祭祀坑填土中出土直口铁锸 1 件(k132:1),宽 13.2、高 6.6 厘米,年代在春秋晚期[②]。

1983～1984 年,陕西凤翔西沟道墓地清理春秋至秦代墓葬 26 座,其中西沟道 M14 填土中出土直口铁锸 1 件(M14:填 1),宽 19、高 5.8 厘米[③]。简报将该墓年代定在战国中期。

1984 年,陕西咸阳林学院 M15 出土直口铁锸 1 件(M15:10),宽 13、高 5.4 厘米(图一,3)。该墓年代在战国晚期[④]。

1986 年,陕西凤翔一号秦公大墓曾出土铁锸、铁铲、铁斧、铁环等多件铁器,具体形制、尺寸不详。墓主人被推定为秦景公(前 535 年卒),大墓年代在春秋晚期早段[⑤]。

1989 至 2003 年,陕西西安南郊秦墓地发掘出土 30 件铁器。其中茅坡邮电学院 M76(M76:6)出土铁锸 1 件(图一,4),宽 13.5、高 6、銎宽 1.3、长 12.2、深 3.8 厘米[⑥]。茅坡邮电学院 M41 出土铁铲 1 件(M41:5),宽 13、高 12.5 厘米、銎首高 4.7、宽 6、厚 2.7 厘米[⑦]。潘家庄世家星城出土直口铁锸(图一,5)2 件(M11:8、M201:23)、铁斧 1 件(M189:3)、铁锄 1 件(M185:38),均没有尺寸信息[⑧]。

1991～1993 年,陕西陇县店子墓地发现 17 件铁器,包括生产工具、生活用具等,其中可作为掘土工具的有铁铲 3 件、铁锛 3 件、铁锸 1 件[⑨]。年代在秦代的 M279 出土铁铲 2 件。M192 出土直口铁锸 1 件(M192:20),宽 21、高 5.6 厘米,该墓年代在战国晚期或秦代。

①　秦都咸阳考古工作站:《秦咸阳宫第二号建筑遗址发掘简报》,《考古与文物》1986 年第 4 期。
②　陕西省雍城考古队:《凤翔马家庄一号建筑群遗址发掘简报》,《文物》1985 年第 2 期。
③　陕西省雍城考古队尚志儒、赵丛苍:《陕西凤翔八旗屯西沟道秦墓发掘简报》,《文博》1996 年第 3 期。
④　咸阳市文管会:《西北林学院古墓清理简报》,《考古与文物》1992 年第 3 期。
⑤　韩伟、焦南峰:《秦都雍城考古发掘研究综述》,《考古与文物》1988 年第 5、6 期合刊。
⑥　西安市文物保护考古所:《西安南郊秦墓》,第 342 页,陕西人民出版社,2004 年。
⑦　西安市文物保护考古所:《西安南郊秦墓》,第 342 页,陕西人民出版社,2004 年。
⑧　西安市文物保护考古所:《西安南郊秦墓》,第 697 页,陕西人民出版社,2004 年。
⑨　陕西省考古研究所:《陇县店子秦墓》,第 109 页,三秦出版社,1998 年。

1995年，陕西咸阳塔儿坡墓地出土铁锸8件及锈蚀严重的弧形单面刃铁镰2件。7件铁锸出于墓道填土中，1件出于墓室内。铁锸标本 M37355：4（图一，6），宽13.5、高6.9厘米，该墓年代在战国晚期至秦代[①]。

1998年至2001年，陕西西安北郊秦墓地发现铁锸3件、铁锛1件、铁凿1件、铁铗2件。铁锸标本98交校Ⅰ区 M17：12，上宽14、高8.2厘米，刃宽13.2厘米（图一，7）。直口铁锸标本西安北郊99乐百氏 M16：2，上宽14、高7.4厘米，刃宽13.2厘米（图一，8）。直口铁锸标本99乐百氏 M36：2，宽14.8、高7.2厘米[②]。

1998年，陕西西安临潼区秦陵镇鱼池村吴中墓地出土铁锸4件。"标本98吴中 M20：2，长13.9、宽5.8、厚1.6厘米，銎长12.9、宽1厘米。标本98吴中 M20：3，长13.8、宽6.6、厚1.6厘米，銎长12.8、宽1厘米。标本98吴中 M25：2，长13.6～14、宽6.4、厚1.7厘米，銎长13.2、宽1.1厘米。标本98吴中 M39：2，长13.5、宽6.5、厚1.6厘米，銎长12.7、宽1厘米"。发掘者将这些墓葬年代定在秦代[③]。

2007～2008年，陕西西安临潼新丰清理597座秦墓，年代在战国晚期至秦末。共发现铁器数十件，其中可作为掘土工具的有铁锸、铁铲及铁锛，年代均在战国晚期。直口铁锸共有4件，均呈横长方形，截面呈"V"形。标本新丰 M107：3，刃部略有残损，横长14.04、纵宽8.4、銎长13.35、宽0.9、深4.35厘米[④]。标本新丰 M128：11，横长13.89、纵宽6.63、銎长13.26、宽1.5、深5.10厘米[⑤]（出土位置：棺内墓主左臂外侧）。标本新丰 M266：3，一侧残损严重，残横长10.64、纵宽6.6、銎宽0.9厘米[⑥]（出土位置：竖穴墓道与墓室相接的封门

① 咸阳市文物考古研究所：《塔儿坡秦墓》，第166～167页，三秦出版社，1998年。

② 陕西省考古研究所：《西安北郊秦墓》，第300～301页，三秦出版社，2006年。

③ 王望生：《秦始皇陵园北侧吴中墓地砖椁墓分析》，《秦始皇帝陵博物院（总柒辑）》，第391页，三秦出版社，2017年。

④ 陕西考古研究院：《临潼新丰——战国秦汉墓葬考古发掘报告》（上册），第292～293页，科学出版社，2016年。

⑤ 陕西考古研究院：《临潼新丰——战国秦汉墓葬考古发掘报告》（上册），第339～341页，科学出版社，2016年。

⑥ 陕西考古研究院：《临潼新丰——战国秦汉墓葬考古发掘报告》（上册），第643～644页，科学出版社，2016年。

内侧,与陶器等随葬品共出)。标本新丰 M405：8,横长 13.88、纵宽 7.04、銎长 13.24、宽 1.6、深 4.4 厘米①(出土位置：墓室内,墓主左侧)。

2007～2008 年,甘肃张家川马家塬 M6 出土直口铁锸(M6：13)1 件,长方形,截面呈"V"形。刃口平直,横长 13.6、纵高 5、壁厚 0.2 厘米②。出土位置不详,该墓年代在战国晚期。

2018 年,吴山遗址出土 8 件铁插,銎内均残存炭灰化的朽木。铁插尺寸不详③。

近年发掘的秦始皇帝陵陵西大墓(QLCM1)填土中发现 5 件铁锸、2 件铁铲④。据说铁锸宽度在 13 厘米左右。

除上述铁农具(工具)外,战国晚期之后的甘肃张家川马家塬及陕西的宝鸡、咸阳、西安等地秦墓多有铁器出土。这些出土铁器除了铁农具、工具,还包括铁兵器以及其他铁制生活用具。

甘肃张家川马家塬 M23 盗洞中采集到铁戈 1 件、铁短剑 2 件、铁马衔 1 副⑤。马家塬 M26 墓主左股骨左侧出土环首铁削 1 件(M26MS：4),残断为数节⑥,两墓年代均在战国晚期。

陕西宝鸡建河秦墓地发现铁器 5 件,其中 2 件为残片状,2 件残缺铁器共出于建河 M4(M4：24、25),均不可辨器形。建河 M44 出土的一件可辨为铁带钩(M44：6)⑦。报告认为建河 M4 年代为秦代,建河 M44 年代为战国晚期⑧。陕西凤翔孙家南头秦墓地出土铁剑、铁刀各 1 件,出土铁剑的孙家南头 M191 是座

————————

　　① 陕西考古研究院：《临潼新丰——战国秦汉墓葬考古发掘报告》(上册),第 929～931 页,科学出版社,2016 年。

　　② 早期秦文化联合考古队、张家川回族自治县博物馆：《张家川马家塬战国墓地 2007～2008 年发掘简报》,《文物》2009 年第 10 期,第 28～30 页。

　　③ 董卫剑：《吴山遗址考古发现的一些认识》,《国际视野下的秦始皇帝陵及秦俑学研究学术研讨会论文集》,第 144 页,西安地图出版社,2021 年。

　　④ 笔者未见到实物,秦陵陵西大墓"QLCM1 工地展板"展示有 5 件铁锸、2 件铁铲图片。

　　⑤ 早期秦文化联合考古队、张家川回族自治县博物馆：《张家川马家塬战国墓地 2012～2014 年发掘简报》,《文物》2018 年第 3 期,第 12～15 页。

　　⑥ 早期秦文化联合考古队、张家川回族自治县博物馆：《张家川马家塬战国墓地 2012～2014 年发掘简报》,《文物》2018 年第 3 期,第 16 页。

　　⑦ 陕西考古研究院：《宝鸡建河墓地》,第 95 页,陕西科学技术出版社,2006 年。

　　⑧ 陕西考古研究院：《宝鸡建河墓地》,第 181、192 页,陕西科学技术出版社,2006 年。

6 鼎 4 簋墓,出土铁刀的孙家南头 M126 是座 5 鼎 4 簋墓。这两座墓均级别较高,墓主生前应属于大夫级别[1]。

陕西咸阳黄家沟墓地也曾发掘出土多件铁器,但多已锈蚀,不辨器形,该墓地年代在战国中晚期至秦末[2]。咸阳任家嘴墓地出土 6 件铁带钩、铁镯等,未出铁农具[3]。咸阳塔儿坡墓地出土 67 件铁带钩、40 件铁削、5 件铁剑等。陕西咸阳任家嘴秦墓地清理 242 座春秋至秦代墓葬,仅发现 6 件铁器,且保存状态均较差,有铁带钩、铁带饰、铁镯,未发现铁锸等掘土工具[4]。

陕西西安半坡墓地出土 21 件铁带钩。西安南郊墓地出土的 30 件铁器,除了锸、锄、斧外,还有权、灯、鼎、三足支架、削刀、带钩等其他用途器物。西安北郊墓地出土灯、铺首、削刀、剑、刀等 22 件铁器,其中北郊 99 乐百氏 M34 出土凿、铗、刀(残)等铁制工具,并随葬多件陶模具,墓主生前应是工匠。该墓年代为战国晚期后段。西安临潼新丰秦墓地除了出土铁锸、铁铲、铁镒外,还出土 4 件铁鼎、14 件铁釜、3 件铁鏊、3 件铁灯、20 件铁带钩以及锥、剑、刀等铁器。

综上所述,进入战国晚期,渭水流域甘肃、陕西地区秦墓中开始大量出土铁农具、铁制生活用具以及铁兵器,说明铁器在战国晚期秦人社会生产生活中已经比较普及。这些中小型秦墓共计出土锄、锸、镰、斧、铲、镒等铁农具(工具)约 66 件,其中以铁锸最多(图一)。秦代以前的铁锸均为直口铁锸,凹口铁锸从秦代开始出现。这些直口铁锸大多出于墓葬填土中,推测应是挖墓坑时掘土以及填埋时使用的工具。在使用完后将铁锸随手弃于墓葬填土中,这一行为,也从侧面说明铁锸在当时已是比较常见的掘土工具。

史书及出土文献均未见有秦铁工具生产具体形态的相关记载,以及是否对铁工具生产有比较具体的尺寸要求。因此,下文将对出土量最大的直口铁锸进行量化统计分析,并根据统计分析结果探讨秦国铁农具、工具制造是否存在标准化等问题。

---

①　陕西省考古研究院:《凤翔孙家南头》,第 335、337 页,科学出版社,2015 年。

②　秦都咸阳考古队:《咸阳市黄家沟战国墓发掘简报》,《考古与文物》1982 年第 6 期。

③　咸阳市文物考古研究所:《任家嘴秦墓》,科学出版社,2005 年。

④　咸阳市文物考古研究所:《任家嘴秦墓》,第 223～224 页,科学出版社,2005 年。

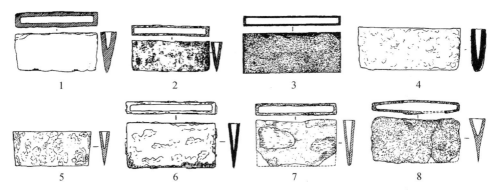

1. 甘肃秦安上袁家 M6：51　2. 临潼郑庄石料加工场　3. 咸阳林学院 M15：10　4. 西安南郊茅坡 M76：6　5. 西安南郊潘家庄 M11：8　6. 咸阳塔儿坡 M37355：4　7. 西安北郊 98 交校 I 区 M17：12　8. 西安北郊 99 乐百氏 M16：2

图一　秦墓出土铁锸(缩尺不一)

三、秦墓出土直口铁锸的计量统计分析

如表一所示,甘肃秦安以及陕西凤翔、咸阳、西安等地秦墓直口铁锸出土资料将近 60 件,其中仅 24 件有确切尺寸(表一)。根据表二铁锸数据制作了散点图(图二)。观察散点分布可以发现,除右面的 2 个散点较大,左面 1 个散点较小外,其余散点比较集中,形成一个宽度在 13～14.8 厘米、高度在 5.4～8.2 厘米的小群体。就是说,构成这个小群体的铁锸大小非常相近。右面的 2 个较大散点分别是陇县店子 M192 铁锸(宽 21、高 5.6 厘米)和凤翔西沟道 M14 铁锸(宽 19、高 5.8 厘米)。左面较小的 1 个散点是新丰 M266：3 铁锸,该器由于一侧残损严重,残横长仅有 10.64。此外,据发掘简报,郑庄石料加工场出土的一件铁锸宽达 24 厘米,但因郑庄石料加工场 13 件铁锸没有其他详细尺寸,未能用于制作散点图。由散点图可知,秦人的铁锸有大、小两种尺寸,而以小尺寸的铁锸最为常见。这些铁锸的年代均在战国晚期至秦末。此外,据发掘者介绍,近年发掘的秦始皇帝陵陵西大墓填土中也发现有直口铁锸,铁锸宽度约 13 厘米。

表一　秦墓出土铁锸尺寸一览表　　　　　　（单位：厘米）

编号	出土地点及器物编号	宽/横	高/纵	年　　代
1	凤翔马家庄一号建筑址 k132：1	13.2	6.6	春秋晚期
2	凤翔西沟道 M14：填1	19	5.8	战国中期
3	西安98交校Ⅰ区 M17：12	14	8.2	战国晚期前段
4	西安99乐百氏 M16：2	14	7.4	战国晚期后段
5	西安99乐百氏 M36：2	14.8	7.2	战国晚期后段
6	西安茅坡邮电学院 M76：6	13.5	6	战国晚期后段
7	西安半坡 M31：1	14	6.7	战国晚期
8	庙庄 M6：205	13.5	6.8	战国晚期
9	咸阳塔儿坡 M37355：4	13.5	6.9	战国晚期
10	临潼新丰 M107：3	14.04	8.4	战国晚期
11	陇县店子 M192：20	21	5.6	战国晚期
12	临潼新丰 M266：3	10.64	6.6	战国晚期
13	临潼新丰 M405：8	13.88	7.04	战国晚期
14	临潼新丰 M128：11	13.89	6.63	战国晚期
15	张家川马家塬 M6	13.6	5	战国晚期
16	秦安上袁家 M6：51	14	6.5	秦代
17	临潼上焦村 M16：06	14	6.5	秦代
18	临潼赵背户刑徒墓 79c3	14	6	秦代
19	咸阳林学院 M15：10	13	5.4	秦代
20	98吴中 M25：2	13.6	6.4	秦代
21	98吴中 M20：3	13.8	6.6	秦代
22	98吴中 M39：2	13.5	6.5	秦代
23	98吴中 M20：2	13.9	5.8	秦代
24	凤翔高庄 M6：1	14	6	秦至汉初

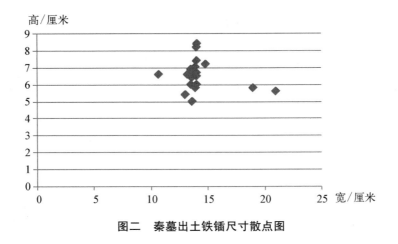

图二　秦墓出土铁锸尺寸散点图

　　如图二所示,共有 24 个铁锸标本,其中 2 件尺寸较大,横宽分别是 19、21 厘米,其余 22 个尺寸相近,为小尺寸直口铁锸。小尺寸铁锸中宽 14 厘米的有 7 个,占总数的三分之一强;此外,宽度 13.5 厘米的 4 个,13.8 的 1 个,13.9 的有 3 个,13、13.2、14.04、14.8 厘米的各 1 个。即铁锸宽度大多在 13.5 至 14 厘米。由散点分布还可以看到,相较于宽度,铁锸高度的浮动比较大,相差将近 3 厘米。铁锸高度差别大,或应与使用过程中的磨损有关。我们可以据此推测,当时小尺寸铁锸宽度的生产标准应是 14 厘米,实际上下浮动幅度不到 1 厘米。在锻冶技术尚不发达、纯手工操作的当时,这个误差幅度实属不易。

　　散点分析表明,秦人的小尺寸直口铁锸宽度大多在 14 厘米,尺寸出人意料地统一。这一现象,应是市场或官府对铁农具尺寸进行明确规制的结果。这个规制或者要求,笔者以为类似于现在的标准化。当然,那时的标准化还比较粗放,不像现在这么精准。秦国手工业的标准化还表现在陶器上。例如,湖北云梦睡虎地秦墓出土了几十件小口大肚的陶缶,其中有"市""亭"印记的、形制相同的十几件陶缶大小几乎相同,尺寸相差甚微[1]。这些考古发现说明,至少在战国晚期,秦国的手工业已经步入正轨,对各种产品的尺寸及质量有较严格而明确的要求。

---

　　① 《云梦睡虎地秦墓》编写组:《云梦睡虎地秦墓》,文物出版社,1981 年。湖北省博物馆:《1978 年云梦秦汉墓发掘报告》,《考古学报》1986 年第 4 期。

四、由计量统计分析结果看秦
对铁器制造业的管理

近年来，多位专家学者曾从文献及考古学视角对秦铁器制造业管理以及铁器制造发展状况展开讨论。

2019 年，刘鹏考察秦古代官营铁农具的生产管理及民间供给，认为秦在中央及地方部分郡设置有采铁、冶铁、铁官等相关机构，采铁及冶铁具体负责开采铁矿、冶铸铁器等事务，铁官则是总管事务机构，"秦应设有专门的铁市官，负责向民众售卖铁农具等铁器产品"①。

2019 年，汤超认为秦冶铁业分官营与私营两部分，官营冶铁业有内史、少府两个体系。"内史下设地方铁官，主要负责生产农具和工具，由官府分配或出借，也生产一些生活用具，由铁市官出售盈利。少府铁官主要为王室提供铁兵器等。私营冶铁业在秦统一过程中被纳入其手工业体系，促进了秦冶铁业的发展。秦统治者始终保持官营冶铁业的主导地位，对冶铁原料、劳动力、成品和废旧铁器都实行严密的管控"②。

2019 年，刘亚雄、陈坤龙、梅建军等人分析检测发现，陕西临潼新丰秦墓出土的 24 件铁器均是以生铁为原料，经过了铸造、铸后退火、炒炼脱碳、锻造等技术过程。这说明战国晚期关中东部的秦地已经有了较为成熟的铁器生产体系。而炒钢制品的存在说明秦人已掌握了较先进的生铁脱碳技术，通过炒炼脱碳获得熟铁、钢材，认为"4 件样品应是目前经科学分析证实的年代最早的炒钢制品"③。

传世文献中虽然没有关于秦国铁农具制造机构的明确记载，所幸有出土资料弥补了这方面资料的缺失。如睡虎地云梦秦简《秦律杂抄》中有"采山重殿，赀啬夫一甲，佐一盾；……大（太）官、右府、左府、右采铁、左采铁课殿，赀啬夫一盾"

---

① 刘鹏：《秦官营铁农具的生产管理及民间供给》，《古代文明》2019 年第 2 期，第 56 页。
② 汤超：《秦铁官体系与冶铁业新识》，《江汉考古》2019 年第 2 期，第 75～80 页。
③ 刘亚雄、陈坤龙、梅建军、马库斯·马丁诺-特雷斯、孙伟刚、邵安定：《陕西临潼新丰秦墓出土铁器的科学分析及相关问题》，《考古》2019 年第 7 期，第 108～116 页。

这样的记载,其中的右采铁、左采铁,应是专门负责开采铁矿的秦国官府职能机构①。据《史记》记载,前316年秦并巴蜀,张仪"城成都……置盐、铁市官并长丞"。说明那时秦已经有官署机构管理冶铁业及铁器制造,巴蜀地区的铁器生产已达到一定规模。据《史记》《山海经》等文献记载,战国时期的铁矿山至少有22处,各诸侯国都在开采铁矿,其中今陕西境内当时就有7处铁矿山②。虽然尚未发现确切的开采遗迹,但有迹象表明,有的铁工厂址附近就是当时的采矿区③。

今陕西凤翔、咸阳、栎阳均发现有秦冶铁作坊遗址。凤翔秦雍城冶铁作坊遗址分布在史家河、东社、高庄一带。咸阳聂家沟一带发现冶铁、砖瓦、铸铜的手工业作坊区。聂家沟沟头西北有冶铁作坊遗址一处,发现铁渣遍地,并有铁块、炉渣、红烧土和草灰等。这些手工业作坊遗址附近就是咸阳宫宫殿建筑遗址,应是为宫廷服务的官府手工业作坊④。当然,这些所谓的"作坊区",只是考古工作者根据地面发现的文物遗存所做的初步判断,其具体范围、性质、结构等尚不明确,有待今后的考古勘探与发掘进一步确认⑤。栎阳城Ⅺ号遗址发现铁渣、硫渣、红烧土以及秦汉时代的砖瓦残块,推测是冶铁作坊遗址⑥。上述几处秦冶铁作坊遗址的考古发现年代多在战国晚期以后,平民墓葬中大量出土铁锸也是在战国晚期。这一考古发现,与战国晚期各诸侯国多设置官署机构管理冶铁业的文献记载正相吻合。

随着考古工作的推进,新资料在不断增加,不仅我国冶铁术的起源,学界对秦冶铁业的认识也在不断更新,逐渐成熟。根据目前学界最新研究成果,秦冶铁业的生产状况及管理机构已比较清晰。即秦冶铁业由官营与私营两部分组成,战国晚期秦人已掌握了较先进的冶铁技术,并通过炒炼脱碳获得熟铁、钢材,战国晚期铁制工具在工、农业生产中迅速普及。出土西汉封泥资料显示,西汉中央、地方均有相应的采铁管理机构,汉制多承自秦,因而这些铁官机构有可能沿

---

① 刘鹏:《秦官营铁农具的生产管理及民间供给》,《古代文明》2019年第2期,第46~56页。
② 白云翔:《先秦两汉铁器的考古学研究》,第135页,科学出版社,2005年。
③ 白云翔:《先秦两汉铁器的考古学研究》,第135页,科学出版社,2005年。
④ 秦都咸阳考古工作站刘庆柱:《秦都咸阳几个问题的初探》,《文物》1976年第11期。
⑤ 陕西省考古研究院秦汉考古研究部:《陕西秦汉考古五十年综述》,《考古与文物》2008年第6期。
⑥ 中国社会科学院考古研究所栎阳发掘队:《秦汉栎阳城遗址的勘探和试掘》,《考古学报》1985年第3期。

袭了秦制。

五、结　语

渭河流域尤其是渭河中下游地区自古水土丰厚,利于农作物生长。战国晚期的历代秦公、秦王推行变法革新,在重农抑商的同时大修水利,使得大量荒地变为良田。据《汉书·沟洫志》,汉代有一首广为流传的民谣:"田于何所?池阳、谷口。郑国在前,白渠起后。举臿(锸)为云,决渠为雨。泾水一石,其泥数斗,且溉且粪,长我禾黍。衣食京师,亿万之口。"①这首民谣称颂的就是秦王政十年(前237年)秦国修建的引泾工程郑国渠,而民谣里的锸,应即指铁锸。铁锸,就其功能来说,既可作为农具,也可用于农耕之外的土木作业。铁锸在墓葬中的大量出土,说明铁锸是当时最普遍最常见的挖土工具。正是铁锸等铁制工具的普及,才使得大规模水利设施兴修成为可能,使得农作物产量的提高成为可能。

本文收集秦国铁农具数据资料,并对直口铁锸进行散点分析,发现在战国晚期和秦代,秦国铁锸生产很可能已经有了统一的规格,只是标准化程度不像现在这样精准。当时小尺寸直口铁锸横向宽度的规格应在14厘米,实际浮动误差不到1厘米。直口铁锸的纵向高度差异较大,误差浮动将近3厘米,则应与使用过程中的磨损有关。

附记:本文曾以《从出土实物看秦国铁农具的生产制造及管理》之名刊于《农业考古》2017年第4期,第117~122页。本文在该文基础上,增补了临潼吴中、临潼新丰、甘肃张家川马家塬等地秦墓新出铁农具资料,以及探讨秦国铁农具的出现时间、生产制造、管理等方面的内容。

多年前,拙作曾请中国社会科学院考古研究所白云翔先生审稿。白云翔先生敏锐地指出,直口铁锸散点纵向高度浮动较大的原因,或应与使用过程中的磨损有关。这个提示犀利而精准,于笔者如醍醐灌顶,感佩有加。小文如今补充近年出土资料并再次刊出,不由得想起白云翔先生来自专业角度的教诲,再次深表感谢。

---

① 班固:《汉书》,第1685页,中华书局,1962年。

第五讲　云梦地区秦墓出土陶器的量化统计分析

　　秦统一六国后,在全国范围内推行一系列政策来维护大一统局面,如统一货币、度量衡、文字等。这一标准化举措在中国古代规模最大,然而却不是最早的。早在秦统一百余年前的秦孝公十八年(公元前 344 年),商鞅变法就已经在秦国国内实施度量衡统一政策,在秦国各地推广"平斗桶、权衡丈尺"。睡虎地出土秦简《秦律十八种》中就有"为器同物者,其小大、短长、广亦必等"的记载[①]。

　　随着秦简、秦国及秦代文物的不断出土,近年来,秦国的标准化政策成为学界关注的焦点,研究成果也逐年积累。李秀珍等人尝试从青铜弩机铭文看秦兵器生产标准化存在的局限性,并采用统计学方法分析、评估秦兵器生产的标准化程度及相应劳动力组织[②]。李迎春的硕士论文对秦的标准化进行了系统研究[③]。沈刚对秦简中秦代行政文书标准化问题展开研究[④],杨帆对秦文字标准化的发展与应用进行研究[⑤]。陈徐玮从度量衡、货币、文字、手工业、交通与统治思想方面入手,探究秦国标准化理念以及战国秦汉时期标准化建设的特征[⑥]。陈洪收集战国晚期至秦代墓葬出土直口铁锸数据并进行量化统计分析,认为战国晚期

---

　　① 云梦秦墓竹简整理小组:《云梦秦简释文(二)》,《文物》1976 年第 7 期,第 4 页。

　　② 李秀珍、高俊:《从青铜弩机铭文看秦兵器生产标准化的局限性》,《文博》2010 年第 2 期。李秀珍、夏寅、刘占成、赵昆、Marcos Martinon-Torres、Andrew Bevan、Thilo Rehren:《秦俑坑出土青铜兵器生产的标准化生产及劳动力组织》,《秦始皇帝陵博物院(总壹辑)》,第 251～263 页,陕西出版集团、三秦出版社,2010 年。

　　③ 李迎春:《论秦的标准化研究》,山东师范大学 2011 年硕士学位论文。

　　④ 沈刚:《秦简所见秦代行政文书标准化问题》,《档案学通讯》2014 年第 2 期。

　　⑤ 杨帆:《秦文字标准化的发展与应用》,"市场践行标准化——第十一届中国标准化论坛"(2014 年 9 月 25 日),中国四川成都。

　　⑥ 陈徐玮:《秦国标准化理念探究》,《中国标准化》2015 年第 12 期。陈徐玮:《战国秦汉时期标准化研究》,西北大学 2016 年硕士学位论文。

秦国的铁锸生产极可能已有统一规格，只是标准化程度不像现在这样精准[①]，等等。

相关论述涉及秦的标准化理念、秦的兵器、秦代行政文书、秦文字、铁农具（工具）等诸多领域。然而，学界尚未见有针对秦墓出土陶器所做的标准化研究论述。本文拟对湖北云梦周边秦墓出土陶器进行量化统计分析，尤其是通过对比有无戳印陶器的尺寸，来观察秦的市场管理及工业标准化在日用陶器生产中的实施程度。这些具体内容在史书中均不曾记载。

一、湖北云梦周边秦墓地遗址

湖北云梦一带发现多处秦汉墓地遗址，有睡虎地、龙岗、木匠坟、大坟头等。上述秦墓地遗址均依照现在的地名命名。这几处墓地分别位于古城址"楚王城"的西、西北、西南、南侧，距离古城垣仅数百米。从周边地理环境看，这一带属于地势较高的坡地，在当时应是连接在一起的一片较大的墓地。

（一）睡虎地秦汉墓地

睡虎地墓地在云梦县城城关镇，位于古城址"楚王城"西侧。该墓地是当时云梦县城关公社肖李大队社员在修水渠时偶然发现的。从第二次发掘简报提供的墓葬分布图看，睡虎地墓地所在区域有汉丹铁路及一条较宽的水渠穿过。铁路与水渠几乎平行，均是南北走向。而水渠与睡虎地 M3、M4、M5、M6、M7、M8 及 M14 重叠，并打破 M9、M10、M11。

睡虎地墓地经过三次发掘，分别是在 1975 年、1977 年和 1978 年。1975 年第一次发掘区域在睡虎地西部，东南 400 米有大坟头 1 号汉墓，共发掘 12 座墓葬（编号 M3 - 14），共发现小口瓮、大口瓮、釜、甑、盂、鏊、茧形壶、盒、钵等 82 件陶器[②]。1977 年的第二次发掘由云梦县文物工作组主持，共发掘清理竖穴土圹墓 10 座（编号 M1 - 2、M29 - 30、M32 - 36、M39）。发现小口瓮、大口瓮、釜、甑、

---

① 陈洪：《从出土实物看秦国铁农具的生产制造及管理》，《农业考古》2017 年第 4 期。
② 《云梦睡虎地秦墓》编写组：《云梦睡虎地秦墓》，文物出版社，1981 年。

盂、鼎、盒、钫等 44 件陶器①。1978 年的第三次发掘由湖北省博物馆主持,武汉大学考古专业和云梦县文化馆参加,在前两次发掘区域的东西两侧又发掘清理竖穴土圹墓秦墓 25 座(编号 M15－28、43－53),同时在大坟头 1 号汉墓东南 300米发掘 2 座西汉墓葬(即大坟头 M2、M3)。出土陶器 131 件,器物种类与前两次约略相同,有小口瓮、大口瓮、双耳罐、圜底罐、釜、甑、盂、鼎、盒、钫、灶等②。睡虎地墓地多件陶器底部或肩部发现"安陆市亭"戳印文字(图一)。

睡虎地 M7 椁室门楣上阴刻有"五十一年曲阳士五邦"字样,发掘者认为下葬时间应为秦昭王五十一年,即公元前 256 年。根据竹简《编年记》,M11 墓主"喜"死于秦统一六国 4 年后的公元前 217 年(秦始皇三十年),又过了十一年,秦亡。M7 与 M11 墓主的下葬时间相隔了大约 40 年。

(二)木匠坟墓地

木匠坟墓地在古城址"楚王城"西北,汉丹铁路西侧,其南约 200 米就是睡虎地墓地。木匠坟 M1、M2 共出土 6 件陶缶,简报只提供了 2 件的尺寸。木匠坟M2 的随葬品中既有秦系器物,也有楚系器物。其中陶釜、缶等 6 件陶器从形制看属于秦文化器物,而陶鼎陶壶等的形制及纹饰明显是楚文化风格③。陶鼎器表涂黑,器盖及腹部用褐色颜料绘出卷云纹。陶壶也同样,黑色器表上有褐色锯齿纹及勾云纹。这说明其下葬年代在秦占郢都之后,并且距公元前 278 年秦占郢都时间不很遥远。诸多迹象表明,木匠坟 M2 的墓主应该是一个保留了较多旧俗的楚遗民。

(三)龙岗秦汉墓地

龙岗秦汉墓地位于云梦县城东郊,北距"楚王城"南城墙约 450 米。龙岗一带是地势平坦的台地。该墓地经过二次发掘。1989 年 10～12 月,龙岗墓地第

①　云梦县文物工作组:《湖北云梦睡虎地秦汉墓发掘简报》,《考古》1981 年第 1 期。
②　湖北省博物馆:《1978 年云梦秦汉墓发掘报告》,《考古学报》1986 年第 4 期。
③　云梦县博物馆:《云梦木匠坟秦墓发掘简报》,《江汉考古》1987 年第 4 期。

一次发掘①清理了 9 座墓葬(编号 M1－9),出土 35 件陶器,其中 10 件的底部或肩部有"安陆市亭"四字戳印陶文,有市亭陶文的占总数的将近三分之一。1991 年 10～11 月,龙岗墓地第二次发掘②,在第一次发掘区的南边又发掘 6 座墓葬(编号 M10－15)。6 座墓葬均为东西向长方形小型竖穴土圹墓,相互间没有打破关系。

(四) 大坟头汉墓群

大坟头汉墓群在云梦县城关镇西南角,位于古城址"楚王城"东南城垣外四五百米处。大坟头是一片高于平地 5 米的坡地,北面有睡虎地坡地及木匠坟坡地。1958 年汉丹铁路修建之前,这一带有很多座凸起于地表的墓葬封土堆(坟头),因此得名大坟头,该地名由来已久。③ 大坟头 1 号汉墓(以下简称大 M1)的东南约 400 米处有睡虎地 M11,西距汉丹铁路约 100 米。1972 年 12 月,社员取土时偶然发现该墓并迅速由湖北省博物馆等单位负责发掘。1978 年第三次发掘睡虎地秦汉墓地之时,又在大坟头 1 号汉墓东南约 300 米处发掘清理了大坟头 2、3 号汉墓(简称大 M2、大 M3)。大 M2 出土铜鍪、铜镜各 1 件,以及陶壶、小罐、鼎、壶、钫等 8 件陶器。大 M3 出土铜鍪、铜镜各 1 件,铜钱 38 枚,以及陶圜底罐、釜、甑、盂、灶等 6 件陶器。简报将大坟头 2、3 号汉墓的年代定在西汉早期④。

大坟头 1 号汉墓边箱出土玉印一枚,上有篆书"速"字,推测是墓主名字。睡虎地 M11 出土竹简《编年记》⑤中有"(秦昭王)五十六年后九月,昭死。正月,速产"⑥之句。据简文记载,速应是"喜"的亲戚,年龄比喜小 11 岁。有人曾以两墓相距不远,大坟头 1 号汉墓又出土"速"字玉印,推测其墓主或许就是《编年记》中

① 湖北省文物考古研究所、云梦县博物馆:《云梦龙岗秦汉墓地第一次发掘简报》,《江汉考古》1990 年第 3 期。

② 湖北省文物考古研究所、孝感地区博物馆、云梦县博物馆:《湖北云梦龙岗秦汉墓地第二次发掘简报》,《江汉考古》1993 年第 1 期。

③ 湖北省博物馆:《云梦大坟头一号汉墓》,《文物资料丛刊(4)》,文物出版社,1981 年。

④ 湖北省博物馆:《1978 年云梦秦汉墓发掘报告》,《考古学报》1986 年第 4 期,第 522 页。

⑤ 《编年记》除了记录"喜"的生平及国家大事外,还有"喜"其他亲戚的相关记事。

⑥ 云梦秦墓竹简整理小组:《云梦秦简释文(一)》,《文物》1976 年第 6 期,第 12 页。

"喜"的亲戚"速"①。判断这个"速"是否与"喜"是亲戚,笔者以为还有一个重要依据,那就是墓葬的头向。"速"的头向与"喜"的一家完全相同,均为西头向。楚墓向来极少见西头向,云梦秦汉墓中西头向同样比例较小,但西头向却是关中秦墓的常见头向②。发掘者认为,大坟头1号汉墓的年代应晚于睡虎地M11,而早于凤凰山M168,当在西汉初年。

睡虎地秦墓地营建在东周村落的废墟之上,发掘时还发现东周时代的水井,因而,墓地的使用是从秦占领郢都设立南郡后开始的③。到秦末汉初时,这一带已经遍布墓葬,不再有可以容纳一个家族(2～3座墓葬)的空间。这种情况下,墓地必须向周边扩展,因而,大坟头汉墓群是睡虎地秦墓群向周边的延伸。换言之,大坟头汉墓群的使用者们很可能就是睡虎地秦墓群的使用者们的后裔。因而大坟头汉墓群具有特殊意义,有必要在这里一并讨论。

二、云梦一带出土陶器的量化统计分析

本文讨论对象是发掘报告及简报提供的有详细尺寸的陶器标本。例如云梦睡虎地第一次发掘,共出土甑11件,仅4件标本有详细尺寸;盂6件,仅2件有详细尺寸;缶32件,仅6件有详细尺寸。睡虎地第二、第三次发掘以及龙岗墓地两次发掘也同样如此,只有少数器物有详细尺寸。

(一) 陶釜

煮沸器。短沿外翻,椭圆形器腹,圜底。共计22个标本,分别出土于睡虎地M3、M7、M9、M12、M22、M28、M29、M36、M44、M51,木匠坟M1、M2,龙岗M2、M3、M4、M5、M6、M7、M11、M12、M14及大坟头M3。陶釜的口径、高、腹径等数据详见表一。大坟头M3(西汉早期墓葬)口沿内外及腹部有彩绘。

---

① 湖北省博物馆:《云梦大坟头一号汉墓》,第24页,《文物资料丛刊(4)》,文物出版社,1981年。
② 陈洪:《秦文化之考古学研究》,第229～231页,科学出版社,2016年。在春秋时期的关中秦地,秦国都城周边的墓葬,无论级别,几乎是清一色的西头向,只是在战国中期以后,北、东、南头向才逐渐增多(参见陈洪:《秦文化之考古学研究》,第191～195页,科学出版社,2016年)。
③ 陈洪:《秦文化之考古学研究》,第231页,科学出版社,2016年。

表一　云梦秦墓出土陶釜尺寸一览表　　　　　　　（单位：厘米）

	出　土　处	口径	高	腹径	其　　他
1	睡虎地 M3：7	17.5	20		
2	睡虎地 M7：20	19.5	20		
3	睡虎地 M9：56	16	19.5		
4	睡虎地 M12：3	14.5	14		
5	睡虎地 M22：9	18.6	18		
6	睡虎地 M28：2	17.2	18.5		
7	睡虎地 M29：1	18.5	18.2		
8	睡虎地 M36：23	14.8	13.4		肩部戳印"安陆市亭"
9	睡虎地 M44：25	15.7	12		肩部戳印"安陆市亭"
10	睡虎地 M51：5	15.6	18		
11	木匠坟 M1：15	18.3	20		
12	木匠坟 M2：10	15.6	12		
13	龙岗 M2：2	15.1	14.6	19.4	
14	龙岗 M3：7	12.9	12	19.8	
15	龙岗 M4：15	19	16.3	25.8	肩部戳印"安陆市亭"
16	龙岗 M5：1	17	16.1	23.2	
17	龙岗 M6：7	15.2	11.4	19.6	肩部戳印"安陆市亭"
18	龙岗 M7：3	16.6	13	21	
19	龙岗 M11：4	16.4	14.4	20	
20	龙岗 M12：4	16.5	15.5	22.4	
21	龙岗 M14：2	18.5	19.2	27.4	
22	大坟头 M3：10	11.5	11.5		口沿内外及腹部有彩绘

(二) 陶甑

蒸食物用具。共计 15 个标本,分别出土于睡虎地 M3、M7、M9、M11、M27、M30、M35、M36、M44、龙岗 M1、M3、M4、M5、M7 及大坟头 M3。陶甑口径、高、腹径等数据详见表二。仅睡虎地 M44 出土陶甑底部有"安陆市亭"戳印陶文,且陶文已被甑底圆孔戳穿,模糊不清。每个陶甑的箅孔多少不等,最少的只有 1 个箅孔(睡虎地 M30:3),最多的有 19 个箅孔(睡虎地 M7:21)。

表二   云梦秦墓出土陶甑尺寸一览表   (单位:厘米)

	出土墓葬	口径	高	底径	其 他
1	睡虎地 M3:2	25.5	11.5	10	18 个箅孔
2	睡虎地 M7:21	35.8	17	15.5	19 个箅孔
3	睡虎地 M9:55	26.5	11.5	10	10 个箅孔
4	睡虎地 M11:30	24.5	10.5	11	11 个箅孔
5	睡虎地 M27:3	31	14	15	
6	睡虎地 M30:3	25	12.2	11.6	1 个箅孔
7	睡虎地 M35:7	27.4	14.4	12.8	4 个箅孔
8	睡虎地 M36:33	21.2	8.5	8.8	6 个箅孔
9	睡虎地 M44:19	24	9.8	11.5	13 个箅孔。内底有"安陆市亭"陶文
10	龙岗 M1:6	25	11	9.4	4 个箅孔
11	龙岗 M3:5	20.9	10.2	8.8	5 个箅孔
12	龙岗 M4:14	24.5	10	11.8	6 个箅孔
13	龙岗 M5:4	23.6	11.5	10.5	9 个箅孔
14	龙岗 M7:7	24.4	11.4	11.2	5 个箅孔
15	大坟头 M3:8	26	11	10	

(三) 陶盂

盛食器。共计 14 个标本,分别出土于睡虎地 M7、M12、M27、M35、M45,龙岗

M1、M3、M4、M7、M11、M14、M15 及大坟头 M3。其中龙岗 M3、睡虎地 M45 出土陶甑底部有"安陆市亭"戳印陶文。各个陶盉的口径、高、腹径等数据详见表三。

表三　云梦秦墓陶盉各部位尺寸一览表　（单位：厘米）

	墓　葬　名	口径	高	底径	其　　他
1	睡虎地 M7：22	37	16.5	15.5	
2	睡虎地 M12：4	25.8	11.4	9.5	
3	睡虎地 M27：2	29	12.5	14.5	
4	睡虎地 M35：9	25.8	11	8	
5	睡虎地 M45：49	24.3	12	11	内底戳印"安陆市亭"陶文
6	龙岗 M1：4	24.7	12.4	12.5	
7	龙岗 M3：4	21.9	9.2	10	内底戳印"安陆市亭"陶文
8	龙岗 M4：10	23.4	9.1	10	
9	龙岗 M7：2	22.1	11	9.6	
10	龙岗 M11：1	26	10	10.2	
11	龙岗 M11：5	27.8	12.6	12.4	
12	龙岗 M14：4	26.2	13.7	11	
13	龙岗 M15：3	30	13.6	12.8	
14	大坟头 M3：9	28.5	11.3	12	

（四）陶缶[①]

大型储藏器。小口外侈，平沿外折，肩腹外鼓。共有 27 个标本，分别出土于

[①]　陶缶，即云梦发掘简报中的"小口瓮"。陕西凤翔高庄墓地出土多件这样的陶器，并在肩上发现陶文"隐成吕氏缶容十斗""下贾王氏缶容十斗""北园吕氏缶容十斗"等字样，说明"缶"是这种小口圆肩大陶罐的名称，"十斗"则是它的容量。其容量通常是"十斗"，偶尔会有"九斗"，如西安南郊秦墓世家 M118 所出陶缶（M118：11）肩部有"乐定王氏九斗"刻文。陶文有的是烧前刻写，烧后填朱；有的是烧后刻写，不填朱；也有的是烧后朱书。按《说文解字》解释："缶，瓦器，所以盛酒浆，秦人鼓之以节歌。"发掘简报未曾对陶缶内残留物进行检测，尚不清楚具体内盛何种物体。

睡虎地 M3、M7、M11、M14、M19、M25、M27、M29、M33、M39、M44、M45、M47、
M51,木匠坟 M1、M2,龙岗 M1、M3、M4、M5、M7。陶缶的口径、高、肩径、底径
等数据详见表四。共有 13 件陶缶有"安陆市亭"①戳印文字,且戳印均位于肩
部。睡虎地 M47 同时出土 5 件陶缶,形制均相同,体较矮,广肩较斜,下腹急收,
且肩部均有"安陆市亭"戳印文字。睡虎地 M44 所出陶缶(M44:14)尺寸不详。

<h3 style="text-align:center">表四　云梦秦墓出土陶缶尺寸一览表　　　　　（单位：厘米）</h3>

	墓　葬　名	口径	高	肩径	底径	其　　他
1	睡虎地 M3：13	14.2	34.5		19	肩上有刻划的"归"字
2	睡虎地 M7：1	14	31.5		18	
3	睡虎地 M7：2	13.5	32		18	
4	睡虎地 M11：8	12.8	32		17.6	肩部有"安陆市亭"戳印
5	睡虎地 M11：41	14.4	32.5		18.4	肩部有"安陆市亭"戳印
6	睡虎地 M14：2	13	28		14.5	肩部有"安陆市亭"戳印
7	睡虎地 M19：1	11.5	25.2		12	
8	睡虎地 M25：21	12	22.2		13	
9	睡虎地 M27：9	11.5	24.7		10	
16	睡虎地 M29：2	11.8	27	29		
14	睡虎地 M33：37	11.5	29.6	30		肩部有"安陆市亭"戳印

---

①　据湖北省文物考古研究所王先福先生考证,"安陆"作为地名见于睡虎地墓地出土陶器上的"安陆市亭"戳印、睡虎地 M11 出土的秦简《编年记》以及睡虎地 M4 木牍家书。秦之"安陆"即为秦军攻陷楚国"安陆"城后设立的"安陆"县,其故址即今云梦睡虎地东面数百米处的楚王城城址。该城始建于战国中期,是楚、秦至东汉早期"安陆"县的治所所在。而"安陆"作为地名一直沿用至今。可知陶器生产及监造机构都距离睡虎地墓很近,睡虎地墓主们生前应是安陆县的居民。详见王先福:《秦"安陆"故址新证》,《长江大学学报(社会科学版)》2020 年第 3 期,第 43～47 页。

续　表

	墓　葬　名	口径	高	肩径	底径	其　　他
15	睡虎地 M39：2	11	32.7	31		
10	睡虎地 M44：14					肩部有"安陆市亭"戳印
11	睡虎地 M45：8	12.8	32		17.8	肩部有"安陆市亭"戳印
12	睡虎地 M47：1	13	28.6		15.6	共出 5 件，形制相同。肩部均有"安陆市亭"戳印文字
13	睡虎地 M51：7	14.5	35		17	
17	木匠坟 M1：12	12	30	32	18.5	
18	木匠坟 M2：6	14	30	31	16	
19	龙岗 M1：4	12.4	32.6	32.2	18.6	
20	龙岗 M4：11	13.7	30	31.1	15	肩部有"安陆市亭"戳印
21	龙岗 M6：8	12.6	29.6	31.9	16.8	肩部有"安陆市亭"戳印
22	龙岗 M7：5	13.6	31.4	32.4	16	
23	龙岗 M8：4	13	29	30	17.2	
24	龙岗 M11：2	13.8	28.8	33.4	14.4	
25	大坟头 M1：边箱 5	14.3	34.5		20	
26	大坟头 M1：头箱 22	13.6	26.2		15	
27	大坟头 M1：头箱 48	12.4	27.2		14.8	

（五）陶高颈小壶

敞口，平沿外折，颈较细，广肩，小平底。共出土 6 个标本，分别出土于睡虎地 M11、M12、M44、M45、M49 及龙岗 M4。4 件为小壶（睡虎地 M11：33、睡虎地 M44：22、睡虎地 M49：21、龙岗 M4：16）。肩部均有"安陆市亭"戳印文字。

口径、高、底径等数据详见表五。标本睡虎地 M11：33 及睡虎地 M44：22 肩部均刻划有"十"字符号，或应是其计量单位。陶缶肩部有"十"字的容量多是"十斗"，这种小壶的容量或应是"十升"。

表五　云梦秦墓出土高领小壶尺寸一览表

（单位：厘米）

	墓　葬　名	口径	高	底径	其　　他
1	睡虎地 M11：33	9.6	14	8.5	颈部束丝带，肩部刻划十字符号，并戳印"安陆市亭"陶文
2	睡虎地 M12：9	10.2	16.4	9.6	
3	睡虎地 M44：22	11	15.5	10.5	肩部戳印"安陆市亭"，陶文不清晰
4	睡虎地 M45：39	10.2	16.7	9.5	
5	睡虎地 M49：21	11	15.8	10.8	肩部刻划十字符号，并戳印"安陆市亭"陶文
6	龙岗 M4：16	10.6	16.4	10	肩部戳印"安陆市亭"

三、戳印"安陆市亭"与秦的陶器生产标准化

根据以往云梦地区战国晚期后段至秦末汉初墓葬出土陶器的形制分类及分期编年[①]，该地区陶釜经历了口沿由外翻到直立，由尖底到圜底的形制变化。陶甑则是由平沿到平折沿，甑腹从最初的略有曲折，到曲折明显，再到腹部线条平缓。陶盂的形制变化与陶甑相似。陶缶各部位形态同样有一系列的变化，相比战国晚期晚段陶缶，秦末汉初陶缶肩径（即腹部最大径）位置逐渐下降，肩部由圆鼓逐渐变得圆折，肩部到底部的线条较直。睡虎地墓地的使用时间有五六十年，各类陶器形制虽然有上述微小变化，但本文讨论主题是戳印的有无与陶器尺寸是否相关，因而无须进行更细的考古学形制分类与分期（图一）。

---

① 陈洪：《秦文化之考古学研究》，第 93～99 页及图 15，科学出版社，2016 年。

1   2   3

1. M11：41 陶缶戳印陶文（采自《云梦睡虎地秦墓》） 2. M33：37 陶缶戳印陶文（采自《湖北云梦睡虎地秦汉墓发掘简报》） 3. M47：1 陶缶肩部戳印陶文（采自《1978 年云梦秦汉墓发掘报告》）

图一 云梦地区秦墓出土"安陆市亭"戳印文字

为明确"安陆市亭"戳印的有无与陶器大小、尺寸是否相关，根据表一至表五陶器口径、器高等数据，分别制作了各类陶器尺寸对比散点图（图二①至⑥）。

（一）陶釜

图二散点图之①是陶釜，横轴为陶釜口径，纵轴为陶釜高。云梦地区秦墓所出陶釜口径最小的 12.9 厘米，最大的 19.5 厘米，口径尺寸集中在 11.5～19.5 厘米，陶釜器高最小的 11.4 厘米，最大的 20 厘米，器高尺寸集中在 11.5～20 厘米。据表一，22 个陶釜中有"安陆市亭"戳印的共计 4 个，戳印均位于肩部。从数字排序看，有戳印陶釜除龙岗 M4：15 口径较大（19 厘米）外，其余 3 个（睡虎地 M36：23、睡虎地 M44：25、龙岗 M6：7）口径在 14.8～15.7 厘米，散点比较集中。器高也同样，除龙岗 M4：15 较高（16.3 厘米）外，其余 3 个器高在 11.4～13.4 厘米。图中散点分布得比较分散，但有戳印陶釜的散点相对集中。

（二）陶甑

图二散点图之②是陶甑，横轴为陶甑口径，纵轴为陶甑高。散点分布显示，陶甑口径最小的 20.9 厘米，最大的 35.8 厘米，口径尺寸大致集中在 22～25 厘米。陶甑高最小 8.5 厘米，最大 17 厘米，陶甑高度大致集中在 9～13 厘米。仔细观察可以发现，该图中横轴 25、纵轴 10 的交汇处周边区域散点非常集中，大

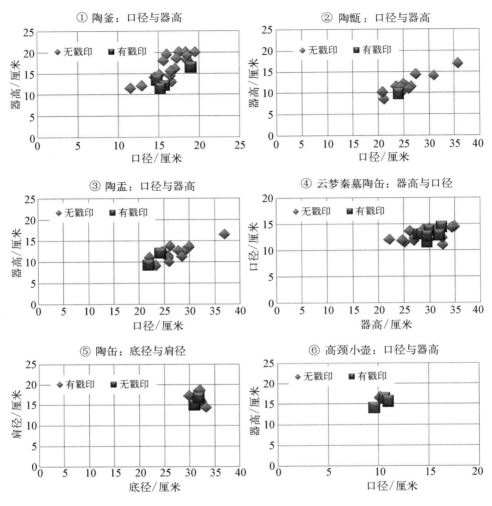

图二　云梦秦墓有无"安陆市亭"戳印陶器尺寸对比散点图

约有 10 个陶瓿样本，占到总数的三分之二。其中睡虎地 M7 的陶瓿（M7：21）最大，口径与器高分别是 35.8、17 厘米，它游离于散点群之外，是个独特的存在。据表二及图②，15 件陶瓿样本中仅睡虎地 M44：19 内底有"安陆市亭"戳印陶文，该陶瓿口径 24、高 9.8 厘米，尺寸较小，分布在散点团的下方。

（三）陶盂

图二散点图之③是陶盂，横轴为陶盂口径，纵轴为陶盂高。陶盂口径最小

21.9厘米,最大37厘米;陶盂器高最小的11厘米,最大的16.5厘米。总体上看,陶盂口径尺寸相对集中,而器高尺寸比较分散。陶盂的散点分布虽然不如陶甑的紧密,但还算集中。

据表三及图一之③,14件陶盂样本中,仅有2件底部戳印"安陆市亭"陶文。样本龙岗M3:4口径21.9、高9.2厘米;样本睡虎地M45:49口径24.3、高12厘米。这2件有戳印陶盂的尺寸相对较小,分布在散点团的左下方。

(四)陶缶

图二之④是陶缶的口径与高散点图,横轴为陶缶口径,纵轴为陶缶高。散点图之⑤是陶缶的肩径与底径散点图,横轴为陶缶肩径,纵轴为陶缶底径。陶缶口径最小的11厘米,最大的14.5厘米,散点比较集中。陶缶器高最小的22.2厘米,最大的35厘米,器高尺寸波动较大。陶缶肩径最小的29厘米,最大的33.4厘米,尺寸相对集中。陶缶底径最小的10厘米,最大的20厘米,尺寸比较分散。

据表四及图二之④,共有13件陶缶有"安陆市亭"戳印文字,且戳印均位于肩部。有戳印的陶缶分布在散点团的中间,口径尺寸在11.5至14.4之间,最大值与最小值相差2.9厘米;器高在28~32.5之间,最大值与最小值相差4.5厘米。无戳印的陶缶口径尺寸在11~14.5之间,大小相差3.5厘米;器高在24.7~35之间,大小相差10.3厘米。由此可见,有戳印的陶缶口径与器高彼此接近,无戳印的陶缶尺寸大小不一,差别较大。几个型体稍高大的陶缶均没有戳印。睡虎地M47出土的5件陶缶的肩部均有"安陆市亭"戳印文字。

(五)陶高颈小壶

图二之⑥是陶高颈小壶,横轴为陶壶口径,纵轴为陶壶高。口径最小的9.6厘米,最大的11厘米;器高最小的14厘米,最大的16.7厘米;底径最小的8.5厘米,最大的10.8厘米。据图可知其口径、底径及器高散点都比较集中。

据表五及图二之⑥,陶高颈小壶共有6件,其中4件(睡虎地M11:33、睡虎地M44:22、睡虎地M49:21、龙岗M4:16)肩部有"安陆市亭"戳印文字。睡虎地M44及M49所出小壶不仅形制相同,口径、底径也完全相同,仅器高相差0.3厘米。睡虎地M11所出小壶的肩、腹形态与上述两件稍有不同,器高与口径也稍小 1 厘米。有"安陆市亭"戳印文字和没有戳印的高颈小壶在尺寸上比较接近。

睡虎地前后三次发掘，四十余座墓葬中共出土 257 件各类陶器，其中只有 5 个该类小壶，相对于陶釜、甑、盂等器物，这种高颈小壶型体较小，出土量较少，可见它并非日常生活中的必备陶器。据发掘报告，睡虎地 M11 的小壶（M11：33）出土时颈部有一束丝带，丝带周围残存经纬较粗的布帛痕迹，推测原本有粗麻布蒙住小壶口沿，丝带应是用来绑扎器口的，而非装饰物。如果能够对小壶内底残存物进行分析检测，或许可以弄清小壶内容物的性质，进而明白它的具体用途。粗布蒙住小壶口沿可以有效防止飞虫、灰尘等进入，里面装的应是一种既需要适度密封，又需要透气的食物。

（六）小结——"安陆市亭"戳印与陶器尺寸的关系

根据图二陶釜、甑、盂、缶、高颈小壶的尺寸散点图，在对比有无"安陆市亭"戳印陶器的尺寸后可以发现，有"安陆市亭"戳印的各类陶器，通常分布在散点团的中间，周边大多是没有戳印的陶器。这些没有戳印的陶器尺寸浮动幅度较大，大小不一；有戳印的陶器，彼此之间尺寸浮动幅度小，大小相近。虽然其中的浮动幅度因器而异，陶缶之类的大型陶器幅度较大，釜、高颈小壶之类的陶器浮动较小。例如，有戳印的陶缶，口径最大值与最小值相差 2.9 厘米，器高相差 4.5 厘米。陶高颈小壶口径最大值与最小值相差 1.4 厘米，器高相差 2.7 厘米，有戳印的陶高颈小壶大小几乎完全相同，而没有戳印的小壶与有戳印的相比大小也是相差无几。

有着几厘米误差的工业标准化在今天看来非常粗放，但时光回放到缺乏精密仪器的二千年前，这样的误差应该可以理解。彼时陶器采用慢轮或快轮纯手工制作而成，即便形制相同的陶器，也会存在微小的个体差别，每件陶器都是独一无二的。

据睡虎地秦墓竹简《秦律十八种》中的《工律》记载："为器同物者，其小大、短长、广亦必等"[①]，即制作同一种器物时，器物的大小、长短及宽窄必须相同。秦

---

① 云梦秦墓竹简整理小组：《云梦秦简释文（二）》，《文物》1976 年第 7 期，第 4 页。

的市亭主要负责监管度量衡,也有市场管理职能,"安陆市亭"戳印相当于今天的产品合格证[①]。只有经过秦市场管理机构市、亭监督检测的陶器,才会有市亭戳印,有市亭戳印的陶器相当于秦人的标准化陶器。

　　图二散点图中,有"安陆市亭"戳印陶器,在同类陶器中彼此尺寸更加接近、规范,这表明,它们很可能是制陶工匠按照一定尺寸要求有意识制作的。有戳印陶器在同类陶器中普遍比例较小(参见表一至表五)。如图三所示,睡虎地、木匠坟、龙岗、大坟头4地22个陶釜标本中,仅4件(18%)有戳印陶文;睡虎地15个陶甑标本中仅1件(6%)有戳印陶文。睡虎地、龙岗、大坟头三地15个陶盂标本中仅2件(13%)有戳印陶文。陶缶是有"安陆市亭"戳印最多的大型陶器,31个陶缶标本中(包括睡虎地M47出土的5件陶缶)有将近一半(29%)肩部有戳印。陶高颈小壶(图三中简称小壶)6个标本中4件(67%)小壶有戳印文字。本文根据上述数据制作了图二有无"安陆市亭"戳印陶器百分比图。

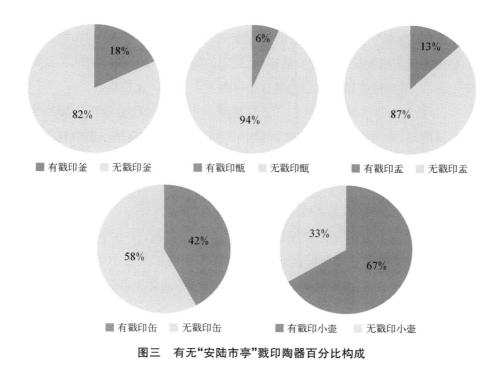

图三　有无"安陆市亭"戳印陶器百分比构成

①　后晓荣:《秦市亭陶文性质的新认识》,《考古学报》2019年第3期。

图二中有些散点游离在散点团核心区域之外,这些超常尺寸陶器的存在或许说明,有些陶器可以脱离"市亭"的监管,在民间流通并使用。除陶高颈小壶外,陶釜、陶甑、陶盂、陶缶等日用陶器中的绝大多数没有戳印,即未经"市亭"监管机构的许可在流通使用。由这些数据我们或许可以得出初步结论,当时"市亭"的监管力度以及《工律》的执行程度,并非我们想象的那么大、那么广。

四、结　　语

本文收集云梦地区战国晚期后段至秦末汉初墓葬出土的各类陶器口径、器高等各部位尺寸,针对有无"安陆市亭"戳印陶器做成散点图,进行量化统计分析,并得到如下几点新认识。

1. 分析结果表明,与没有戳印的同类器物相比,有"安陆市亭"戳印的各类陶器彼此间大小相近,器形也比较规范。睡虎地陶器上"安陆市亭"戳印的存在,从理论上证明,这些陶器符合官府的尺寸规定,属于当时的"标准化"陶器。本文分析结果又从实践上证明,有"安陆市亭"戳印的陶器,比没有戳印的同类器物尺寸更加标准,堪当标准器之称。虽然这个标准在今天看来比较粗放。

2. 有戳印陶器比例普遍较小。云梦秦墓出土的釜、甑、盂等日用陶器绝大多数没有戳印,未经"市亭"许可就在流通中使用。陶缶、陶高颈小壶中有戳印比例较大,这两种陶器肩部往往有"十"字刻划符号,或应是计量文字。这或许说明,当时的官府对于计量陶器监管力度较大,而陶釜、陶甑、陶盂等用于日常生活的煮食、蒸食用具则监管力度较小。

3. 秦统一后在各郡县大规模推行统一货币、度量衡、文字等政策。本文的研究结果验证了秦国手工业标准化的精细程度,这些都是史书中不曾记载的。这些研究发现,让我们眼中的秦国以及秦人的社会生活更加丰满鲜活。

第六讲　云梦睡虎地秦墓殉牲

　　睡虎地墓地位于湖北省云梦县城关镇西部。该墓地在 1975 年偶然发现后，前后经过三次科学发掘，共发表 47 座墓葬资料[①]。目前学界对于睡虎地秦墓的年代基本不存在异议，争议焦点主要是墓主的族属，是秦人[②]还是楚人，多年来众说纷纭，近年来主张秦人说的学者越来越多，并渐成定论。笔者曾撰文论及睡虎地秦墓椁盖板上放置家畜头骨现象及墓主籍贯来源，限于篇幅，未能展开讨论。因此，本文拟在考察关陇及其他地区两周秦汉时期殉牲现象的基础上，再次讨论睡虎地墓地殉牲习俗之渊源，以及有殉牲习俗墓主们的族属来源。

一、云梦睡虎地秦墓地的殉牲现象及其目的

（一）睡虎地秦墓地的殉牲现象

　　睡虎地墓地的殉牲现象，包括在椁盖板上殉牲及壁龛内殉牲两种。前者是在椁盖板上放置了牛、马、狗等家畜头骨，这样的墓葬共有 10 座（M3、M7、M11、M13、M36、M43、M44、M45、M46、M47），壁龛内殉牲墓葬仅有 1 座（睡虎地M9）。

　　1. 睡虎地 M3

　　墓主为北头向，椁盖板居中处的青膏泥中发现一马头骨，马头同为北向。该

---

　　①　《云梦睡虎地秦墓》编写组：《云梦睡虎地秦墓》，文物出版社，1981 年。云梦县文物工作组：《湖北云梦睡虎地秦汉墓发掘简报》，《考古》1981 年第 1 期。湖北省博物馆：《1978 年云梦秦汉墓发掘报告》，《考古学报》1986 年第 4 期。

　　②　本书的"楚人"，特指楚国之人，而"秦人"，则特指秦国之人，广义上包括秦立国之前西垂时期的嬴秦一族及其追随者。本书将公元前 278 年秦占楚郢都前的墓葬统称为"楚墓"，之后的墓葬不分楚人墓、秦人墓，一律称为"秦墓"。称秦王朝时期墓葬为"秦代墓"，这一名称涵盖同时期关中以外各地区（包括旧诸侯国）墓葬。

墓是睡虎地最早随葬家畜头骨的墓葬①。

2. 睡虎地 M7

墓主为南头向,椁盖板上放置马头骨,马头朝向不明②。

3. 睡虎地 M11

墓主为西头向,椁盖板上的青膏泥中,居中放置了一个牛头骨,牛头骨朝向不明③。

4. 睡虎地 M13

墓主为北头向,椁盖板上板居中处的青膏泥中发现腐朽的动物骨末,疑似头骨,不能判断是何种动物,朝向不明④。

5. 睡虎地 M36

墓主为南头向,是个 2 类墓,椁室从南向北第 5、6 块椁盖板上部正中放置牛头骨一个,牛头朝向南⑤。

6. 睡虎地 M43

墓主东头向,椁盖板上居中处有一狗头骨,狗头骨高出椁盖板 10 厘米,狗头骨嘴朝东,与墓主头向一致⑥。

7. 睡虎地 M44

墓主东头向,椁盖板上居中处放置了一个狗头骨,狗头朝向不明⑦。

8. 睡虎地 M45

墓主东头向,椁盖板上的青膏泥中,居中放置了一个狗头骨,狗头朝向不明⑧。

9. 睡虎地 M46

墓主东头向,椁盖板上放置马头骨,长 41、宽 32 厘米,椁盖板四角各有一马

---

① 《云梦睡虎地秦墓》编写组:《云梦睡虎地秦墓》,第 8 页,文物出版社,1981 年。
② 《云梦睡虎地秦墓》编写组:《云梦睡虎地秦墓》,第 67 页"随葬器物登记表",文物出版社,1981 年。
③ 《云梦睡虎地秦墓》编写组:《云梦睡虎地秦墓》,第 8 页,文物出版社,1981 年。
④ 《云梦睡虎地秦墓》编写组:《云梦睡虎地秦墓》,第 8 页,文物出版社,1981 年。
⑤ 云梦县文物工作组:《湖北云梦睡虎地秦汉墓发掘简报》,《考古》1981 年第 1 期,第 29 页。
⑥ 湖北省博物馆:《1978 年云梦秦汉墓发掘报告》,《考古学报》1986 年第 4 期,第 488~489 页。
⑦ 湖北省博物馆:《1978 年云梦秦汉墓发掘报告》,《考古学报》1986 年第 4 期,第 488~489 页。
⑧ 湖北省博物馆:《1978 年云梦秦汉墓发掘报告》,《考古学报》1986 年第 4 期,第 488~489 页。

腿骨,马头朝向东①。

10. 睡虎地 M47

墓主东头向,椁盖板上的青膏泥中,居中放置了一个牛头骨,牛头骨面向东,与墓主人头向一致,椁盖板四角各放置一个牛腿骨,牛头骨及牛腿骨均"高出椁盖 20 厘米"②。

11. 睡虎地 M9

椁盖板上虽未发现家畜头骨,但壁龛里有一只全羊骨骼③。

睡虎地墓地共有 47 座墓葬,11 座墓葬有殉牲,殉牲率约占总数的四分之一弱(23.4%)。笔者曾将睡虎地墓地分为三期,即秦占领期前段、秦占领期后段、西汉早期前段(西汉初年)。睡虎地 M3、M7、M46、年代在秦占领期前段④,睡虎地 M45、M9、M36、M44、M11、M13 在占领期后段,睡虎地 M43、M47 在西汉初年。这些有殉牲墓葬的年代从战国晚期后段一直延续到西汉初年。就是说,该墓地椁盖板上随葬家畜头骨的习俗,是从秦占领该地区开始的,沿用到秦末汉初墓地终止使用。

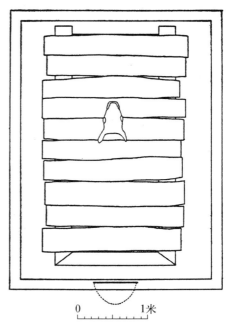

图一 睡虎地 M11 椁盖板上殉牲平面图

(《云梦睡虎地秦墓》编写组:《云梦睡虎地秦墓》,第 6 页图八,文物出版社,1981 年)

---

① 湖北省博物馆:《1978 年云梦秦汉墓发掘报告》,《考古学报》1986 年第 4 期,第 488～489 页。

② 湖北省博物馆:《1978 年云梦秦汉墓发掘报告》,《考古学报》1986 年第 4 期,第 488 页及文末图版十,4。

③ 《云梦睡虎地秦墓》编写组:《云梦睡虎地秦墓》,第 8 页,文物出版社,1981 年。

④ 陈洪(《秦文化之考古学研究》,第 100 页)曾将公元前 278 年秦设立南郡至公元前 206 年秦亡的 72 年平均二等分,分别称之为秦占领期前段、后段。将西汉早期的下限定于废半两、行五铢的汉武帝元狩五年,即前 118 年。自公元前 278 年秦设立南郡,到公元前 221 年秦统一,前后约 60 年,这段时间可定为"战国晚期后段"。然而,"秦代"(前 221～前 206 年)存在时间很短,这一历史分期并不适合整理睡虎地考古资料。因此,笔者将秦设立南郡至秦亡的 72 年平均二等分,分别称之为"秦占领期前段""秦占领期后段"。

近年发现的湖北云梦郑家湖墓地中的一些墓葬也有殉牲现象。该墓地位于楚王城遗址东南郊，西距睡虎地墓地约三千米，曾入选 2021 年度全国十大考古发现。该墓地 A、B、C 三区共发掘 314 座墓葬，墓葬年代均在战国晚期秦拔郢都后至汉初。发掘者从葬制、葬俗及随葬品推断，该墓地 A、B 区为楚人或楚遗民墓葬，C 区为秦人及其后裔墓葬，墓区间分隔明显①。其中一座墓葬椁盖板上发现并提取到猪头骨遗骸，该墓年代在西汉早期，发掘者根据随葬品判断该墓是"秦式墓葬"②。郑家湖 M346 墓主经人骨鉴定为一青年女性，该墓北二层台上发现 1 个牛头骨、4 个牛蹄。发掘者认为 M346"是典型的西北游牧民族风俗的头蹄葬"③。

（二）睡虎地墓地殉牲的目的

睡虎地墓地有 3 座墓葬 M9、M11、M47 掏挖了壁龛，其他墓葬则未见有壁龛报道。睡虎地 M9 墓主头向西，南北壁各有一壁龛，北侧壁龛内放置陶釜、甑各一件，南侧壁龛内放了一整只羊。M9 椁盖板上填土中未发现殉牲头骨。睡虎地 M11、M47 壁龛内未发现殉牲。睡虎地 M11 的东壁（墓主脚端）壁龛内放木轺车一辆及 3 件彩绘木足泥马、2 件彩绘泥俑。M47 墓主头端有一长方形壁龛，内有一陶碗。睡虎地 M11、M47 虽然壁龛内则没有殉牲，但椁盖板上有殉牲头骨，由此可以推测，睡虎地墓地的壁龛内殉牲与填土中殉牲并不共存。

据发掘报告，云梦睡虎地第一次发掘的 M13、M11 等墓葬家畜头骨均发现于椁盖板居中处的青膏泥中④，而第二、三次发掘的睡虎地殉牲头骨及肢骨多发现于椁盖板上的青膏泥中，距离椁盖板 10～20 厘米⑤。殉牲头骨在椁盖板上的位置，除了 M3 在头侧一端——北端外，其余位置有明确记载的均在椁盖板正

①　国家文物局官网：《湖北云梦郑家湖墓地考古发掘获重大收获》，《文物鉴定与鉴赏》2021 年第 11（下）期，第 45 页资讯。（来源：国家文物局官网）。张锐、夏静：《湖北云梦郑家湖墓地：大一统历史进程的生动注解》，《光明日报》2022 年 4 月 29 日第 9 版。

②　"湖北云梦发现秦汉时期古墓葬"载于 2021 年 9 月 25 日《新华网》，http：//www.news.cn/2021-09/25/c_1127893487.htm。

③　张锐、夏静：《湖北云梦郑家湖墓地：大一统历史进程的生动注解》，《光明日报》2022 年 4 月 29 日第 9 版。

④　《云梦睡虎地秦墓》编写组：《云梦睡虎地秦墓》，第 8 页，文物出版社，1981 年。

⑤　湖北省博物馆：《1978 年云梦秦汉墓发掘报告》，《考古学报》1986 年第 4 期，第 489 页。

中,且面部朝向均与墓主的头向完全相同。由这样的位置可以推知,殉牲是在放入棺椁,盖上椁盖板,填土掩埋约 10 至 20 厘米之后放入的,即这个祭奠逝者的仪式是在填土刚开始时举行的。睡虎地墓地发掘者已经意识到:"这种椁盖板上埋葬牛、马、狗头等的情况,可能与当时秦人在入葬时的祭祀仪式有关。"[1]

睡虎地墓地殉牲所用马、牛、羊、犬等骨骼(头骨),均应是下葬祭奠仪式中现场杀殉的家畜。据罗丰先生介绍,寰椎骨极易脱落,而发现的殉牲头骨基本都有寰椎骨,说明是在当时被宰杀的[2]。睡虎地殉牲虽然不能确认是否存在寰椎骨,但睡虎地 M46、M47 椁盖板上放置殉牲头骨,椁盖板四角各放置一个腿骨,说明很可能是现场杀殉的。

笔者搜集云梦睡虎地周边楚墓及同时期江汉地区其他墓葬发掘报告,均未发现有类似的椁盖板上填土中的殉牲报道,即殉牲现象仅见于湖北云梦一带秦人墓地。殉牲原本是畜牧业发达地区的丧葬习俗,笔者以为,应在江汉地区之外的西北、北方地区,尤其是秦地——如今的关陇地区追溯其渊源。下面将梳理周秦时期西北、北方地区墓葬中的殉牲现象,找寻云梦睡虎地秦墓椁盖板上殉牲习俗的源头。

二、周秦时期墓葬中的殉牲现象

(一)东周及秦汉时期关陇之外其他地区的殉牲习俗

罗丰先生曾考察春秋战国时期我国甘肃、宁夏、陕西、内蒙古中南部、西辽河流域北方文化墓葬殉牲现象,认为其普遍流行殉牲是源于其文化上的一致性及生业形态上的相似性(图二)。殉牲以大型牲畜马、牛居多,而羊、狗等小型动物吻部朝向并不一定与墓主人头向相同。且殉牲存在性别差异,成年男性殉葬马、牛、羊等,女性则以牛、羊居多,极少殉葬马[3]。

曹建恩、孙金松先生曾将西北地区墓葬分为竖穴墓/洞室墓与偏洞室墓两组,并比较两者在殉牲上的差异。在甘肃永昌的蛤蟆墩、西岗、柴湾岗墓地,两者年代大体同时,均在春秋至战国早期,两者的葬俗及随葬品种类也基本相同,然

---

[1]　湖北省博物馆:《1978 年云梦秦汉墓发掘报告》,《考古学报》1986 年第 4 期,第 489 页。

[2]　参见罗丰:《北方系青铜文化墓的殉牲习俗》,《考古学报》2018 年第 2 期,第 192 页。

[3]　罗丰:《北方系青铜文化墓的殉牲习俗》,《考古学报》2018 年第 2 期,第 197 页。

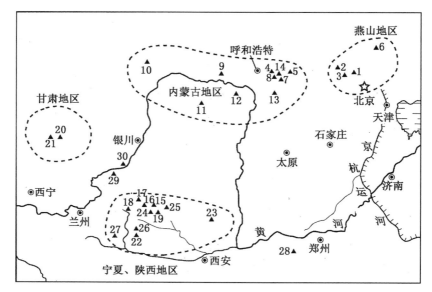

1. 北京军都山 2. 河北小白阳 3. 河北北辛堡 4. 内蒙古崞县窑子 5. 内蒙古忻州窑子
6. 内蒙古井沟子 7. 内蒙古小双古城 8. 内蒙古毛庆沟 9. 内蒙古西园 10. 内蒙古呼
鲁斯太 11. 内蒙古桃红巴拉 12. 内蒙古西沟畔 13. 内蒙古新店子 14. 内蒙古饮牛沟
15. 宁夏石喇村 16. 宁夏于家庄 17. 宁夏马庄 18. 宁夏陈阳川 19. 宁夏张街村
20. 甘肃三角城 21. 甘肃蛤蟆墩 22. 甘肃马家塬 23. 陕西寨头河 24. 宁夏王大户
25. 宁夏中庄 26. 甘肃王家洼 27. 甘肃墩坪 28. 河南徐阳 29. 宁夏狼窝子坑
30. 宁夏倪丁村

图二　北方青铜器殉牲墓葬分布图

(罗丰：《北方系青铜文化墓的殉牲习俗》，《考古学报》2018年第2期，第184页图一)

而偏洞室墓中殉牲的数量及种类明显多于竖穴墓/洞室墓。在宁夏固原杨郎墓
地,两者殉牲无明显区别。在宁夏同心倒墩子墓地,后者的殉牲较前者更为普
遍。而新疆鄯善海洋三号、苏贝希一号、苏贝希三号、苏巴什、交河故城沟西等墓
地,无论竖穴墓/洞室墓还是偏洞室墓,均无殉牲[①]。

目前,北方文化遗存在我国新疆、陕西、甘肃、宁夏、内蒙古中西部、北京、河
北及西辽河流域均有发现。一般来说,北方文化的主要标志是出土北方式青铜
器及大量的马、牛、羊头蹄、骨及肢骨等殉牲。但并非所有的北方文化都具备这
几种特质,如处于北方文化区的新疆及西辽河流域出土北方式青铜器,但墓葬中

① 曹建恩、孙金松：《中国北方东周西汉时期偏洞室墓遗存及相关问题》,第231页,《边疆考古研究
(27)》,科学出版社,2020年。

并无殉牲①，而西北的甘肃、陕西、宁夏、内蒙古中南部地区，无论竖穴墓还是洞室墓均流行殉牲。

参考相关学术史及发掘报告，东周秦汉时期关陇之外其他地区殉牲墓地有数十处。甘肃省有永昌蛤蟆墩②、永昌西岗③、永昌柴湾岗④、漳县墩坪⑤等处墓地，宁夏有固原杨郎⑥、固原于家庄⑦、固原石喇村⑧、西吉陈阳川⑨、彭阳张街村⑩、彭阳王大户⑪、同心倒墩子⑫等几处墓地，内蒙古有凉城崞县窑子⑬、凉城忻州窑子⑭、凉城小双古城⑮、凉城毛庆沟⑯、凉城饮牛沟⑰、凉城水泉⑱、包头西园⑲、

---

① 罗丰先生文章提及西辽河流域虽然出土北方式青铜器，但墓葬中并无殉牲（参见罗丰：《北方系青铜文化墓的殉牲习俗》，《考古学报》2018年第2期，第183页）。曹建恩、孙金松文章提及新疆地区东周西汉时期北方文化遗存中并无殉牲（参见曹建恩、孙金松：《中国北方东周西汉时期偏洞室墓遗存及相关问题》，第231～232页，《边疆考古研究（27）》，科学出版社，2020年）。

② 甘肃省文物考古研究所：《永昌三角城与蛤蟆墩沙井文化遗存》，《考古学报》1990年第2期。

③ 甘肃省文物考古研究所：《永昌西岗柴湾岗》，甘肃人民出版社，2001年。

④ 甘肃省文物考古研究所：《永昌西岗柴湾岗》，甘肃人民出版社，2001年。

⑤ 甘肃省文物考古研究所：《甘肃漳县墩坪墓地2014年发掘简报》，《考古》2017年第8期。甘肃省文物考古研究所、漳县文物管理所：《甘肃漳县墩坪墓地2015年发掘简报》，《文物》2019年第3期。

⑥ 宁夏文物考古研究所、宁夏固原博物馆：《宁夏固原杨郎青铜文化墓地》，《考古学报》1993年第1期。

⑦ 宁夏文物考古研究所：《宁夏彭堡于家庄墓地》，《考古学报》1995年第1期。

⑧ 罗丰：《宁夏固原石喇村发现一座战国墓》，《考古学集刊（第3集）》，中国社会科学出版社，1983年。

⑨ 宁夏文物考古研究所：《西吉县陈阳川墓地发掘简报》，《宁夏考古文集》，宁夏人民出版社，1994年。

⑩ 宁夏回族自治区文物考古研究所等：《宁夏彭阳县张街村春秋战国墓地》，《考古》2002年第8期。

⑪ 宁夏文物考古研究所、彭阳县文物管理所：《王大户与九龙山：北方青铜文化墓地》，文物出版社，2016年。

⑫ 宁夏回族自治区博物馆等：《宁夏同心县倒墩子汉代匈奴墓地发掘简报》，《考古》1987年第1期。

⑬ 内蒙古文物考古研究所：《凉城崞县窑子墓地》，《考古学报》1989年第1期。

⑭ 内蒙古文物考古研究所：《内蒙古凉城县忻州窑子墓地发掘简报》，《考古》2008年第8期。

⑮ 内蒙古文物考古研究所：《内蒙古凉城县小双古城墓地发掘简报》，《考古》2008年第8期。

⑯ 内蒙古文物工作队：《毛庆沟墓地》，《鄂尔多斯式青铜器》，文物出版社，1986年。

⑰ 内蒙古自治区文物工作队：《凉城饮牛沟墓葬清理简报》，《内蒙古文物考古》1984年第3期。内蒙古文物考古研究所、日本京都中国考古学研究会岱海地区考察队：《饮牛沟墓地1997年发掘报告》，《岱海考古（二）：中日岱海地区考察研究报告集》，科学出版社，2001年。

⑱ 内蒙古自治区文物考古研究所：《凉城县水泉东周墓地发掘简报》，《草原文物》2012年第1期，第17～26页。

⑲ 内蒙古文物考古研究所、包头市文物管理处：《包头西园春秋墓地》，《内蒙古文物考古》1991年第1期。共清理5座墓葬，殉牲置于墓道底部，种类为牛、羊头骨，偶有羊肩胛骨、蹄骨，不见马头骨。殉牲头骨均面向墓主，侧置，吻部朝东。曹建恩等根据内蒙古西园墓地墓葬形制、随葬品、殉牲的葬俗等与沙井文化一致，且西园墓地人骨经鉴定属于蒙古人种北亚类型，认为西园墓地的使用人群是沙井文化北上迁移的一支。田广金等认为西园墓地属于毛庆沟文化。韩康信对沙井文化63个体颅骨进行人骨分析鉴定，认为沙井文化具有蒙古人种北亚类型特征。

乌海新地、和林格尔新店子①、林西井子沟②、乌拉特中旗呼鲁斯太③、准格尔旗西沟畔④、伊克昭盟杭锦旗桃红巴拉⑤等十余处墓地,北京河北一带有北京延庆军都山玉皇庙⑥、葫芦沟与西梁垅⑦,河北宣化小白阳⑧、怀来北辛堡⑨、河北行唐故郡墓葬群⑩等墓地。上述墓地的殉牲几乎均在墓道底部,主要有马、牛、羊头骨,并见少量蹄骨、肢骨之类。崞县窑子墓地除马、牛、羊头骨外,还有猪、狗、马鹿头骨。内蒙古的西沟畔、呼鲁斯太、桃红巴拉等墓地都是作为匈奴墓葬报道的。甘肃永昌西岗墓地部分墓葬在墓道填土中发现山羊头、猪腿骨等殉牲,在死者下葬后举行祭祀仪式并放置殉牲,从祭祀程序上看,西岗墓地与云梦睡虎地的殉牲习俗是一致的。

除上述地区外,河南也发现有殉牲墓葬。河南三门峡市火电厂 CM09102 是一座方形围沟墓,该墓二层台上摆放了马头骨 3 个、马肢骨 2 个、牛肢骨 11 个、羊头骨 2 个、羊肢骨 3 个。从殉牲的习俗看,该墓主原籍或应在西北或北方地区,该墓年代应在秦统一前后⑪。近年来,河南省伊川徐阳戎人墓地⑫、渑池鹿寺

①　内蒙古文物考古研究所、乌兰察布博物馆:《内蒙古和林格尔县新店子墓地发掘简报》,《考古》2009 年第 3 期。

②　陈全家:《内蒙古林西县井子沟遗址西区墓葬出土的动物遗存研究》,《内蒙古文物考古》2007 年第 2 期。

③　塔拉、梁京明:《呼鲁斯太匈奴墓》,《文物》1980 年第 7 期。

④　伊克昭盟文物工作站、内蒙古文物工作队:《西沟畔匈奴墓》,《文物》1980 年第 7 期。

⑤　田广金:《桃红巴拉的匈奴墓》,《考古学报》1976 年第 1 期。

⑥　靳枫毅:《军都山玉皇庙墓地殉牲制度研究》,《北京文物与考古(第 6 辑)》,民族出版社,2004 年。

⑦　北京市文物考古研究所:《军都山墓地:葫芦沟与西梁垅(一)》,文物出版社,2009 年。

⑧　张家口市文物事业管理所、宣化县文化馆:《河北宣化县小白阳墓地发掘报告》,《文物》1987 年第 5 期。

⑨　河北省文化局文物工作队:《河北怀来北辛堡战国墓》,《考古》1966 年第 5 期。

⑩　河北省文物研究所、中国社会科学院考古研究所、石家庄市文物研究所、行唐县文物保护管理所:《河北行唐县故郡东周遗址》,《考古》2018 年第 7 期,第 44~66 页。

⑪　三门峡市文物工作队:《三门峡市火电厂秦人墓发掘简报》,《华夏考古》1993 年第 4 期。三门峡一带春秋、战国时期先后属虢、晋、韩、魏,战国晚期纳入秦人势力范围,成为秦的三川郡,从出土陶器等其他随葬品等方面判断,该墓年代应在秦统一后。

⑫　河南伊川徐阳墓地葬俗与春秋时期中国西北地区戎人葬俗相同,反映徐阳墓地族群与西北地区戎人有文化渊源。从徐阳墓地时间跨度及所处位置分析,它与"秦、晋迁陆浑之戎于伊川"的陆浑戎相吻合,发掘者认为徐阳墓地应为内迁伊洛的陆浑戎贵族墓地。郑州大学文物考古研究院(洛阳)、洛阳市文物考古研究院:《河南伊川徐阳东周墓地西区 2013~2015 年发掘》,《考古学报》2020 年第 4 期,第 547~578 页。

西遗址①相继发现两处春秋时期戎人墓地,徐阳墓地 2013 至 2015 年发掘的车马坑及部分墓葬中发现动物或马、牛、羊头骨及蹄骨等骨骼,鹿寺西遗址一些西周至春秋时期墓葬二层台、填土中也发现有殉牲。因出土陶器及葬俗与中国西北地区春秋时期戎人墓葬特征相似,发掘者认为这两处墓地印证了史书记载的"戎人内迁伊洛"史实②。

值得注意的是河北行唐故郡东周墓葬群的殉牲坑 M25。该殉牲坑位于车马坑旁,坑内分 3 层整齐摆放了羊、牛、马头蹄,共有至少 313 个羊头、36 个牛头、28 个马头,每个头骨左右两边放置一对蹄骨,最底层是四个马头③。年代在战国早期的河北行唐故郡墓葬群殉牲等葬俗及随葬品颇具北方文化特色,车马坑旁的殉牲坑有大量殉牲,被认为是白狄族群遗存④。

(二) 关陇地区周秦时期墓葬中的殉牲现象

1. 腰坑内殉牲

西周中晚期至春秋战国之际,陇东及关中地区一些大、中型秦墓常发现在腰坑中殉一整只狗。据梁云先生统计,腰坑内有殉狗的早期秦墓有礼县大堡子山的 M2、M3、Ⅰ M31、Ⅰ M32、Ⅰ M25、Ⅲ M1,礼县圆顶山的 98LDM1、98LD M2,礼县西山坪的 M2003⑤,宝鸡南阳村的 M2、M3,甘谷毛家坪 M2059、灵台景家庄

---

① 2020 年,三门峡市文物考古研究所在渑池鹿寺西遗址发掘一批墓葬,墓葬形制及器物组合与此前徐阳墓地发现的中小型墓葬特征基本一致,发掘者认为这批墓葬年代在春秋时期,应是内迁的戎人墓。这两处戎人墓地,为文献中记载"戎人内迁伊洛"提供了新证据。王亮:《河南渑池鹿寺西遗址》,《大众考古》2021 年第 3 期,第 12～15 页。

② 伊川徐阳墓地发掘现场负责人、洛阳市文物考古研究院副研究员吴业恒介绍说,河南伊川的徐阳墓地以及河南渑池新发现的墓葬证实了戎人曾在伊川、渑池一带活动。史书中多有关于戎的记载,有姜戎、陆浑戎、北戎、允姓之戎、犬戎等十几种。文献显示,部分戎族西周末年逐渐东迁,先迁居至卢氏(今三门峡卢氏县)一带,随后部分又迁至伊川地区。

③ 河北省文物研究所、中国社会科学院考古研究所、石家庄市文物研究所、行唐县文物保护管理所:《河北行唐故郡东周遗址》,《考古》2018 年第 7 期,第 44～66 页。

④ 何艳杰:《战国行唐故郡墓葬研究》,《石家庄学院学报》2019 年第 2 期,第 60～63 页。

⑤ 年代在西周晚期的礼县西山 M2003 是座 3 鼎 2 簋墓,随葬铜剑、戈各一,头向西,南北壁龛各有一女性殉人。出土时墓主头骨上尚残留一只铜镞。这或许就是墓主的死因。赵丛苍先生认为,从青铜礼器数量看,西山 M2003 墓主身份应是"上士",该墓是迄今为止发掘的年代最早、身份最高的秦墓;礼县西山遗址应为秦之"西犬丘",墓主可能是《史记》所云"死于戎"的秦仲。赵丛苍先生的观点见于 2022 年 8 月 31 日在兰州召开的"秦文化与中华文明探源"学术会议大会发言,发言题目是"寻找最早的秦城——甘肃礼县西山遗址解读"。

M1、凤翔孙家南头 M191、凤翔八旗屯 76BM32、长武上孟村 M27 以及长安客省庄墓地的 3 座墓葬①。清水李崖秦墓地也有一些墓葬腰坑内有殉狗，如李崖 M22、李崖 M23、李崖 M27 等墓葬②。

2. 墓道或车马坑内殉牲

甘肃秦安王洼墓地共发现墓葬 30 座，已发掘的三座战国墓葬（M1、M2、M3）均为竖穴墓道偏洞室墓，其中 M1、M3 被盗严重。M1、M2 墓道内各随葬木车一辆及 6 个马头骨。王洼 M3 随葬木车 2 辆及 6 个马头骨。M2 墓道西南角有一马腿骨及马肋骨若干。三座墓葬的方向在 95～120 度之间，墓主均为东头向③。

战国晚期的甘肃秦安上袁家秦墓 M6、M7 均有大量殉牲。二墓墓主均为北头向、直肢葬。M6 为一平面呈"凸"字形的竖穴土圹墓，M6 车马坑的东壁面一侧由北向南放置牛头 2 个、马头 1 个、羊头 18 个，均朝向东方。墓室与车马坑之间发现一整只狗的骨架，椁室内东侧北端发现种类不明的动物骨骼。与 M6 相邻的 M7 为一平面略呈"甲"字形的竖穴墓，墓葬分为后室、前室、墓道三部分。前室出土木车 1 辆、马 1 匹、羊 2 只、狗 3 只，墓道中密集摆放了牛头 10 个、羊头 110 个。牛头均朝东，羊头朝向较杂乱。马骨两侧与车下有 2 只羊、2 只狗骨架④。

甘肃平凉庙庄发现的两座战国秦墓 M6、M7 均有殉牲。庙庄 M6 墓主为西头向，葬式为仰身直肢葬。M6 墓道中有木车 1 辆及 2 匹马骨骼，另有马头 2 个、羊头 2 个、牛头 1 个及牛四肢骨，木椁内有牛肩胛骨、牛肋骨等。说明当时分解了一整只牛，头、四肢置于墓道，牛身置于椁内。从随葬品位置看，庙庄 M7 墓主亦为西头向，葬式不清，同样在墓道部位车坑内随葬木车 1 辆及 2 匹马、2 个马头骨。车子右轮后侧有牛头 2 个、羊头 1 个及羊肢骨。M7 木椁南侧还有一堆不明种类的动物骨骼⑤。

陕西黄陵寨头河墓地共发掘 99 座墓葬，其中 41 座有殉牲，殉牲在墓主头侧

①　梁云：《早期秦文化探索》，第 104～105 页，上海古籍出版社，2021 年。
②　早期秦文化与西戎文化联合考古队：《甘肃清水李崖遗址周代墓葬发掘简报》，《国际视野下的秦始皇帝陵及秦俑学研究学术研讨会论文集》，第 1～34 页，西安地图出版社，2021 年。
③　甘肃省文物考古研究所：《甘肃秦安王洼战国墓地 2009 年发掘简报》，《文物》2012 年第 8 期。
④　甘肃省文物考古研究所：《甘肃秦安上袁家秦汉墓葬发掘》，《考古学报》1997 年第 1 期。
⑤　甘肃省博物馆魏怀珩：《甘肃平凉庙庄的两座战国墓》，《考古与文物》1982 年第 5 期。

顶部,殉牲头向与墓主人头向一致。主要是羊、牛、马头骨,另有狗头 2 个及殉猪 3 个。该墓地墓葬年代多在战国早中期。寨头河墓地是一个以西戎文化为主体,同时包含三晋文化及少量北方青铜文化因素的戎人墓地①。

黄陵史家河墓地共发掘 37 座墓葬,多数为竖穴土坑墓,少量为洞室墓。墓主头向东西向参半。仅个别墓葬有殉牲,随葬少量兽骨、肩胛骨。该墓地分战国早中期、战国晚期至秦统一两个发展阶段。战国早中期的史家河人群与魏国关系密切,战国晚期至秦统一阶段的墓葬则是秦人墓葬②。

陕西凤翔八旗屯墓地发掘了春秋中期的车马坑多座,除了埋葬车、马、驭手外,均有殉牲,为整只的羊、狗或牛、羊、猪的头骨和四肢③。其中车马坑 BS101 有牛头骨 1 个、羊头骨 13 个、猪头骨 1 个及牛肩胛骨、羊肢骨,车马坑 BS26 车内有羊头骨 1 个④。

甘肃张家川马家塬战国戎人墓地⑤,已发掘墓葬大部分为竖穴阶梯式墓道偏洞室墓,竖穴墓道内均有木车及牛、羊、马头骨、腿骨等殉牲。发掘报告未提供多数墓葬的具体殉牲数量。以小型墓 M20 为例,墓道内有木车一辆,车厢中部殉狗一只,共检出 21 个殉牲个体,其中马、牛头骨各 8 个、羊头 5 个,局部叠放 2、3 层⑥。

① 陕西省考古研究院、延安市文物研究所、黄陵县旅游文物局:《黄陵寨头河战国墓地发掘简报》,《考古与文物》2012 年第 6 期。孙周勇、孙战伟、邵晶:《黄陵寨头河战国墓地相关问题探讨》,《考古与文物》2012 年第 6 期,第 79～86 页。发掘者认为,寨头河战国墓地随葬品以"铲足鬲"及各式陶罐为主,三晋文化因素较多,与魏国关系密切。

② 陕西省考古研究院、延安市文物研究所、黄陵县旅游文物局:《陕西黄陵县史家河墓地发掘简报》,《考古与文物》2015 年第 3 期,第 3～13 页。孙周勇、孙战伟、邵晶:《黄陵史家河战国墓地相关问题探讨》,《考古与文物》2015 年第 3 期,第 60～66 页。

③ 陕西省雍城考古工作队吴镇烽、尚志儒:《陕西凤翔八旗屯秦国墓葬发掘简报》,《文物资料丛刊(3)》,文物出版社,1980 年,第 79 页。

④ 陕西省雍城考古工作队吴镇烽、尚志儒:《陕西凤翔八旗屯秦国墓葬发掘简报》,《文物资料丛刊(3)》,文物出版社,1980 年。陕西省雍城考古队:《一九八一年凤翔八旗屯墓地发掘简报》,《考古与文物》1986 年第 5 期。

⑤ 甘肃省文物考古研究所、张家川县博物馆:《张家川马家塬战国墓地 2007～2008 年发掘简报》,《文物》2009 年第 10 期。甘肃省文物考古研究所、张家川县博物馆:《张家川马家塬战国墓地 2008～2009 年发掘简报》,《文物》2010 年第 10 期。甘肃省文物考古研究所、张家川县博物馆:《张家川马家塬战国墓地 2010～2011 年发掘简报》,《文物》2012 年第 8 期。

⑥ 甘肃省文物考古研究所、张家川县博物馆:《张家川马家塬战国墓地 2010～2011 年发掘简报》,《文物》2012 年第 8 期,第 18～19 页。

3. 二层台及椁盖板上填土中殉牲

甘肃崇信于家湾周墓的二层台及填土中多见马、牛、羊、狗等殉牲肢骨及头骨。于家湾 M76 椁盖板上有殉狗一只，于家湾 M115 椁盖板上东北角填土中有小马、山羊各一只。于家湾 M23 填土中有马、牛肢骨①。

春秋早期的甘肃灵台景家庄 M1 墓主脚端椁盖板板灰之上有一完整狗骨架。墓南壁椁外有完整牛头骨 1 个、羊头骨 2 个②。

礼县大堡子山Ⅰ M31、Ⅰ M32 墓主均为西头向，葬式为仰身直肢葬。两墓均有腰坑及殉狗。Ⅰ M31 椁盖板上有殉狗一只，二层台上有牛头 2 个；Ⅰ M32 二层台西北角有殉狗一只，棺椁之间西端发现有马骨。Ⅰ M32 年代在春秋早期前段，Ⅰ M31 年代在春秋早期后段③。

礼县大堡子山ⅠM21、ⅠM23、ⅠM25、ⅢM1④ 的椁盖板上均发现一整只狗骨架。发掘者推测 ⅠM25 的年代为春秋中期偏晚阶段，ⅢM1 的年代为春秋晚期⑤。

甘肃省漳县墩坪西戎墓地共发掘 70 座墓葬。墓葬形制主要是竖穴土坑墓、竖穴土坑偏洞室墓，未盗扰墓葬均为东头向，葬式为仰身直肢葬。所有墓葬均有殉牲，多少不等，殉牲主要是马、牛、羊头骨及前蹄骨，分层放在填土或墓室中。殉牲以羊头最普遍，较大的墓葬多为马、牛头骨。高级别墓葬填土中还有木车。该习俗与陇县边家庄五号秦墓很相似。发掘者根据出土器物、葬俗等特征推测，该墓地应是春秋晚期至战国中、晚期西戎文化遗存⑥。

凤翔孙家南头周秦墓地多座墓葬发现殉狗⑦。周墓 04 东岭 M147、M158 二

---

① 甘肃省文物考古研究所：《甘肃崇信于家湾周墓》，文物出版社，2009 年。

② 刘得祯、朱建唐：《甘肃灵台景家庄春秋墓》，《考古》1981 年第 4 期。

③ 秦文化与西戎文化联合考古队：《甘肃礼县大堡子山秦墓及附葬车马坑发掘简报》，《文物》2018 年第 1 期，第 4～25 页。

④ 大堡子山Ⅲ M1 椁盖板上放置木车一辆，1986 年发现的陇县边家庄五号墓椁盖板上也有一辆木车。二墓墓主葬式均为仰身直肢，但二墓在墓葬年代、等级和墓主头向等方面多有不同。陇县边家庄五号墓年代在春秋早期，大堡子山Ⅲ M1 年代在春秋中期；大堡子山Ⅲ M1 墓主为西头向，边家庄五号墓墓主为北头向；大堡子山Ⅲ M1 只是座三鼎墓，随葬五鼎的边家庄五号墓级别更高。

⑤ 早期秦文化联合考古队：《2006 年甘肃礼县大堡子山东周墓葬发掘简报》，《文物》2008 年第 11 期，第 30～49 页。

⑥ 甘肃省文物考古研究所：《甘肃漳县墩坪墓地 2014 年发掘简报》，《考古》2017 年第 8 期。甘肃省文物考古研究所、漳县文物管理所：《甘肃漳县墩坪墓地 2015 年发掘简报》，《文物》2019 年第 3 期。

⑦ 陕西省考古研究院：《凤翔孙家南头》，第 329～337 页附表，科学出版社，2015 年。

层台上各有殉狗一只。秦墓 03 东岭 M19、M22，04 东岭 M83、M115、M116、M138 等墓二层台上均有殉狗一只（其中 04 东岭 M116 二层台上有殉狗 2 只），04 东岭 M23 椁外东南角有殉狗一只，04 东岭 M117 墓室填土中有殉狗一只，M160 南二层台殉人棺上有殉狗一只，M161 椁室西北角殉狗一只。M45 椁上填土中有殉狗一只，墓主西头向，狗头向东，狗头与墓主头向相反，该墓头厢内还有殉羊一只。孙家南头秦墓年代多在春秋中晚期。凤翔孙家南头墓地二层台北侧、西北角、偏南、南、东南均有殉狗，殉狗方位无规律，与墓主头向似无关联。

春秋晚期的宝鸡秦家沟 M1、M2 墓主均为南头向（方向 170～175 度）。秦家沟 M1 墓室填土西北部有一殉狗骨架，狗侧卧，头向北。秦家沟 M2 墓室西南部填土底层也发现一殉狗骨架，狗头向不清[1]。

陕西华县东阳墓地一些墓葬椁盖板上填土中也有羊、狗头骨及肢骨，发掘报告中未提及这一情况[2]。该墓地年代在春秋晚期至战国晚期、秦末。

战国早期的甘肃天水毛家坪 M13 椁盖板之上的填土内发现羊头骨 1 个及羊肢骨[3]。

战国中晚期的咸阳黄家沟 M43 墓主头侧二层台及椁盖板上均发现不明种类兽骨，战国中期的黄家沟 M37 墓主头侧二层台上有一堆不明种类兽骨[4]。

关中地区中、东部除凤翔八旗屯、临潼上焦村、西安半坡等地发现有少量殉牲，其他的咸阳塔儿坡墓地、西安南郊墓地、西安尤家庄等墓地简报中均未提到有殉牲。

甘肃庆阳宁县石家墓地一些墓葬椁盖板之上填土中发现殉牲现象，"墓葬殉牲往往为动物肢体的某一部分。多以牲腿、牲头为主。如 M38 填土内发现较多马骨，多为下颌骨、肢骨等"[5]。该墓地发掘者认为，这些填土中的家畜骨骼应与

①　陕西省文管会秦墓发掘组：《陕西宝鸡阳平镇秦家沟村秦墓发掘记》，《考古》1965 年第 7 期。

②　秦始皇帝陵博物院考古工作部王超翔先生曾参与华县东阳秦墓地发掘，承蒙王超翔介绍了这一情况，特此致谢。

③　甘肃省文物工作队、北京大学考古学系：《甘肃甘谷毛家坪遗址发掘报告》，《考古学报》1987 年第 3 期。

④　秦都咸阳考古队：《咸阳市黄家沟战国墓发掘简报》，《考古与文物》1982 年第 6 期。

⑤　甘肃省文物考古研究所：《甘肃宁县石家东周墓地 2016 年的发掘》，《考古学报》2021 年第 3 期，第 461 页。

葬礼中的祭祀行为有关,但有殉牲墓葬比例并不高①。

4. 壁龛内殉牲

(1)秦墓的壁龛内殉牲(及殉人)

早期秦墓的壁龛均设置在二层台之上的墓壁,内多放置殉人,偶有其他随葬品。甘肃的壁龛殉人秦墓主要分布在礼县,如礼县大堡子山的ⅠM31、ⅠM32②,礼县圆顶山的M1、M2、M3③,礼县西山的M1027、M2002、M2003等④。大堡子山ⅠM25墓南壁圆形壁龛内有少量动物骨骼⑤。陕西的该类墓葬主要集中在凤翔一带,如凤翔八旗屯、孙家南头、西村、西沟道、高庄等地。凤翔孙家南头有3座墓葬(04东岭M126、04东岭M166、04东岭M191)有壁龛,04东岭M126四个墓壁共有6个壁龛,其中5个龛内各有1殉人⑥。凤翔西村80M163严重被盗,墓主西头向(头厢内有1殉人),该墓四壁各有1壁龛,其中北、西、南三面壁龛内各有1殉人,东龛为空龛⑦。1977年发掘的凤翔高庄M10、M18等墓葬有壁龛。其中高庄M18墓南壁有一个壁龛;高庄M10西墓壁挖有高1.4、宽1.76、深0.38米的壁龛,内有殉人⑧。1976年发掘的凤翔八旗屯秦墓地有多座墓葬见壁龛殉人,但简报未点明具体墓葬编号⑨。这些有壁龛殉人的墓葬多属于秦中小贵族墓葬。

上述壁龛内有殉人的秦墓年代多在西周晚期至春秋中晚期,少数在战国早、

① 笔者在请教参与庆阳石家墓地发掘的王永安先生后得知这一情况,特此致谢。

② 秦文化与西戎文化联合考古队:《甘肃礼县大堡子山秦墓及附葬车马坑发掘简报》,《文物》2018年第1期,第4～25页。

③ 甘肃省文物考古研究所、礼县博物馆:《礼县圆顶山春秋秦墓》,《文物》2002年第2期。

④ 参见张天恩、煜梃:《秦墓的壁龛殉人葬俗初论》注释3(载于《秦始皇帝陵博物院(总陆辑)》,第111页,陕西师范大学出版总社,2016年)。赵丛苍、王志友、侯红伟:《甘肃礼县西山遗址发掘取得重要收获》,《中国文物报》2008年4月4日。

⑤ 早期秦文化联合考古队:《2006年甘肃礼县大堡子山东周墓葬发掘简报》,《文物》2008年第11期,第37页。

⑥ 陕西省考古研究院:《凤翔孙家南头》,第335～337页,科学出版社,2015年。

⑦ 雍城考古队李自智、尚志儒:《陕西凤翔西村战国秦墓发掘简报》,《考古与文物》1986年第1期。

⑧ 雍城考古队吴镇烽、尚志儒:《陕西凤翔高庄秦墓地发掘简报》,《考古与文物》1986年第1期,第13～14页。

⑨ 陕西省雍城考古工作队吴镇烽、尚志儒:《陕西凤翔八旗屯秦国墓葬发掘简报》,《文物资料丛刊(3)》,文物出版社,1980年。第67页。1970年代的发掘简报并未逐一记述所有墓葬的壁龛及壁龛数量,实际有壁龛墓葬的数量应该更多。

中期。战国中期之后的壁龛则多放置随葬器物及殉牲。如西安半坡战国秦墓M5,墓主头侧壁龛内殉葬有一只狗[①],年代在秦代的临潼上焦村 M11 北侧壁龛内放置牛头骨 1 件[②]。战国晚期的凤翔高庄野狐沟 M1、M2 墓道及墓室均有壁龛,两墓墓道的北、西、南三面墓壁各有一小龛[③],龛内均有一灰黑色陶钵,钵内有木炭灰烬和小块木炭;两墓墓室在南北两壁壁底部均开挖一较大壁龛,M1 北壁龛内放置铜蒜头壶等 6 件器物,M2 北壁龛内放置 3 件陶罐[④]。两墓的南壁龛空无一物。战国晚期的咸阳黄家沟墓地多数墓葬设置了壁龛,如黄家沟 M21、M24、M29、M34、M35、M37、M38、M39、M40、M41、M44、M45、M48、M50 等,壁龛多为 1 个。其中 M24 南室有 2 个壁龛,M45 有 3 个壁龛。有的壁龛则空无一物[⑤]。

　　(2) 西周及戎人墓的壁龛内殉牲

　　甘肃崇信于家湾周墓 M71 的壁龛内有羊下颌骨及羊肢骨[⑥]。灵台白草坡西周 M7 在该墓群 9 座墓葬中面积最大,早年被盗。该墓西壁尖拱形壁龛内有一马头骨,墓底腰坑内有一完整狗骨架[⑦]。清水县白驼乡刘坪村 2003 年清理一座南北向竖穴土圹墓,两端有壁龛。该墓被盗毁坏严重,壁龛内有何物不详,仅发现大量铜车马器及一些马腿骨[⑧]。

　　河北行唐故郡东周墓葬群发现几座壁龛内殉牲墓葬。据发掘简报,积石墓M18,墓向 75 度,墓圹东侧壁龛内放置了 4 个羊头及 8 只羊蹄。土坑墓 M27 墓主东头向的直肢葬,木棺上有动物肩胛骨一块,墓壁东北角壁龛内放置至少 4 个

---

①　金学山:《西安半坡的战国墓葬》,《考古学报》1957 年第 3 期。

②　秦俑考古队:《临潼上焦村秦墓清理简报》,《考古与文物》1980 年第 2 期。

③　据发掘简报,二墓均为有竖穴墓道洞室墓,壁龛均位于墓道三面墓壁正中,龛底距墓道底部 1.25米。M1 的小壁龛呈长方形,高 20、宽 16、深 15 厘米;M2 的小壁龛呈三角形,底边长 39、两斜边各长 34、高 20、深 15 厘米。

④　雍城考古工作队:《凤翔县高庄战国秦墓发掘简报》,《文物》1980 年第 9 期,第 10 页。

⑤　秦都咸阳考古队:《咸阳市黄家沟战国墓发掘简报》,《考古与文物》1982 年第 6 期。战国中期之后的壁龛内多为兽骨或陶器,有的空无一物。笔者以为,这些空龛内,当时或许放置了易腐朽的食物、衣物之类。

⑥　甘肃省文物考古研究所:《甘肃崇信于家湾周墓》,文物出版社,2009 年。

⑦　甘肃省博物馆文物队:《甘肃灵台白草坡西周墓》,《考古学报》1977 年第 2 期,第 99～130 页。白草坡 M7 随葬 3 件铜戈,墓主应为男性。

⑧　李晓青、南宝生:《甘肃清水县刘坪近年发现的北方系青铜器及金饰片》,《文物》2003 年第 7 期。

羊头及多只羊蹄①。

5. 分析及结论

总结归纳关陇地区周秦墓葬中的殉牲，大约有如下几种情况，一是腰坑内殉牲，二是墓道或车马坑内殉牲，三是二层台及椁盖板上填土中殉牲，四是壁龛内殉牲。

显然，上文所述几种殉牲现象均属埋祭仪式中的一环。其中以腰坑殉狗现象出现的时间最早，属于商文化习俗。年代在春秋战国之际的陕西长武上孟村秦墓 M27 有腰坑及殉狗②，可知该习俗在秦墓中至少延续到春秋战国之际。大约在春秋早期，秦墓中出现椁盖板上殉狗现象，并与腰坑殉狗习俗共存了很长一段时间。如春秋早期的灵台景家庄 M1，腰坑内有一殉牲，椁盖板上有一殉狗，椁外又有三个殉牲头骨。墓道内殉牲属于北方文化常见习俗，车马坑内殉牲则是高级别墓葬专属现象，这两种现象均不见于睡虎地秦墓地。

上述殉牲墓葬大部分为秦墓，也包括少数戎人墓葬或墓地，如清水县白驼乡刘坪村春秋战国墓葬、甘肃庆阳宁县石家墓地、张家川马家塬战国墓地、陕西黄陵寨头河墓地、史家河墓地。

2003 年，甘肃清水县博物馆曾在清水县白驼乡刘坪村清理一座较大的竖穴土圹墓，该墓为南北向，曾被盗，仅发现大量铜车马器及一些马腿骨。该墓周围有十几座南北向小型土圹墓。刘坪村附近自 20 世纪 60 年代就有零星文物出土，历年来征集、清理墓葬所得铜、金器共 630 余件③。该墓地出土铜饰件上的桃形镂空卷云纹、金牌饰上的虎噬羊纹等均是北方文化中的常见题材。报告认为刘坪墓葬群并非秦墓，应属北方文化，这批器物的年代在春秋晚期至战国晚期④。根据简报描述，该墓地的墓葬为南北向且多出土北方文化风格的金、铜器物及饰件，笔者以为，这些墓葬大概率应是北头向。由于不清楚马腿骨的具体出土位置，刘坪村的这批墓葬难以纳入上文分类。

————————————

　　① 河北省文物研究所、中国社会科学院考古研究所、石家庄市文物研究所、行唐县文物保护管理所：《河北行唐故郡东周遗址》，《考古》2018 年第 7 期，第 44～66 页。

　　② 陕西省考古研究所负安志：《陕西长武上孟村秦国墓葬发掘简报》，《考古与文物》1984 年第 3 期。

　　③ 李晓青、南宝生：《甘肃清水县刘坪近年发现的北方系青铜器及金饰片》，《文物》2003 年第 7 期。

　　④ 李晓青、南宝生：《甘肃清水县刘坪近年发现的北方系青铜器及金饰片》，《文物》2003 年第 7 期。甘肃省文物考古研究所、清水县博物馆：《清水刘坪》，文物出版社，2014 年。

　　石家墓群位于甘肃省庆阳市宁县早胜镇西头村,多为南北向竖穴土坑墓,墓主头向基本朝北。墓葬及车马坑随葬器物之形制、纹饰有春秋时期秦墓特征,随葬品的组合等有周人墓葬特点。中小型贵族墓葬多有殉狗,葬式多为侧身屈肢葬。发掘者认为这些墓葬属于春秋秦墓,年代集中在春秋早中期,春秋中期开始大量出现秦文化因素。发掘者认为,该墓群墓主之族属或与周余民有关①。梁云先生也认为石家墓地的使用者是"深受秦国影响的周余民"②。

　　陕西黄陵县寨头河、史家河两处戎人墓地均位于葫芦河下游。黄陵寨头河墓地有少量墓葬在棺椁之上或壁龛内有殉牲,主要是牛、马、羊头骨及前肢,黄陵史家河墓地的殉牲则更加少见。这两处墓地文化内涵颇多共性,即有葬具棺、椁,墓主多采用东头向的仰身直肢葬③。两者相距仅4公里,发掘者认为"应是同一(戎人)族群的两处墓地"④。梁云先生认为黄陵寨头河、史家河墓地应是义渠戎遗存⑤。

　　张天恩先生认为,早期秦墓中的壁龛殉人现象,应是受周边的西戎即寺洼文化的影响。早年发现的甘肃庄浪徐家碾寺洼文化墓地⑥及近年发掘的甘肃临潭磨沟齐家文化墓地⑦,均发现使用壁龛放置随葬品及人骨。壁龛内殉人习俗沿用到战国中期,"但壁龛做为放置随葬品的设施,在秦墓中依然得到保留和推广,而且在西汉及以后被长期继承"⑧。甘肃灵台白草坡有壁龛西周墓葬的年代在

　　①　甘肃省文物考古研究所王永安、郑国穆、张俊民:《甘肃宁县西头村石家墓群发现春秋秦墓》,《中国文物报》2016年8月26日第8版。甘肃省文物考古研究所:《甘肃宁县石家墓地M4、M166发掘简报》,《考古与文物》2020年第5期,第3～24页。据石家墓群发掘者王永安先生介绍,截至目前共发掘177座东周墓葬。这些墓葬分属南北两个区域。其中南区属高等级贵族墓地,清理墓葬44座;北区属平民墓地,清理墓葬133座。

　　②　梁云先生认为,石家墓地秦文化因素在种类数量上至少与周文化因素持平,戎狄文化因素较少,因此,该墓地并非戎狄文化遗存。石家墓地周秦文化因素混杂融合,且墓主多采用北头向,说明墓地的使用者是"深受秦国影响的周余民"。参见梁云:《早期秦文化探索》,第372页,上海古籍出版社,2021年。

　　③　孙周勇、孙战伟、邵晶:《黄陵寨头河战国墓地相关问题探讨》,《考古与文物》2012年第6期,第79～86页。

　　④　陕西省考古研究院、延安市文物研究所、黄陵县旅游文物局:《陕西黄陵县史家河墓地发掘简报》,《考古与文物》2015年第3期,第13页。

　　⑤　梁云:《考古学上所见秦与西戎的关系(下)》,《西部考古(11)》,三秦出版社,2016年。

　　⑥　中国社会科学院考古研究所泾渭工作队:《甘肃庄浪县徐家碾寺洼文化墓葬发掘纪要》,《考古》1982年第6期。

　　⑦　甘肃省文物考古研究所、西北大学文化遗产与考古学研究中心:《甘肃临潭磨沟齐家文化墓地发掘简报》,《文物》2009年第10期。

　　⑧　张天恩、煜桃:《秦墓的壁龛殉人葬俗初论》,《秦始皇帝陵博物院(总陆辑)》,第104～112页,陕西师范大学出版社,2016年。

西周中叶，说明早在西周中叶，与西戎文化区邻近的周人已经沾染了戎人的壁龛内殉牲习俗。临潼上焦村 M11、半坡 M5 等壁龛内有殉牲秦墓年代均在战国晚期及秦代，秦墓的壁龛内殉牲习俗与洞室墓相同，应是受西北及北方文化影响所致。

综合上述分析，笔者以为，关陇地区一些墓葬二层台上及填土中、壁龛内殉牲现象，与睡虎地墓地殉牲习俗最为接近。如甘肃灵台景家庄 M1 墓主椁盖板上发现完整牛、羊头骨，庆阳石家墓地以及华县东阳秦墓均在一些墓葬椁盖板之上填土中发现羊、狗头骨及肢骨。灵台景家庄 M1 及庆阳石家墓地均属春秋时期，年代较早，而华县东阳墓地年代则从春秋晚期一直延续到战国晚期、秦末，与睡虎地墓地在年代上刚好可以衔接上。

三、睡虎地墓地殉牲现象分析

（一）睡虎地墓葬等级与殉牲的关系

睡虎地墓地 11 座有殉牲墓葬均属于笔者分类的 1 类、2 类墓，其中睡虎地 M3、M9、M11、M43、M45、M46、M47 等 6 座属于 1 类墓，另外 4 座 M7、M13、M36、M44 是 2 类墓。1 类、2 类墓是睡虎地墓地的高等级墓葬，相当于关中秦墓中的中型 A、B 类墓，墓主身份相当于中、小贵族[①]。平民身份的 3、4 类墓没有殉牲，说明殉牲习俗只在睡虎地上层社会中流行。有殉牲习俗的这些人主要是南郡（安陆县）的大小地方官员及其家属。如图三所示[②]，带小黑点标志的是有殉牲墓葬。

---

① 陈洪：《秦文化之考古学研究》，第 224～226 页，科学出版社，2016 年。笔者曾将睡虎地周边战国晚期后段至汉初墓葬分为 4 个类别和等级（1～4 类），分别对应关中秦墓分类的中型 A 类、中型 B 类、小型 A 类、小型 B 类墓。墓地的使用者们属于当时有一定财产的社会中下层，睡虎地社会既没有嬴秦高级贵族（大型墓），也没有特困阶层（小型 C 类墓）。

② 该图为笔者根据睡虎地三次发掘报告平面图绘制，在 2016 年旧图基础上稍有改动，即 F 群添加了 M43。笔者的《秦文化之考古学研究》第五章第 227 页图 51"睡虎地墓地中的等级阶层及其与家畜头骨随葬的关系"、图 52"睡虎地墓地的营建时间与墓群构成"两个示意图，是根据湖北省博物馆的《1978 年云梦秦汉墓发掘报告》（载于《考古学报》1986 年第 4 期，第 479 页）图一"云梦睡虎地秦汉墓坑位图"制作而成。需要说明的是 M44、M45、M50 三墓的方向，发掘报告图一与正文及墓葬登记表的记述相互矛盾。其中 M44、M45 的墓向，图一标示为南北向，而正文及墓葬登记表中均记述墓向为东向。因此笔者自绘图中将 M44、M45 订正为东西向。同样，M50 在发掘报告图一中标示为东西向，而报告正文及墓葬登记表均记述 M50 墓向为 360 度的北向，因此笔者将 M50 订正为南北向。

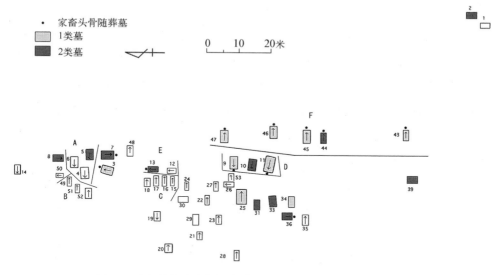

图三　睡虎地墓地中的社会等级及其与家畜头骨随葬的关系

（陈洪：《秦文化之考古学研究》，第 227 页图 51（有改动），科学出版社，2016 年）

（二）睡虎地墓主性别与殉牲的关系

云梦睡虎地墓葬除 M11 人骨鉴定为男性外，其他墓葬均未做人骨鉴定，墓主性别不清。在北方文化区，无论男女均有殉牲家畜头骨，即殉牲与性别无关，但畜种与性别有关，殉马多见于男性墓葬，而女性墓葬多见殉牛、羊。因而，按照这一习俗及惯例来推测，殉马骨的睡虎地 M3、睡虎地 M7、睡虎地 M46 很可能是男性。北方文化区单独殉羊的多为女性，壁龛内殉羊的睡虎地 M9 墓主或可能是女性。下面再根据是否出土武器之类的随葬品，来推测墓主性别。

睡虎地 M7 墓主南头向，直肢葬。M7 椁室门楣上阴刻有"（秦昭襄王）五十一年（公元前 256 年）曲阳士五邦"字样，"士"属于最低一级爵位[1]。在秦国能够拥有士这样的爵位身份，大概率应该是男性[2]。睡虎地 M7 的殉牲刚好是马头

---

① 　秦国在商鞅变法后推行军功爵制度，《史记集解》云："商君为法于秦，战斩一首赐爵一级，欲为官者五十石。"又据《汉书·百官公卿表》："爵：一级曰公士，二上造，三簪袅，四不更，五大夫，六官大夫，七公大夫，八公乘，九五大夫，十左庶长，十一右庶长，十二左更，十三中更，十四右更，十五少上造，十六大上造，十七驷车庶长，十八大庶长，十九关内侯，二十彻侯。皆秦制，以赏功劳。"

② 　笔者请教咨询了史党社、闫晓君、孙铭等几位秦史及简牍研究学者，均称女性可以继承财产，未见可以授爵的相关文献记载。

骨,或可作为 M7 墓主是男性的又一个佐证。

睡虎地 M45 左手侧边厢及脚厢中随葬了大量漆、木、铜器等器物,其中有铜弩机、竹弓、箭镞(铜镞 21,铁镞 1)。铜弩机(45:27)保存完好,通体涂黑漆,由一根整木制成。铜镞 21 件(45:29);铁镞 1 件(5:29-4),形制与铜镞相同,出土时"铤残断并套入细竹管制成的镞杆(已残断)",铁镞的竹矢杆表面涂有黑漆。铁镞残长 25.2、锋长 16.2、铤残长 9 厘米①。大量出土武器,可知墓主性别为男性,生前或曾是秦南郡地方政府的低级武官或士兵。

睡虎地 M43 墓主东头向,由出土多件铜、漆、陶器可知,该墓属于笔者分类的 1 类墓。该墓出土木剑 2 件。"剑脊略厚,两刃较薄,均已残。木剑 1(43:46),残长 12 厘米;木剑 2(43:47),残长 18 厘米。两剑均以菱形中空的铜饰件为剑格"②。木剑虽非实战用武器,但仍属于武器范畴,因而墓主性别应为男性。

殉牛的睡虎地 M47 是睡虎地墓地最高等级的 1 类墓,下葬时间约在西汉初年。墓主直肢葬,东头向,随葬有铜器 17 件,漆器 51 件,日用陶器 8 件及 4 件木俑,此外,还有铜镜、铁器、竹木器等其他小件随葬品,墓中又有一龙头木杖,说明墓主或应是一位长者③,但未有象征性别的武器之类的器物。该墓随葬品中有 2件环首铁削刀,其中一件长约 19 厘米,置于漆圆奁中④。削刀可用于削刮竹简,修改错别字,古代刀笔吏通常是男性。当然,作为便携式切割工具,削刀还可以用作厨刀切割肉食或其他东西,这种场合是不限性别的。学界近年来倾向于认为不随葬武器的墓主是女性,史党社先生认为:"此墓(睡虎地 M47)从随葬品看,墓主当是一位有一定身份的妇人。"⑤虽有削刀,但未出砥石、毛笔等配套用具,加之北方习俗中男女均可殉牛。如果一定要确定睡虎地 M47 墓主的性别,笔者倾向于认同史党社先生观点,即睡虎地 M47 墓主很有可能是女性。

---

①   湖北省博物馆:《1978 年云梦秦汉墓发掘报告》,《考古学报》1986 年第 4 期,第 506 页。

②   木剑以铜饰件为剑格,足见其制作精心。两把木剑均已残,不知其原本长度,笔者以为它们或应是墓主人生前平时练习剑法所用,当然,也有可能是特制的明器。

③   木杖一件(M47:64),"杖首作龙头状,阴刻出眼、嘴,并加墨绘。仅存龙头部分,余均残缺。残长13.5 厘米"。详见湖北省博物馆:《1978 年云梦秦汉墓发掘报告》,《考古学报》1986 年第 4 期,第 515 页。

④   湖北省博物馆:《1978 年云梦秦汉墓发掘报告》,《考古学报》1986 年第 4 期,第 506 页。其中置于漆圆奁(M47:87)中的 M47:99"前半段残缺,刃已锈蚀,首为蟠曲的龙形"。保存较好的 M47:90,"背略外弧,有把,环首。首外径 1.5、把长 3.3、刃长 14、通长 18.8 厘米"。

⑤   史党社:《秦关北望——秦与"戎狄"文化的关系研究》,第 203 页,上海古籍出版社,2022 年。

睡虎地墓地共有 11 座殉牲墓葬,其中 10 座是椁盖板上填土中放置家畜头骨,1 座是壁龛内殉牲。有殉牲头骨的墓葬墓主性别,除睡虎地 M11 经性别鉴定为男性外,睡虎地 M3、M7、M43、M45、M46 等 5 座墓葬墓主性别大概率亦为男性,即有殉牲墓葬中男性占绝对多数,仅壁龛内殉羊的睡虎地 M9 及 M47 墓主可能是女性。根据这一结论可以推测,睡虎地墓地椁盖板上殉牲习俗或可能与性别有关,多为男性,较少有女性。

(三)墓主头向与殉牲头向的关联

1. 睡虎地墓地墓主头向与殉牲头向

睡虎地随葬家畜头骨的墓葬共有 10 座(壁龛殉羊的 M9 除外),其中东头向墓葬多达 5 座,其余的南、西、北头向各有 2 座(图四)。每座墓出土 1 个家畜头骨,共有 10 个头骨。其中的 6 个头骨已朽为骨末,不辨朝向,仅有 5 个可辨方向。并且,可辨方向的这些家畜头骨朝向,与各自墓主的头向完全相同(表一)。

表一　睡虎地秦墓出土殉牲骨骼

墓号	头骨			腿骨		全身	畜种不清	墓主头向	殉牲头向	放置场所		其　　他	年代	等级
	马	牛	狗	马	牛	羊				椁上	壁龛			
M3	1							北	北	北端			1	1类/中A
M7	1							南	?	○			1	2类/中B
M46	1		4					东	东	○		椁上四角马腿骨各1	1	1类/中A
M45		1						东	?	居中			2	1类/中A
M9						1		西	?		○		2	1类/中A
M36		1						南	南	居中			2	2类/中B
M44		1						东	?	居中			2	2类/中B
M11	1							西	?	居中			2	1类/中A
M13				1				北	?	居中			2	2类/中B
M43		1						东	东	居中			3	1类/中A
M47	1		4					东	东	居中		椁上四角牛腿骨各1	3	1类/中A

(○代表有,? 代表方向不清,第 1—3 期年代分别为秦占领期前段、秦占领期后段、西汉早期前段)

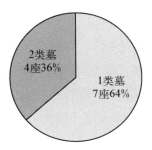

a. 动物头骨随葬墓的头向　　　　b. 动物头骨随葬墓的社会等级

图四　睡虎地墓地家畜头骨随葬墓头向构成及其所属社会等级

（陈洪：《秦文化之考古学研究》，第 236 页图 57（有改动），科学出版社，2016 年）

2. 中原及北方文化区的墓主头向与殉牲头向

罗丰先生指出甘陕内蒙古等地有殉牲墓葬的墓主头向多为东向，偶有北头向，殉牲头向与墓主头向大体一致，以东向为主，认为"北向则与汉化倾向有关"[①]。

雷兴山先生注意到殷墟墓葬及丰镐地区西周墓腰坑内殉狗的头向与墓主头向刚好相反[②]。梁云先生统计清水李崖及礼县（圆顶山、大堡子山、西山坪）一带西周至春秋时期秦墓腰坑后发现，腰坑内殉狗凡骨架清楚的，其头向与墓主头向相同，均为西向[③]。

在内蒙古包头西园墓地、小双城墓地，殉牲头骨吻部朝向与墓主头向一致。年代在春秋中晚期的包头西园墓地偏洞室墓墓主的葬式有仰身、侧身直肢葬及仰身屈肢葬，墓主头向大体是偏北的东头向。西园墓地墓道底部殉牲种类为牛、羊头骨，偶有羊肩胛骨、蹄骨，不见马头骨。畜头均侧置，吻部朝向东方，与墓主头向一致。年代在春秋晚期至战国早期的内蒙古凉城小双城墓地共有 12 座偏洞室墓。其墓主仰身直肢，东头向。墓道底部放置的马、牛、羊头骨均正置，吻部向东，与墓主头向一致。蹄骨散见于牲畜头骨周围。

---

① 罗丰：《北方系青铜文化墓的殉牲习俗》，《考古学报》2018 年第 2 期，第 197 页。

② 雷兴山：《先周文化探索》，第 232 页，科学出版社，2010 年。

③ 梁云：《早期秦文化探索》，第 297～298 页，上海古籍出版社，2021 年。梁云先生认为，清水李崖与礼县周边秦墓"在腰坑殉狗细节上的一致性，绝非偶然，说明二者族属一致"，并据此推断，"李崖第一类西周墓葬也是秦人墓。""李崖西周墓殉狗特点与之（殷墟、丰镐）不同，说明李崖这批秦人既不是来自殷墟，也不是来自丰镐，虽然他们属于广义上的殷遗民"。

春秋晚期的宝鸡秦家沟 M1、M2 墓主均为南头向（方向 170～175 度）。秦家沟 M1 墓室填土西北部有一殉狗骨架，狗侧卧，头向北[1]。凤翔孙家南头秦墓 M45 椁上填土中有殉狗一只，墓主西头向，狗头向东，狗头与墓主头向相反，该墓头厢内有殉羊一只[2]。凤翔孙家南头等其他墓地也有填土中殉狗的报道，但不清楚殉狗头的具体朝向。

根据以上分析可知，从头向上看，秦墓腰坑内殉狗头向与填土中的殉狗头向有自身特点。即西周至春秋时期，秦墓腰坑内殉狗头向与墓主头向相同，而秦墓椁盖板上填土中的殉狗头向与墓主头向相反。前文提到，殷墟墓葬及丰镐地区西周墓的腰坑内殉狗头向与墓主头向相反，因而，前者（腰坑内殉狗头向）与殷人旧俗相反，而后者（填土中殉狗头向）与殷人旧俗相同。这是一个比较有趣的现象。

睡虎地墓地的殉牲头向与墓主头向一致，这一点与西北及北方地区周秦时期的殉牲习俗相同。

（四）睡虎地随葬畜种的时代变化

我国春秋战国时期的北方文化区范围辽阔，包括了甘肃、宁夏、内蒙古、河北等地区。这些地区虽然均主营游牧经济，但在殉牲具体畜种方面存在差异。杨建华先生通过观察发现，阴山及银南类型的殉牲中以马为主，甘宁地区殉牲以羊为主，马、牛次之。"冀北以狗和牛为主，东部的梨树沟门和炮台山不见殉牲羊。岱海以羊为主，晚期牛的比例在上升，单纯殉葬羊的不见了。冀北和岱海马都比较少见"[3]。墓葬殉牲的种类，应该就是当地的主营畜种。

观察云梦睡虎地殉牲墓各个墓葬的下葬时间可以发现，年代较早的第 1 期墓葬，如睡虎地 M3、睡虎地 M7、睡虎地 M46，殉牲均为马头骨，畜种整齐划一，到了第 2、3 期墓葬，则是牛头骨、狗头骨参半，再不见有马头骨。这是个有趣的现象。笔者以为造成这一现象的原因有二。一是与战争有关，睡虎地第 1 期随葬的这些马，或许有统一战争中使用过的战马。M46 的马头骨长 41、宽 32 厘

---

①　陕西省文管会秦墓发掘组：《陕西宝鸡阳平镇秦家沟村秦墓发掘记》，《考古》1965 年第 7 期。

②　陕西省考古研究院：《凤翔孙家南头》，第 329～337 页附表，科学出版社，2015 年。

③　杨建华：《春秋战国时期中国北方文化带的形成》，第 124～125 页，文物出版社，2004 年。

米,遗憾的是,未曾进行马骨鉴定,不知其性别年龄。第 1 期时,秦人刚到楚地,南郡成立不久,睡虎地人群开始利用东周村落废墟作为墓地。前面提到睡虎地 M7 椁室门楣文字显示其籍贯在曲阳,下葬时间在秦军占领郢都十二年后的秦昭王五十一年(公元前 256 年),M7 性别大概率是男性。因此我们可以合理推测,刚到楚地时,其中来自秦地的第一代移民们还保留了养马习惯,然而,属于纯农耕社会的楚地,气候环境更适合牛、犬的生存繁衍,而不是马。于是不久之后,下葬仪式中使用的家畜头骨由马改成了犬及牛。二是可能与墓主性别有关。西北及北方文化区游牧民族的殉牲习俗里,男性多殉马、牛、羊,女性则多殉牛、羊,极少有殉马,有关这一点前文已经提到。因而,第 1 期墓葬殉牲均为马头骨,或许是因为墓主性别均为男性的缘故吧。

四、从头向看睡虎地有殉牲墓主的籍贯来源

(一) 西北地区及内蒙古长城地带北方文化墓葬头向

1. 东头向墓地

内蒙古长城地带的准格尔旗西沟畔、伊克昭盟杭锦旗桃红巴拉墓地均流行东头向[1]。内蒙古凉城地区的饮牛沟[2]、毛庆沟[3]、水泉墓地[4]三处墓地年代大致都在战国晚期,墓主头向可分为东向、北向两类。水泉墓地的东西向和南北向两类墓葬在随葬品、葬制、葬俗上存在明显差异,分属两个不同的文化系统。北头

---

① 许成、李进增:《东周时期的戎狄青铜文化》,《考古学报》1993 年第 1 期。

② 内蒙古自治区文物工作队:《凉城饮牛沟墓葬清理简报》,《内蒙古文物考古》1984 年第 3 期。内蒙古文物考古研究所、日本京都中国考古学研究会、岱海地区考察队:《饮牛沟墓地 1997 年发掘报告》,《岱海考古(二):中日岱海地区考察研究报告集》,科学出版社,2001 年。宫本一夫:《鄂尔多斯青铜文化的地域性及变迁》,《岱海考古(二):中日岱海地区考察研究报告集》,科学出版社,2001 年。罗丰:《北方系青铜文化墓的殉牲习俗》,《考古学报》2018 年第 2 期,第 186~187 页。

③ 内蒙古文物工作队:《毛庆沟墓地》,《鄂尔多斯式青铜器》,文物出版社,1986 年。毛庆沟墓地 79 座墓葬有偏洞室墓、竖穴土坑墓,皆仰身直肢、东头向。殉牲多为羊、牛、马头骨,殉狗非常少见。74 个殉牲头骨中,山羊头骨 55 个、牛头骨 14 个、马头骨 4 个,狗头骨仅有 1 个。

④ 内蒙古自治区文物考古研究所:《凉城县水泉东周墓地发掘简报》,《草原文物》2012 年第 1 期,第 17~26 页。2008 年发掘凉城县蛮汗山南麓的水泉墓地,共有 27 座战国中晚期墓葬,均为竖穴土坑墓,分东西向和南北向两种墓向,少数有木质葬具,存在殉牲现象。随葬品有陶罐、短剑、鹤嘴斧、带钩、牌饰、扣饰、骨弓弭、各类珠饰等,其中有相当数量的铁制品。

向人群或为来自中原的移民。该墓地南北向墓葬的随葬品普遍较东西向墓葬贫乏,发掘者推测南北向墓葬的墓主应是戍边或"充边"内地移民,东头向人群为北方文化原住民。战国晚期水泉墓地人群的生业是农业为主畜牧业为辅,南北向墓葬的墓主主营农业,东西向墓葬墓主经营畜牧业。

宁夏中南部的固原杨郎、彭堡于家庄等地的北方文化墓葬多有大量的殉牲,主要是马、牛、羊头。多无葬具,葬式均为仰身直肢葬,头向几乎均为东头向或偏北的东头向。

甘肃张家川、庆阳、秦安、清水一带发现了多处北方文化(西戎)墓地。其中秦安五营乡王洼墓地、漳县墩坪墓地流行东头向。秦安五营乡王洼墓地发掘清理了 3 座战国墓葬(M1、M2、M3),墓向分别是 95°、105°、120°,墓主大致为东头向、仰身直肢葬。王洼墓地的墓葬形制、殉牲、葬俗、随葬品风格与马家塬墓地很相似①。漳县墩坪墓地共清理 70 座墓葬,未盗扰的墓葬均为东头向,葬式为仰身直肢葬。

2. 北头向墓地

流行北头向的北方文化墓地在甘肃庆阳宁县袁家村②、正宁县后庄③、秦安上袁家(M6、M7)、张家川马家塬、清水刘坪等地都有发现。这几处戎人墓地距离关中腹地较近。

1984 年庆阳宁县袁家村发现了一座竖穴土坑墓及车马坑,墓主为北头向,仰身直肢葬。该墓随葬有铁矛、铜戈、铜短剑,随身饰品及其他随葬品颇具北方文化特色④。

秦安上袁家 M6、上袁家 M7 墓主均为北头向,仰身直肢葬。二墓均有大量殉牲,随葬品兼有北方文化、秦文化要素,发掘者认为上袁家 M6、M7 属于夫妇

---

① 甘肃省文物考古研究所:《甘肃秦安王洼战国墓地 2009 年发掘简报》,《文物》2012 年第 8 期。
② 刘得祯、许俊臣:《甘肃庆阳春秋战国墓葬的清理》,《考古》1988 年第 5 期。据该文,1982 年正宁县后庄也曾发现一座竖穴土坑墓及车马坑,随葬品有北方文化特色,但墓主头向及葬式不清。
③ 刘得祯、许俊臣:《甘肃庆阳春秋战国墓葬的清理》,《考古》1988 年第 5 期。据该文,1982 年正宁县后庄也曾发现一座竖穴土坑墓及车马坑,随葬品有北方文化特色,但墓主头向及葬式不清。
④ 刘得祯、许俊臣:《甘肃庆阳春秋战国墓葬的清理》,《考古》1988 年第 5 期。据该文,1982 年正宁县后庄也曾发现一座竖穴土坑墓及车马坑,随葬品有北方文化特色,但墓主头向及葬式不清。

"异穴合葬"。梁云先生认为上袁家 M6、M7 是娶了"秦女"的戎人武官夫妇合葬墓①。

张家川马家塬戎族墓地年代在战国晚期的,已发掘的几十座墓葬多有殉牲,墓主均为北头向,葬式均为仰身直肢葬。

甘肃清水县刘坪墓葬群年代在春秋晚期至战国晚期,无论大小均为南北向竖穴土圹墓,普遍有马、羊等殉牲。该墓地出土铜饰件、金牌饰上的纹饰常见于北方文化,发掘报告认为刘坪墓葬群并非秦墓,应属北方文化②。笔者以为,刘坪墓葬群大概率应是北头向,而非关陇地区罕见的、楚墓中常见的南头向。

表二　陕甘宁地区殉牲墓葬之头向、年代一览表(按遗存年代早晚排序)

遗　存　名	东向	北向	西向	年　代	文化	资料出处
甘肃漳县墩坪墓地*	○			春秋晚期至战国晚期	戎	《文物》2019 - 3
宁夏固原于家庄墓地	○			春秋晚期至战国早期	戎	《考古学报》1995 - 1
宁夏固原杨郎墓地	○			春秋晚期至战国中、晚期	戎	《考古学报》1993 - 1
甘肃秦安五营乡王洼墓地	○			战国时期	戎	《文物》2012 - 8
陕西黄陵史家河墓地	○			战国早中期	戎	《考古与文物》2015 - 3
陕西黄陵寨头河墓地	○			战国早中期	戎	《考古与文物》2012 - 6
内蒙古凉城毛庆沟墓地	○	○		战国晚期	戎+中原	《鄂尔多斯式青铜器》1986
内蒙古凉城饮牛沟墓地	○	○		战国晚期	戎+中原	《岱海考古(2)》2001

① 梁云:《考古学上所见秦与西戎的关系(下)》,《西部考古(11)》,三秦出版社,2016 年。
② 李晓青、南宝生《甘肃清水县刘坪近年发现的北方系青铜器及金饰片》,《文物》2003 年第 7 期。甘肃省文物考古研究所、清水县博物馆:《清水刘坪》,文物出版社,2014 年。

续　表

遗　存　名	东向	北向	西向	年　代	文化	资料出处
内蒙古凉城水泉墓地	○	○		战国晚期	戎＋中原	《草原文物》2012－1
甘肃清水刘坪墓地		○		战国晚期	戎	《文物》2003－7
甘肃张家川马家塬墓地		○		战国晚期	戎	《文物》2009－10、《文物》2010－10、《文物》2012－8
甘肃秦安上袁家M6、M7		○		战国晚期	秦	《考古学报》1997－1
甘肃平凉庙庄 M6、M7			○	战国晚期	秦	《考古与文物》1982－5
甘肃庆阳宁县袁家村墓地		○		战国晚期或秦代	戎	《考古》1988－5

＊甘肃漳县墩坪墓地个别墓葬年代可晚到秦统一时期

3. 观察分析

根据以上考古发现及学界研究成果可知,在我国西北地区及内蒙古长城地带,北方文化墓葬及北方文化要素浓厚的墓葬,其墓主头向多为东头向或北头向(表二)。上文提到的关陇地区有马、牛、羊、狗等殉牲墓葬或墓地遗址,均地处渭水、泾水、洛水上游及其支流,这一带在商周时期正是鬼方、猃狁的活动区域,周秦时期属于戎人活动区或秦戎杂处地区,畜牧业发达。尤其是地处泾渭之间的甘肃灵台,发现了白草坡、景家庄、姚家河、洞山、西岭等多处早期周秦文化遗存。殷末周初,这一带分布着许多异族及大小方国,据《后汉书·郡国志》及《读史方舆纪要》卷五八,灵台白草坡西南里有古密须国[1]。另据《史记·周本纪》,西周立国之前的商纣王时期,西伯被纣王赐"弓矢斧钺",曾"伐犬戎""伐密须"[2]。

甘肃灵台白草坡西周墓葬群有 9 座(M1～M9)墓葬,年代约在西周中叶,均为竖穴墓葬,推测墓主多为北头向,北头向是周人惯用头向。多数墓葬有腰坑或

---

[1]　甘肃省博物馆文物队:《甘肃灵台白草坡西周墓》,《考古学报》1977 年第 2 期,第 127 页。
[2]　司马迁:《史记》,第 117～118 页,中华书局,1982 年。

壁龛，大量出土车马器及铜戈等武器。发掘者推定白草坡墓主 M1 墓主为潶伯、M2 墓主为奚伯，是被周王封于该地的军事贵族。而潶伯一族曾是殷商权贵，因而白草坡西周墓有腰坑、殉狗等殷商旧俗①。自商周以来，中原王朝与西北、北方的鬼方、猃狁等游牧、半游牧民族，围绕着粮食、水源、耕地以及劳动人口等各种资源，展开了长期拉锯战。甘肃灵台位于周原西北方，与周原直线距离不足百公里，白草坡西周墓葬群的发现，证实了这里曾是周王朝防御诸戎的战略要地。白草坡西周墓 M1、M2 出土北方文化风格的铜人头銎钩戟及三角形剑鞘镂空透雕纹样，说明处于交界地带的周人已然受到了西戎文化影响。

　　甘肃灵台县的姚家河、西岭、洞山等地也曾发掘数座西周早中期及春秋时期墓葬，其中姚家河周墓距离白草坡西周墓地仅 10 公里。这些出土铜、陶器的墓葬有着共同点，即均为竖穴土圹墓，葬具为一棺一椁，墓主北头向，葬式为仰身直肢葬，且多出土铜戈等武器②。灵台洞山发掘的 8 座春秋时期墓葬，其中 6 座为西头向，2 座为北头向，葬式均为仰身屈肢葬。

　　在距离灵台白草坡 55 公里的黑河川上游，曾发现春秋早期秦墓灵台景家庄M1③。该墓为竖穴土圹墓，方向 220 度（西偏南头向），从头向上看，景家庄 M1更接近秦墓的西头向。该墓头厢内发现豆、罐等 4 件陶器，1 件铜甒及 3 件铜鼎。腰坑内有殉牲，发掘者认为是一只猫④。墓主脚端椁盖板之上发现完整狗骨架一具，腰坑内与椁盖板上的狗骨架一大一小，形成鲜明对比。按照以往惯例，腰坑内应是殉狗，因此，景家庄 M1 腰坑内殉猫就显得比较另类。该墓南壁椁外有牛头骨 1 个、羊头骨 2 个。牛头长 40 厘米，嘴朝东，与墓主头向相反。墓主右手一侧有铜戈、铜柄铁剑各一件，铜戈近胡处有铭文"□元用戈"。随葬武器，说明墓主无疑是男性。梁云先生认为景家庄 M1 墓主"是一位驻守在泾河上

---

①　甘肃省博物馆文物队：《甘肃灵台白草坡西周墓》，《考古学报》1977 年第 2 期，第 99～130 页。

②　甘肃省博物馆文物队、灵台县文化馆：《甘肃灵台县两周墓葬》，《考古》1976 年第 1 期。

③　刘得祯、朱建唐：《甘肃灵台景家庄春秋墓》，《考古》1981 年第 4 期。据发掘简报，景家庄 M1 木椁上有苇席灰痕迹，随葬品放在木椁内头厢部位，铜鼎上横放一完整牛后腿骨，两件陶豆之间有一块牛肩胛骨。景家庄所在的周家坪附近有多处齐家文化、周文化叠压的遗址，东面断崖上发现有白灰面。因而这里很可能有当时人们的居住址及房址。景家庄 M1 周围发现 2 座马坑 M2、M3 及一座屈肢葬小型墓M4。M2 葬马 2 匹，M3 葬马 1 匹。

④　刘得祯、朱建唐：《甘肃灵台景家庄春秋墓》，《考古》1981 年第 4 期，第 298 页。景家庄 M1 腰坑内有一堆较小的动物骨骼，据发掘简报，"从完整的头骨及牙齿可以辨认出内葬猫一只"。

游的武官"①。

通过分析可以发现,东头向的北方文化墓葬其分布区域大多距离中原文化区较远,较少出土中原风格器物,文化内涵更为纯粹;而北头向的北方文化墓葬距离中原文化区较近,墓葬中的中原文化要素也相对较多。罗丰先生认为,"北头向的上袁家、马家塬墓地均有在竖穴墓道或墓坑内殉车、殉牲的习俗",北方系青铜文化墓主的北头向"与汉化倾向有关"②。众多研究表明,头向是一个代表了墓主籍贯来源,是不会轻易改变的文化(丧葬)要素。梁云先生认为,上袁家M6所出"翠"字秦篆私印表明该墓墓主是一位秦女,而上袁家M7随葬有戈、戟、铁质长剑等武器,其身份或应是"一名在秦朝任职的戎人武官"③。

笔者以为,关陇地区发现的富含北方文化要素的北头向墓葬及墓群,其墓主或其祖先很可能来自周秦文化区,其中应不乏周余民及其后裔。他们因为种种原因留居秦戎交错之地,深受周边西戎文化影响,生活习惯逐渐被同化,于是墓葬中出现浓厚的北方文化要素。

下面再看睡虎地墓地殉牲墓葬中的东、北头向墓葬与西北地区的关联。

(二) 睡虎地墓地的东、北头向墓葬

1. 睡虎地墓地中的东头向墓葬及小墓群

睡虎地墓地共有47座墓葬,其中有24座墓葬墓主采用东头向,占墓葬总数的一半以上,且东头向墓葬的殉牲比例较高。该墓地有殉牲的11座墓葬中东头向墓葬多达5座(睡虎地M43、M44、M45、M46、M47),其余的,南、西、北头向墓葬各有2座。该墓地最高级别的1类墓葬的殉牲率要远高于2类墓(参见前文表一)。

如图五④所示,睡虎地墓葬年代多在战国晚期后段及秦代,只有少数在西汉初年。该墓地共有三个东头向小墓群,即B群(M49、M51、M52)、C群(M15、

①　梁云:《早期秦文化探索》,第368页,上海古籍出版社,2021年。
②　罗丰:《北方系青铜文化墓的殉牲习俗》,《考古学报》2018年第2期,第197页。
③　梁云:《考古学上所见秦与西戎的关系(下)》,《西部考古(11)》,三秦出版社,2016年。
④　该图与图三一样,为笔者根据睡虎地三次发掘报告平面图绘制,在2016年旧图基础上于F群添加了M43。

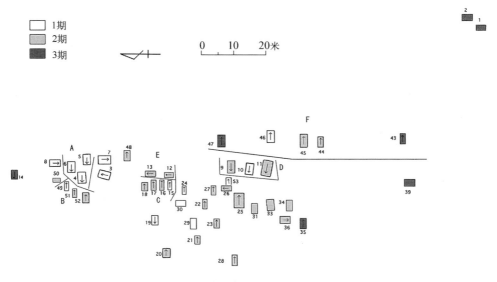

图五　睡虎地墓地分期与墓群构成

(陈洪:《秦文化之考古学研究》,第 227 页图 52(有改动),科学出版社,2016 年)

M16、M17、M18)、F 群(M43、M44、M45、M46、M47),F 群墓葬级别最高[1]。其中 B 群、C 群 7 座墓葬均为小型墓,没有殉牲,本文略过不谈。F 群中 M43、M45、M46、M47 均是 1 类墓,仅 M44 是 2 类墓。笔者从前墓群划分中 F 群没有 M43,现在看来,F 群中还应加上距离 M44 稍远,但同为东头向、椁盖板上同样有一个犬头骨的 M43[2]。F 群墓葬除了东头向、椁上殉牲、直肢葬(仅 M45 为下肢微屈的屈肢葬)几个共同点外,随葬品也颇多相似之处,即均有较多漆器、青铜器,随葬木俑、木车马及兵器等等。无论随葬品种类还是数量,F 群的几座墓葬在整个睡虎地墓地都属于最高级别。

睡虎地原是一处平缓的坡地,F 群位于地势最高的东坡上,五座墓葬南北向一字排开,D 群(M9、M10、M11)安陆地方官"喜"的一家在其西侧。F 群中 M46 年代最早,在南郡成立后不久的第 1 期,M46 南面的 M44、M45 在第 2 期,F 群南北两侧的 M43、M47 年代最晚,同属于第 3 期(即西汉早期)。F 群几座墓葬

---

① 陈洪:《秦文化之考古学研究》,第 226～228 页,科学出版社,2016 年。
② 年代在西汉早期的睡虎地 M43 随葬品较丰厚,与睡虎地 M44、M45、M46、M47 有颇多相似之处,计有 3 件铜器,27 件漆器以及明器 1 辆车、2 匹马、3 件俑,属于该墓地最高等级的 1 类墓。

殉牲种类并不统一,M46 是马头骨,M44、M45、M43 是犬头骨,M47 是牛头骨。M46 除了马头骨外,椁上四角各有马腿骨一个,M47 则是椁上四角各有牛腿骨一个。随葬狗头骨的 M43、M44、M45 位于 F 群南端。

睡虎地 M25 是该墓地墓面积最大的一座墓葬,位于睡虎地墓地中部,睡虎地 M11"喜"一家的西侧。M25 葬具为单椁单棺,墓中随葬铜、陶、漆各类器物颇多,还有象征社会地位的明器木车、木马。从墓面积及随葬品看,该墓属于笔者分类的 1 类墓。该墓出土的楚式鼎、楚式壶、金币郢爰①、圆腹罐等属于楚文化要素,东头向也是楚国贵族常用的东头向。况且,M25 没有发现殉牲。该墓还出土木制戈杆 2 件(25:52、25:46)。标本 25:52,为"积竹杆",断面扁圆形,外涂黑漆。残长 35 厘米;标本 25:46,木柄,断面扁圆形,残长 138 厘米。M25 虽然只有戈杆,未出土铜戈头,但戈杆也属于武器的组成部分。因此,可以据此推知墓主性别或应是男性。

笔者以为,M25 墓主应是保留楚文化习俗较多的旧楚贵族。丰厚的随葬品表明墓主生前有着较强的经济实力及较高的社会地位。再从墓葬紧邻"喜"这一点看,M25 墓主生前或许与南郡政府官员"喜"比较熟识。

2. 睡虎地墓地中的北头向墓葬

北头向殉牲墓有 M3 及 M13,M3 在头侧(北)一端椁盖板上放置了一个马头骨,M13 椁盖板居中处青膏泥中有一堆腐朽的动物骨末,疑似家畜头骨,已经不辨种类。

睡虎地墓地中北头向墓葬仅有 M3、M12、M13、M26、M50 等 5 座墓葬。墓地中另有 4 座墓葬 M1、M2、M30、M39 头向不清,仅知为南北向,其中或可能有北头向墓葬。

如图五所示,M3 的东邻是南头向的 M7,北侧有西头向的 A 群。M13 与 M12 可视为一个小墓群 E 群,其西侧是东头向的 C 群(M15、M16、M17、M18)。M3 与 E 群的 M13 与 M12 墓间距虽然较大,但中间并未有其他墓葬,因此,M3 或许可以视为小墓群 E 群的延伸。

睡虎地墓地中的北头向墓葬数量较少,没有像东头向墓葬那样形成更多的小墓

---

①　据发掘简报,墓主胸部发现 1 块郢爰(25:69)残块,印有"郢"字,重 7.698 克。

群。或许侧面说明安陆一带来自西北地区的北头向移民人群数量较少。笔者以为，该墓地有殉牲的北头向墓葬或应是与东头向墓葬同样，墓主来自西北地区陇东一带。

（三）睡虎地墓地有殉牲习俗的其他头向墓葬

1. 西头向殉牲墓

睡虎地墓地有 2 座西头向殉牲墓，即 M9、M11，均属笔者分类的 1 类墓。M9 壁龛中有一只羊，M11 椁盖板居中处放置了 1 个牛头骨。

睡虎地 M11 墓面积超过 10 平方米，随葬铜器 6 件、日用陶器 5 件、漆器 36 件及铜剑 1 把，壁龛里放置明器木车 1 件、木足泥马 3 件、泥俑 2 件，属于 1 类墓。该墓还出土包括《编年记》在内的一千余枚竹简，《编年记》主要记录了秦与六国战争期间发生的大事，以及一个叫"喜"的人物从出生到成长为南郡地方官的生涯大事年谱。《编年记》在"喜"46 岁时中断，根据睡虎地 M111 棺内人骨的鉴定结果，该墓墓主应就是《编年记》的主人公"喜"[1]。

睡虎地 M9 是一座墓面积 9 平方米左右的单棺单椁墓，随葬品有铜器 4 件、陶器 5 件、漆器 31 件，此外还有明器木车 1 件、木马 1 件、木俑 2 件，属于 1 类墓。出土的竹笥（M9：58）内有 4 件大小相次的铜铃（M9：65）及 2 件铜璜。铜铃大小相次，当时或应有穿系绳索。M9 有大、小二个壁龛，大壁龛里有一匹羊，小壁龛里有陶釜、陶甑各一件。该墓还出土两枚纹饰精美的仿蜻蜓眼六面体彩绘点线纹陶珠、一面武士斗豹纹铜镜。前文谈到北方文化区女性墓葬多单独殉羊，按照这一惯例，壁龛内殉羊的睡虎地 M9 墓主极可能是女性，也就是说，墓主很可能是睡虎地 M11 墓主"喜"的母亲。

西头向的睡虎地 M9、M10、M11 属于笔者分类的 D 群，位于睡虎地墓地中部偏东（图五）。D 群居中的睡虎地 M10 墓面积不足 6 平方米，葬具为单棺单椁，随葬铜器 1 件、陶器 3 件、漆器 9 件，属于 2 类墓。M10 墓中未发现殉牲。D 群是个由两座 1 类墓、一座 2 类墓组成的高等级墓群。M10 属于第 1 期，它两侧的 M9、M11 则同属 2 期，即 M10 下葬年代最早，接下来是 M9、M11。据竹简

---

[1]　《云梦睡虎地秦墓》编写组：《云梦睡虎地秦墓》，文物出版社，1981 年。

《编年记》①，M11 墓主"喜"出生于秦昭襄王四十五年（公元前 262 年），即秦置南郡的 16 年后，死于始皇帝三十年（公元前 217 年），《编年记》中还记载了始皇帝十六年（公元前 231 年）"喜"父亲的死，五年后母亲的死。既然 M11 墓主是"喜"，M9 很可能是"喜"的母亲，那么，D 群居中的 M10 应该是"喜"的父亲。

《史记·秦本纪》中有"（昭襄王）二十八年，大良造白起攻楚，取鄢、邓，赦罪人迁之"的记载，即公元前 279 年，秦攻下楚的鄢、邓，同时赦免罪人迁往其地。西头向是关中秦墓的重要特征，战国晚期后段西头向墓葬在睡虎地墓地大量出现，正说明《史记》所云"赦罪人迁之"的移民记载真实可信。而"喜"的父母，即睡虎地 M9、M10 的墓主，或应是从关中秦地迁到南郡的移民。

据《史记·商君列传》："民有二男以上不分异者，倍其赋。"即秦在商鞅变法后实行鼓励百姓分家政策，D 群"喜"的一家是只有三口人的小家庭，也从侧面印证了这一史实。

2. 南头向殉牲墓

睡虎地墓地中南头向殉牲墓有睡虎地 M7、睡虎地 M36 两座墓葬。睡虎地 M7 椁盖板上放置 1 个马头骨，睡虎地 M36 椁盖板上放置 1 个牛头骨。睡虎地 M7、睡虎地 M36 均属笔者分类的 2 类墓，能够拥有比较丰厚的随葬品，说明墓主生前生活比较富足。

睡虎地 M7 墓面积约 10.5 平方米，葬具为单棺单椁，墓主南头向，葬式为直肢葬。随葬釜、甑、鍪、缶等日用陶器 11 件，盒、耳杯、奁等漆器 14 件，梳、篦、璧、珮等木器 8 件及铁鍪 1 件。前文提到 M7 椁室门楣上有刻划文字，表明墓主下葬于"（秦昭襄王）五十一年（公元前 256 年）"，身份是"士"，籍贯在"曲阳"。墓主性别应是男性。M7 年代在睡虎地第 1 期，属于该墓地下葬年代较早的墓葬。

睡虎地 M36 墓面积仅有 4.6 平方米，葬具为单棺单椁，随葬铜鍪 1 件，釜、甑等陶器 6 件，耳杯、盒、扁壶等漆器 26 件。墓主葬式及性别均不清。M36 年代在睡虎地第 2 期。

（四）分析小结

据《史记·匈奴列传》记载，秦惠文王时曾"拔义渠二十五城"，秦昭王时"起

---

① 《编年记》中还提到"速""恢""敢"等人，可知除了父母亲，"喜"在南郡还有其他亲属。

兵伐残义渠"。之后,秦国在义渠旧地设立郡县,直接管辖该地。因此,我们有理由推测,一些擅长骑马征战的戎人加入秦军,后来南下到了楚地。关中秦地都城周边战国晚期开始出现的北、东头向墓葬,也应与彼时秦对陇山地区的实际控制导致的人群流动有关。

睡虎地 M47 出土一件"马头作鸟头状""奔马"①浮雕动物图案木梳(M47：93),史党社先生提出,该动物并非奔马,而应是北方文化铜器中常见的"怪兽形象",秦文化区出现的这些欧亚草原文化因素,反映了"戎狄"文化在秦文化区的传播②。此说甚确,笔者以为,最初将这些戎狄文化意匠及殉牲之类习俗带到楚地南郡的,正是睡虎地 M47 墓主这样一些祖籍西北,被戎狄文化熏陶过的人们。

殉牲现象发现于睡虎地墓地各种头向的墓葬中,说明该习俗不仅在祖籍西北地区的人们中间流行,祖籍不在西北,来自其他地区的人们同样也采纳了这一习俗。而有殉牲习俗的墓葬普遍级别较高,说明这些人主要是南郡(安陆县)的大小地方官员及其家属。这一现象充分说明,睡虎地墓地的殉牲,已经成为一个超越墓主籍贯来源,仅在睡虎地上层社会中传承的特定习俗。

五、结语——睡虎地墓地殉牲葬俗的渊源

由上文分析可知,在湖北云梦睡虎地墓地有近四分之一的墓葬在椁盖板上的填土中摆放家畜头骨——殉牲。类似的殉牲现象除了邻近的云梦郑家湖墓地有少量发现外,周边的龙岗、江郭、大坟头等同时期秦汉墓地的发掘报告中并未见报道。因而,应在周秦时期殉牲习俗较盛的西北关陇一带寻找其渊源。

周秦时期西北地区的殉牲有腰坑内殉牲、墓道或车马坑内殉牲、二层台及椁盖板上填土中殉牲、壁龛内殉牲等几种类型。殉牲,尤其是仅限家畜头骨的殉牲原本是北方文化习俗,即便在北方文化区,如内蒙古凉城地区的饮牛沟、毛庆沟、水泉墓地,北方文化与中原文化墓葬在有无殉牲方面差异非常明显。笔者以为,甘肃灵台景家庄 M1、甘肃庆阳石家墓地、陕西华县东阳秦墓地等地墓葬二层

---

① 湖北省博物馆：《1978 年云梦秦汉墓发掘报告》,《考古学报》1986 年第 4 期,第 513～515 页。
② 史党社：《秦关北望——秦与"戎狄"文化的关系研究》,第 203 页,上海古籍出版社,2022 年。

台、椁盖板上及填土中以家畜头骨为主的殉牲,可视为云梦睡虎地椁盖板上殉牲的渊源。而云梦睡虎地 M9 壁龛内殉羊,其渊源也应在西北关陇地区。尤其是灵台景家庄 M1 值得注意,该墓腰坑内有殉牲,椁盖板上有殉狗,椁外有家畜头骨。腰坑殉牲属于沿袭商人旧俗;椁盖板上殉狗则常见于早期秦墓,应是秦人习俗;而椁外放置家畜头骨,又与稍后的云梦睡虎地殉牲习俗相似。笔者以为,从这个角度观察,景家庄 M1 的殉牲葬俗有着承前启后的作用,意义深远。

殉牲的有无,实则反映的是当地的经济模式。西北地区周秦时期墓葬中的殉牲,是建立在其畜牧业基础之上的。秦人畜牧业的发达程度不仅体现在墓葬殉牲上,还体现在食物结构上。体质人类学家曾对天水毛家坪沟东区墓葬出土秦人骨骼进行碳氮稳定同位素分析,结果表明,肉类食物在约 2/3 的毛家坪居民食物结构中占较大比例,其余的约 1/3 毛家坪居民,食物结构则是以植物为主,肉食为辅[1]。这些肉类食物"主要源于驯养的家畜部和部分狩猎物",这种食物结构反映了毛家坪秦人的生活环境以及"农牧兼营的经济模式"[2]。北方文化区杀殉家畜(头骨)的数量取决于墓主经济实力及社会地位,一般大墓殉牲较多,小墓殉牲较少。该习俗被带到属于农耕区的云梦睡虎地之后,逐渐形式化,演变为只杀殉一个牲畜。睡虎地 M3 在头侧一端椁盖板上放置了一个马头骨,将殉牲放置头侧一端,与景家庄 M1 情况相似。据发掘简报,甘肃灵台景家庄 M1 墓主脚端椁盖板上发现完整狗骨架一具,墓坑南壁(即墓主头侧)发现牛头骨 1 个、羊头骨 2 个。睡虎地 M3 是睡虎地殉牲墓葬中年代最早的一个,下葬年代大约在秦占领南郡后不久。据此可知,秦人在最初进入楚地时,殉牲头骨是放在墓主头侧的,遵循了西北地区的祭祀习惯,只是在后来才逐渐演变成放在椁盖板上居中位置,并延续传承下来。睡虎地墓地椁盖板上填土中的殉牲现象,应是秦人椁盖板上、填土中的殉狗风习与西北游牧地区家畜头骨随葬风习融合的结果,并且在头骨数量、放置场所及头骨朝向等方面逐渐形成了一种约定俗成的固定模式,在睡虎地移民群体里代代相传。

---

① 王奕舒、凌雪、梁云、侯宏伟、洪秀媛、陈靓:《甘谷毛家坪遗址秦人骨的碳氮同位素研究》,《西北大学学报(自然科学版)》2019 年第 5 期,第 729 页。

② 王奕舒、凌雪、梁云、侯宏伟、洪秀媛、陈靓:《甘谷毛家坪遗址秦人骨的碳氮同位素研究》,《西北大学学报(自然科学版)》2019 年第 5 期,第 729 页。

睡虎地墓地共有 11 座家畜头骨随葬墓,其中多数墓葬墓主性别应为男性,仅有 2 座墓葬墓主性别似应是女性。仅从这个数据看,睡虎地墓地殉牲习俗可以说与性别关系密切,以男性为主,较少有女性。

笔者曾分析睡虎地墓主的亲属关系及部分西、东头向墓主的籍贯来源,认为采用西头向的墓主们,包括南郡地方官睡虎地 M11、秦军士兵睡虎地 M4 及其亲属们,应是来自关中秦地的秦人及其子孙后裔,而一些东头向墓主的原籍或应在西戎文化区①。西北戎狄文化区的墓葬及楚地大中型墓葬虽然都流行东头向②,有殉牲习俗的睡虎地东头向墓主,原籍最有可能在西北关陇地区。而墓葬中没有殉牲的东头向的人们,其原籍应就在楚地,尤其是随葬品丰厚、拥有楚式铜鼎及金币郢爰的睡虎地 M25 墓主,更像是一位旧楚贵族。本文分析表明,睡虎地墓地的北头向墓主也很有可能来自秦人辖下的西北地区,而有殉牲的南头向墓主们,原籍应就在本地。

殉牲仅限于睡虎地墓地高等级墓葬,且与墓主头向无关,即东、西、南、北各种头向高等级墓葬中均发现有殉牲。本文分析表明,睡虎地殉牲与墓主原籍的对应关系比较复杂,并非所有殉牲墓葬墓主都是秦人及其后裔。如南头向的睡虎地 M7、M36 墓主原籍应就在本地;也并非所有秦人及其后裔墓葬都有殉牲,如与睡虎地距离很近的大坟头一号汉墓,墓主据说是 M11 喜的亲戚"速",其椁盖板上也未见有殉牲。由此可知,睡虎地的殉牲习俗已然超越了墓主的籍贯来源,或已成为睡虎地上层社会中加强内部凝聚力的一种手段③。

睡虎地有殉牲习俗的北、东、西头向墓主,其原籍应是在秦人辖下的关陇地区。前文的分析,让笔者有理由坚持曾经的结论,即战国晚期陇山地区被秦实际控制后,该地的原住民,包括一些戎人,以及一些世代居住在秦戎交错区、沾染了戎人习俗的周余民等不同人群,都有可能加入秦军,他们一路征战来到楚地,最终长眠于远离故土的南郡。当然,体质人类学家如果能提取睡虎地人骨线粒体DNA 进行实验室分析,或许可以根据遗传学原理,更科学地解决睡虎地墓地不同头向人群的来源问题。

---

① 陈洪:《秦文化之考古学研究》,第 234～240 页,科学出版社,2016 年。
② 陈洪:《秦文化之考古学研究》,第 177～178 页,科学出版社,2016 年。
③ 陈洪:《秦文化之考古学研究》,第 236 页,科学出版社,2016 年。

第七讲　墓葬头向所见战国晚期的
秦国移民

　　据史籍记载,西周晚期及春秋时期,关中地区社会动荡,战乱颇仍,先有犬戎等诸戎进入京畿之地,攻伐周室,后有秦人自西向东驱逐诸戎,入主关中。随着秦人的东进开疆扩土,外来移民数量也在不断增加。及至战国晚期、秦末汉初,又有大批六国人进入关中秦地。西周晚期到秦末汉初时间跨度有六百余年,该时段渭水流域曾经存在的人群及族群,此前学界已多有讨论。然而,这些探讨大多是根据史书记载及墓葬随葬品内容、葬式等展开的,学界目前尚未有针对本土秦人与外来移民的数量比例及居住状况、外来移民的葬埋地是否有固定或指定区域等问题的相关讨论,因而,这些问题都是未知的。

　　从新石器时代起,我国各地区就有着各自不同的墓葬头向,而头向是代表古代族群及个体来源的重要标志①。甘肃天水及陕西凤翔、咸阳等地,各时期秦人都邑的周边又有众多秦人墓地,因此,本文将在梳理相关学术史的基础上,从秦墓头向分析入手,尝试探讨上述问题。

一、相关学术史及研究现状

　　到20世纪90年代,关中及陇东地区积累了相当数量的秦墓发掘资料。虽然同为秦墓,但其葬式却有直肢、屈肢之分,由此引发了学界关于不同葬式所属族群的讨论。段清波先生认为,早期秦人墓地中的直肢葬者可能是周人或"周余民"②。滕铭予先生认为,秦墓中的直肢葬不属于秦文化固有因素,其族属、来源

---

　　①　张胜琳、张正明:《上古墓葬头向与民族关系》,《湖北省考古学学会论文选集》,《武汉大学学报》编辑部,1987年。

　　②　段清波:《试论东周屈肢葬》,《秦文化论丛(第三辑)》,西北大学出版社,1994年。

均很复杂;户县宋村的直肢葬墓应是丰王或丰国贵族,而邓家崖墓地的直肢葬墓,应是居住在雍城、与秦人关系密切但又有所区别的一个人群①。王学理先生认为,秦国的外来人口可分四类,即士人学子及宾客客卿,身怀技艺的工匠、工程专家和术士,充实京师的徙民,以及联姻而来的诸侯国女及媵臣、婢侍、女乐人等②,并认为黄家沟墓地"是下层劳动者的墓地,成分复杂,有秦人也有关东之人"③。谢高文先生认为,塔儿坡墓地是秦孝公迁都咸阳后外来人口形成的,墓主身份为平民,而任家嘴墓地的墓主则是秦孝公迁都咸阳时当地的原住民④。笔者曾撰文讨论中型秦墓中直肢、屈肢葬者各自的来源,认为直肢葬秦墓墓主应与大型秦墓墓主出自同一族群,屈肢葬墓中的西头向者,或应是随秦人东迁进入关中的西北诸戎部族及其后裔,而北、东、南头向者则应来自秦以外的其他地区。至于屈肢葬中型秦墓墓主的身份,既有西北土著中的上层人物及其后裔,也有来自中原诸国的富裕移民,还有凭借战功由平民擢升的"军功贵族"⑤。《凤翔孙家南头》发掘报告作者提出,早期秦人族群是由几个来源不同的人群融合而成的,除了嬴秦宗室及归附于秦的西北土著民外,还有周宣王赐庄公的"七千兵"及后来秦文公所收的"周余民"、流入秦国的戎人、东方诸国流民⑥。笔者以为《凤翔孙家南头》发掘报告的看法最具概括性,是比较合理的解释。

综上所述,此前学界对社会成员构成的探讨,大多根据史书记载及墓葬随葬品内容、葬式展开。本文拟在收集各个墓地头向数据的基础上,从秦墓头向、葬式分析入手,并结合体质人类学研究成果和历史文献记载,根据各个墓地头向数据的变化,解释西周晚期至秦末各时间段渭水流域社会的族群构成及其变迁。

---

① 滕铭予:《论秦墓中的直肢葬及相关问题》,《文物季刊》1997 年第 1 期。
② 王学理:《咸阳帝都记》,三秦出版社,1999 年。
③ 王学理:《咸阳帝都记》,第 262 页,三秦出版社,1999 年。
④ 谢高文:《咸阳塔儿坡秦墓墓主身份考》,《咸阳师范学院学报》2006 年第 6 期。
⑤ 陈洪:《中型秦墓墓主族属及身份探析——以渭水流域中型秦墓的葬俗为视角》,《郑州大学学报(哲社版)》2011 年第 4 期。
⑥ 陕西省考古研究院:《凤翔孙家南头》,科学出版社,2015 年。

二、分析方法和分析步骤

　　图一引自日本学者松崎つね子的文章①,笔者稍作改动。该图标示了现代方位计算的具体度数。为方便准确起见,本文头向只计算东、南、西、北四个方向,即东向 60～90 度,南向 150～210 度,西向 240～300 度,北向 330～30 度。据笔者观察,已发掘的陇东及关中地区秦墓的西头向,往往是稍偏北。位于西北、西南、东北、东南方向的,将按实际情况划入东、南、西、北各头向。在此基础上,笔者根据搜集的天水、凤翔、咸阳、西安等地秦墓头向数据制作了散点图。散点图横轴表示墓葬数量,纵轴表示头向度数,每个散点代表一座墓葬。各墓地散点图及具体分析情况如下。

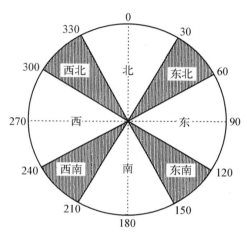

图一　头向度数对应图

（［日］松崎つね子:《楚・秦・汉墓の変遷より秦の統一を见る——頭向・葬式・墓葬構造等を通じて一》,《東アジア史における国家と地域》,第 34 页“头向度数表示图”,刀水书房,1999 年）

三、关陇地区秦墓地中的头向

（一）天水周边

　　甘肃天水甘谷县毛家坪墓地发现并发掘 32 座墓葬。如图二所示,这些墓葬的头向度数集中在纵轴 270～300 度之间,只有一座是 315 度,属于稍偏北的西头向。葬式全部是屈肢葬。该墓地使用年代在西周中期至战国早期②。甘肃礼

---

　　① ［日］松崎つね子:《楚・秦・汉墓の変遷より秦の統一を见る——頭向・葬式・墓葬構造等を通じて一》,《東アジア史における国家と地域》,刀水书房,1999 年。
　　② 甘肃省文物工作队、北京大学考古学系:《甘肃甘谷毛家坪遗址发掘报告》,《考古学报》1987 年第 3 期。

县大堡子山、圆顶山、西山遗址①周边发现了几座大、中型墓葬，头向可辨的均为西头向。大堡子山遗址②在甘肃礼县永兴乡赵坪村，圆顶山墓地③在赵坪村西南部，分处西汉水南北两岸。上述墓葬年代多在西周晚期至春秋早期。

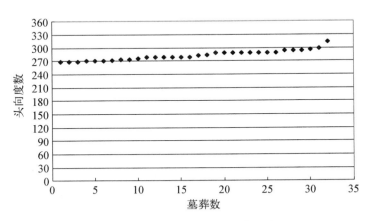

图二　甘肃甘谷毛家坪头向分布散点图

（二）凤翔雍城周边

陕西凤翔雍城南郊、雍水南岸发现并发掘了高庄、八旗屯、西村、西沟道等秦人墓地。这里仅选择墓葬数较多的制图分析。

1. 凤翔八旗屯墓地

发掘了 51 座秦墓。其中直肢葬 6 座、屈肢葬 18 座、27 座葬式不清。计有北、东、南头向各 1 座，各占总数的 2％；西头向 48 座，占总数的 94％（图三，1；图四，1）。该墓地使用年代在春秋中期至战国晚期、秦末④。

2. 凤翔高庄墓地

发掘了 46 座秦墓。其中直肢葬 10 座，屈肢葬 22 座，14 座葬式不清。北、

① 赵丛苍、王志友、侯红伟：《甘肃礼县西山遗址发掘取得重要收获》，《中国文物报》2008 年 4 月 4 日。余翀、吕鹏、赵丛苍：《甘肃省礼县西山遗址出土动物骨骼鉴定与研究》，《南方文物》2011 年第 3 期。

② 戴春阳：《礼县大堡子山秦公墓地及有关问题》，《文物》2000 年第 5 期。早期秦文化联合考古队：《2006 年甘肃礼县大堡子山东周墓葬发掘简报》，《文物》2008 年第 11 期。

③ 甘肃省文物考古研究所、礼县博物馆：《礼县圆顶山春秋秦墓》，《文物》2002 年第 2 期。

④ 陕西省雍城考古工作队吴镇烽、尚志儒：《陕西凤翔八旗屯秦国墓葬发掘简报》，《文物资料丛刊(3)》，文物出版社，1980 年。陕西省雍城考古队：《一九八一年凤翔八旗屯墓地发掘简报》，《考古与文物》1986 年第 5 期。

东头向各 3 座,各占总数的 7%;西头向 43 座,占总数的 86%。该墓地没有南头向(图三,2;图四,2)。该墓地使用年代在春秋晚期至秦末、汉初[1]。

3. 凤翔西村墓地

共发掘 42 座秦墓。计有东、南头向各 1 座,各占总数的 2%;西头向 34 座占总数的 82%;北头向 6 座,占总数的 14%(图三,3;图四,3)。该墓地使用年代在战国早期至战国晚期[2]。

4. 凤翔西沟道墓地[3]

发掘了 27 座墓葬。除 1 座为直肢葬外,屈肢葬 18 座,7 座葬式不明。计有东头向 1 座,占总数的 4%;西头向 26 座,占总数的 96%;没有北、东、南头向(图三,4;图四,4)。该墓地使用年代在春秋晚期至战国晚期、秦末。

5. 凤翔孙家南头秦墓地[4]

共清理周秦墓葬 137 座,其中春秋时期秦墓 91 座,均为长方形竖穴土圹墓。其中东头向 11 座,占总数的 12%;南头向 5 座,占总数的 5%;西头向 53 座,占总数的 59%;北头向 22 座,占总数的 24%(图三,5;图四,5)。

6. 陇县店子墓地[5]

共发掘春秋早中期至战国晚期秦墓 224 座。其中东头向 18 座,占总数的 8%;南头向 4 座,占总数的 2%;西头向 186 座,占总数的 83%;北头向 16 座,占总数的 7%(图三,6;图四,6)。

(三) 咸阳周边

1. 黄家沟墓地[6]

清理发掘 48 座战国中晚期至秦末墓葬。竖穴墓中屈肢葬占 63%,洞室墓中多为直肢葬,屈肢葬仅占 39%。且竖穴墓中的屈肢葬四肢蜷曲较甚,洞室墓

[1] 雍城考古队吴镇烽、尚志儒:《陕西凤翔高庄秦墓地发掘简报》,《考古与文物》1981 年第 1 期。

[2] 雍城考古队李自智、尚志儒:《陕西凤翔西村战国秦墓发掘简报》,《考古与文物》1986 年第 1 期。

[3] 陕西省雍城考古队尚志儒、赵丛苍:《陕西凤翔八旗屯西沟道秦墓发掘简报》,《文博》1996 年第 3 期。

[4] 陕西省考古研究院:《凤翔孙家南头》,科学出版社,2015 年。

[5] 陕西省考古研究所:《陇县店子秦墓》,三秦出版社,1998 年。

[6] 秦都咸阳考古队:《咸阳市黄家沟战国墓发掘简报》,《考古与文物》1982 年第 6 期。

中的屈肢葬弯曲较小,近乎直肢。计有东头向 15 座,占总数的 31%;南头向 6 座,占总数的 31%;西头向 24 座,占总数的 50%;北头向 3 座,占总数的 6%(图五,1;图六,1)。

2. 任家嘴墓地①

发掘了春秋时期至秦代墓葬 242 座,其中 6 座头向不清。计有东头向 23 座,占总数的 16%;南头向 14 座,占总数的 40%;西头向 270 座,占总数的 76%;北头向 52 座,占总数的 14%(图五,2;图六,2)。

3. 塔儿坡墓地②

共发掘战国晚期至秦代墓葬 381 座。头向清楚的墓葬共有 372 座,其中东头向 21 座,占总数的 15%;南头向 14 座,占总数的 4%;西头向 271 座,占总数的 73%;北头向 66 座,占总数的 18%(图五,3;图六,3)。

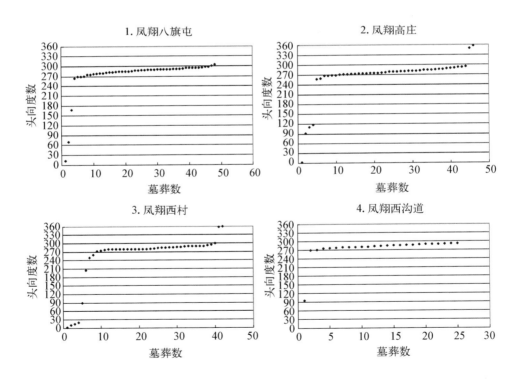

① 咸阳市文物考古研究所:《咸阳任家嘴春秋墓清理简报》,《考古与文物》1993 年第 3 期。
② 咸阳市文物考古研究所:《塔儿坡秦墓》,三秦出版社,1998 年。

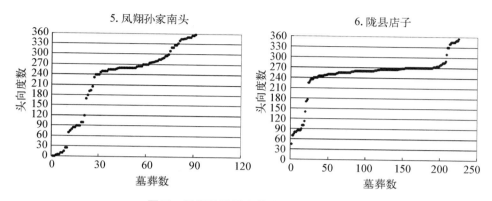

图三　凤翔及陇县秦墓头向分布散点图

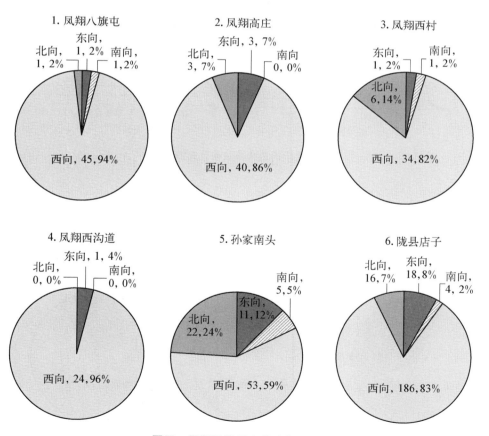

图四　凤翔及陇县秦墓头向百分比

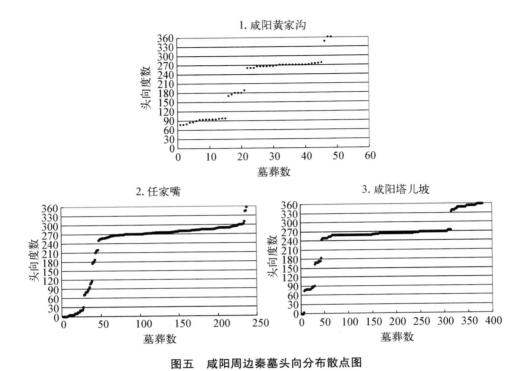

图五　咸阳周边秦墓头向分布散点图

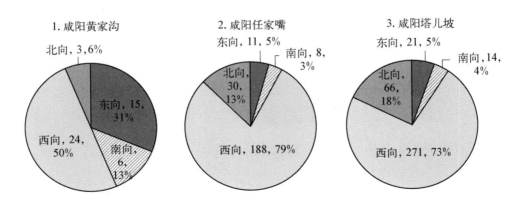

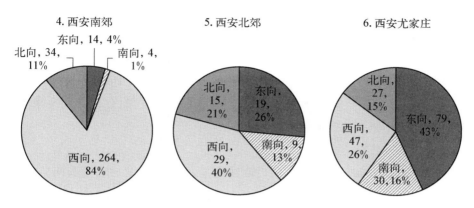

图六　西安、咸阳地区秦墓头向百分比

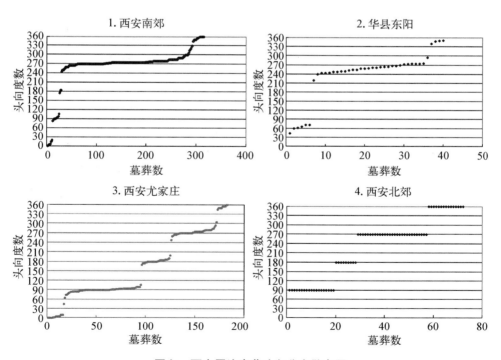

图七　西安周边秦墓头向分布散点图

（四）西安周边

1. 西安南郊墓地①

先后发掘了 317 座秦墓。除光华胶鞋厂 M52 头向不清外，计有东头向 14 座，占总数的 4％；南头向 4 座，占总数的 10％；西头向 264 座，占总数的 84％；北头向 34 座，占总数的 11％（图七，1；图六，4）。该墓地西头向偏北，西头向和北头向界限不明显。这批墓葬分 6 期，1 至 5 期为秦墓，年代为春秋晚期至秦末；第 6 期为汉初，下限应为汉武帝之前。

2. 华县东阳墓地②

发掘了秦墓 39 座。该墓地头向以西向为主，兼有少量北、东、南头向。计有东头向 6 座，占总数的 16％；西头向 29 座，占总数的 74％；北头向 4 座，占总数的 10％；该墓地没有南头向（图七，2）。报告将这批秦墓分为四期，年代在春秋中期之前至战国晚期、秦代。

3. 西安北郊秦墓地③

发掘了 123 座秦墓。头向清楚的墓葬有 72 座，发掘报告只标识了大致方向，未提供具体头向度数。为方便起见，该墓地东、南、西、北头向姑且按 90、180、270、360 度计算。其中东头向 19 座，占总数的 26％；南头向 9 座，占总数的 13％；西头向 29 座，占总数的 40％；北头向 15 座，占总数的 21％（图七，3；图六，5）。这批秦墓年代为战国晚期至秦末汉初。

4. 西安尤家庄秦墓地④

发掘 740 座秦汉墓葬，2008 年出版的发掘报告《尤家庄秦墓》收录了其中的 197 座秦墓。头向清楚的墓葬有 183 座，其中东头向 79 座，占总数的 43％；南头向 30 座，占总数的 16％；西头向 47 座，占总数的 26％；北头向 27 座，占总数的 15％（图七，4；图六，6）。这批秦墓的年代为战国中晚期至秦末汉初。

四、分析与考察

考古资料显示，从新石器时代直到两周时期，我国各地区墓葬一直有着各自

---

① 西安市文物保护考古所：《西安南郊秦墓》，陕西人民出版社，2004 年。
② 陕西省考古研究所、秦始皇兵马俑博物馆：《华县东阳》，科学出版社，2006 年。
③ 陕西省考古研究所：《西安北郊秦墓》，三秦出版社，2006 年。
④ 陕西省考古研究所：《尤家庄秦墓》，陕西科学技术出版社，2008 年。

传统的头向,有学者将其概括为:"东夷及其先民尚东,楚蛮及其先民尚南,西戎及其先民尚西,华夏及其先民尚北。"[1]头向是判别古代族群及个体来源的重要依据之一,这一点已经成为学界共识。

两周时期关中地区的墓葬头向比较戏剧化,凤翔西村[2]、沣西客省庄[3]等地周墓多为北头向,进入春秋时期,这里墓葬的主流头向变为西头向,这一现象在秦国都城附近尤其明显。战国中期之前,凤翔一带秦墓几乎是清一色的西头向,直到战国中期以后,秦都附近才出现较多的北、东、南头向墓葬。研究表明,西头向和屈肢葬一样,是关中秦墓的特殊标志。数值分析的结果让我们有理由推测,战国中期以后关中地区出现的北、东、南头向墓葬,其墓主或其祖先原籍并非在秦地,应是来自其他地区[4]。年代较早的天水毛家坪墓地均为西头向,没有其他头向墓葬,则应是由于墓地的使用下限在战国早期,彼时秦人社会还较封闭,没有外来人口流入。

根据笔者前文制作的图一至图七,主要是图四、图六,接下来进行相关分析与考察。通过制作并观察这些百分比饼图,我们可以发现各种头向分布的一些规律和特点。

一些墓地的西头向和北头向看不到明显界限,几乎连成一条线,如图三的凤翔孙家南头秦墓地、陇县店子墓地和图四的西安南郊墓地。这种情况或许说明,那时秦人对方位的测量不如现代精准。此外,这些墓地多位于远离居住区的山坡、坡地上,也有可能是地势地形的缘故,使得人们对方向的把握更加困难。

凤翔地区八旗屯、高庄、西村、西沟道、孙家南头等墓地80%以上是西头向,北、东、南头向很少,且西头向之外的其他头向均出现于战国中期以后。究其原因,这些墓地的使用年代大多较早,主要在春秋中晚期至战国中期之前,彼时外来人口尚未大量进入秦地。

---

① 张胜琳、张正明:《上古墓葬头向与民族关系》,《湖北省考古学学会论文选集》,第186页,《武汉大学学报》编辑部,1987年。

② 雍城考古队韩伟、吴镇烽:《凤翔南指挥西村周墓的发掘》,《考古与文物》1982年第4期。

③ 中国科学院考古研究所:《沣西发掘报告》,文物出版社,1963年。

④ 陈洪:《秦文化之考古学研究》,第190~197页,科学出版社,2016年。

　　然而在咸阳、西安地区,各墓地中北、东、南头向明显增加。并且,从饼图中头向分布的类似性上,我们可将这些墓地分为两组。一组是咸阳黄家沟墓地、西安尤家庄墓地、西安北郊墓地,另一组是西安南郊墓地、咸阳任家嘴墓地、咸阳塔儿坡墓地。

　　第一组,咸阳黄家沟(图五,1)、西安尤家庄(图七,6)、西安北郊(图七,5)三个墓地的头向构成大致相似,即西头向较少,北、东、南头向较多。其中尤家庄墓地尤其特别,这里头向清楚的墓葬中将近一半(43%)是东头向,而西头向仅有26%,南头向(16%)也多得超乎寻常,北头向有15%[①]。西安北郊墓地的最大特点是东、北头向比较多,其中东头向占26%,北头向占21%,西头向只有40%,南头向有13%。再看咸阳黄家沟墓地,这里东头向有31%,占比之高仅次于尤家庄墓地;西头向有50%,南头向有13%,北头向较少,仅有6%。前面谈到,西头向是秦地的传统头向,南、北、东头向属于外来头向,上述头向分布状况恰说明这三个墓地的外来移民较多,本地秦人较少。

　　第二组,西安南郊墓地(图五,1)的头向构成与咸阳任家嘴(图五,2)、咸阳塔儿坡墓地(图五,3)的相似。这三个墓地中西头向非常多,高达76%~84%,其次是北头向,有10%~14%,东头向有4%~6%,南头向最少,仅有1%~4%。该组的头向分布特点与凤翔各墓地的非常相似,说明这三个墓地外来移民较少,本地秦人较多。

　　据史书记载,战国晚期后秦国与关东诸国的交流越发频繁,与此同时,秦都咸阳城里来自各国的客卿、商贾及流民的人数也越来越多。尤其是秦统一六国后,曾下令将旧六国豪族十二万户迁至咸阳。咸阳西安周边发现的众多北、东、南头向墓葬说明,这些来自其他地区的人们死后大多并未归葬故里,而是就近埋葬在咸阳城外。另据《周礼》,两周时期,贵族和平民墓地应是有专人管理规划的,平民墓地由墓大夫掌管。《周礼·春官·墓大夫》:"墓大夫,掌凡邦墓之地域,为之图。令国民族葬,而掌其禁令;正其位,掌其度数,使皆有私地域。凡争墓地者,听其狱讼。帅其属而巡墓厉,居其中之室以守之。"然而,文献中并未见

---

　　① 《西安尤家庄秦墓》文末所附墓葬登记表中,仅明珠花园13号的几十座墓葬既有方向又有头向数据,并且,墓葬的方向与头向几乎完全相同。该报告登记表中尤家庄一带其他墓葬均未标头向,仅有方向,本文姑且将其他墓葬的头向按墓葬方向所示计算。

有关于这些外来人口具体葬埋地的明确记载。由上述两组墓葬的头向分布特点，我们有理由推测，秦地外来人口的生活区域是相对集中的，主要分布在都城咸阳周边。

1995 年发掘的咸阳塔儿坡墓地，位于秦都咸阳遗址以西约 10 公里处，考古工作者在对咸阳钢管钢绳厂 80 余亩基建用地进行随工清理时，发现并发掘秦墓381 座。该墓地揭露面积广，可以说基本反映了这片墓地的原貌。彩图八是笔者根据咸阳市文物考古研究所发掘报告《塔儿坡秦墓》图一修改制作而成，删去了界限格，并依照发掘报告文末墓葬统计表添加了每座墓葬墓主的性别，圆圈代表女性，三角代表男性。为了观察该墓地头向的空间分布与墓群构成之间的关系，笔者用不同色彩对墓葬头向进行了区分，蓝色代表东向，黄色代表西向，红色代表南向，绿色代表北向。该墓地墓葬分布密集，几乎没有叠压打破关系，说明当时地面上应该有明显的标志。从墓地整体上看，各种头向墓葬并不集中，没有特定头向分布区，空间上分散得比较均匀。如彩图八所示，图中黄色（西向）最多，绿色（北向）次之，蓝色（东向）再次之，红色（南向）最少。这些北、东、南头向均匀点缀在西头向墓葬中，与西头向墓葬的墓间距较小。西头向是秦人的传统头向，这一情况说明，塔儿坡墓地的主要使用者依然是本地秦人。

仔细观察可以发现，除了中部的 M262、M263 及 M304、M307 两两并排外，墓地为数不多的蓝色——东头向往往单独出现，当然，它们也有可能与邻近的其他头向墓葬组成小墓群。红色——南头向墓葬也常常是二三个一组出现，如图左侧靠近中部的 M146、M180、M142，中部的 M241、M243，左下角的 M16、M356，右下角的 M193、M390。墓地中较多见的绿色——北头向大多三五成群，极少有单独出现的。如图八右上角有 5 座北头向的洞室墓 M311、M312、M313、M315、M316，它们的墓间距很近且排列有序，时代都在战国晚期。其北面是两座东向墓葬，西面是六座西向墓葬，它们与周围东、西向墓葬的墓间距稍大，在空间上构成一个小墓群。同样，与它们相邻的 6 座西头向墓葬 M305、M306、M308、M309、M310、M314 也在空间上构成一个小墓群。因此，我们有理由推测，上述北头向、西头向小墓群的墓主生前很可能有血缘关系。依此类推，墓地中随处可见的头向相同、三两相邻的墓葬，如北头向的 M113 和 M114，M177 和

M178，M239 和 M240，南头向的 M180、M142、M146，M16 和 M356，等等，同样可以推测联系它们之间的纽带应该是血缘关系。

咸阳塔儿坡墓地开始于战国中晚期，墓地的大规模使用是在秦定都咸阳以后。该墓地各种头向小墓群相互间隔很近，实际上反映了咸阳城居民当时的居住状况，即外来移民与本地秦人在都城咸阳周边混居杂处，在地域、空间上不曾存在大的隔阂。而该墓地没有外来头向的大墓群，正说明外来移民在咸阳没有形成较大的血缘集团[①]。

根据上述两组墓葬的头向分布特点，我们可以推测，秦地外来人口的生活区域相对集中，主要分布在都城咸阳周边。并且，北、东、南头向集中埋葬在咸阳黄家沟、西安尤家庄、西安北郊三个墓地，侧面说明外来移民的居住地也曾经是相对集中的。

五、结　　论

进入战国晚期后，秦国与关东诸国的交流愈发频繁，与此同时，秦都咸阳城里来自各国的客卿、商贾及流民的人数也越来越多。尤其是秦统一六国后，曾下令将旧六国豪族十二万户迁至咸阳。由于路途遥远，这些来自其他地区的人们，死后大多并未归葬故里，而是就近埋葬在了咸阳城外。

本文的分析结果表明，在当时，秦地外来移民的埋葬地或许有固定或者指定的区域。外来人口中的东头向、北头向者，较集中地埋葬在咸阳黄家沟、西安尤家庄、西安北郊一带。而西安南郊、咸阳任家嘴、咸阳塔儿坡一带埋葬的，则大多是西头向的、土生土长的秦人。北、东、南头向者的集中埋葬也从侧面说明，秦地外来人口的生活区域相对集中，主要分布在都城咸阳周边。

咸阳塔儿坡墓地各种头向墓群相互间隔很近，这种状况可以视为秦咸阳城居民当时的居住状况在地下的反映，即外来移民与本土秦人在咸阳周边混居杂处，不曾存在地域、空间的隔阂。塔儿坡外来头向均以小墓群形式出现，或许说

---

① 陈洪：《秦文化之考古学研究》，第 195 页，科学出版社，2016 年。

明,这些外来人口未能在咸阳形成较大的血缘集团。

　　而本土秦人与外来移民混居杂处,这种情况或许说明,彼时的咸阳城秦人社会或已经由传统的宗法血缘社会,步入宗法血缘关系与地缘关系交织而成的新型社会。

第八讲　三门峡地区战国晚期至
秦末汉初的人群流动

　　三门峡地区隔函谷关与秦接壤，是战国时期秦最早占领的关东六国地区之一。文献中多次出现的"陕"，即今河南三门峡市陕州区。文献及当今学术史多沿用陕县旧称，为方便起见，本文根据语境不同将陕县与三门峡混用。考古发现证实，三门峡一带战国中期前段与后段的墓葬在葬制方面多有不同之处。战国中期前段，其面貌与三晋地区墓葬大体相似，战国中期前段之后，该地墓葬中的三晋文化要素大多消失，同时出现洞室墓、西头向、屈肢葬、陶釜、陶茧形壶等诸多秦文化要素。因而，发掘者认为后川、司法局及刚玉砂厂、三里桥、火电厂等墓地等应为秦人墓地。随着该地区考古发掘资料的积累，学界的关注点从最初的器物排队、墓葬分期编年，转移到后来的围沟墓性质讨论、墓地使用者族属辨析，等等，研究成果不断积累。

一、学术史及存在的课题

　　20世纪五六十年代至今，河南三门峡一带已发现上村岭①、李家窑②、后川③、铁路区④、司法局及刚玉砂厂⑤、三里桥⑥、火电厂⑦等多处富含秦文化因素

---

　　① 中国社会科学院考古研究所：《上村岭虢国墓地》，科学出版社，1959年。黄士斌：《上村岭秦墓和汉墓》，《中原文物》1981年特刊。
　　② 中国社会科学院考古研究所：《陕县东周秦汉墓》，科学出版社，1994年。
　　③ 中国社会科学院考古研究所：《陕县东周秦汉墓》，科学出版社，1994年。
　　④ 中国社会科学院考古研究所：《陕县东周秦汉墓》，科学出版社，1994年。
　　⑤ 三门峡市文物工作队：《三门峡市司法局、刚玉砂厂秦人墓发掘简报》，《华夏考古》1993年第4期。
　　⑥ 三门峡市文物工作队：《三门峡市三里桥秦人墓发掘简报》，《华夏考古》1993年第4期。
　　⑦ 三门峡市文物工作队：《三门峡市火电厂秦人墓发掘简报》，《华夏考古》1993年第4期。

的战国、秦汉时期墓地，计有三千余座墓葬见诸报告①。其中后川、火电厂墓地发现多座并穴合葬墓，火电厂墓地还集中发现多座围沟墓。发掘者认为，并穴合葬墓及围沟墓表明了墓主之间浓厚的血缘或亲缘关系。

数十年来，有多位学者尝试使用考古发掘资料，对该地区战国晚期至汉初的墓葬进行陶器编年，并对墓葬分期及关中秦地移民状况展开讨论。1981 年，黄士斌先生曾对三门峡上村岭发掘的 81 座秦汉墓进行分期编年，将其年代定在公元前 325 年至西汉初期②。1985 年，刘曙光先生经过分析认为，上村岭秦人墓地的年代上限应放在秦统一六国时期③。2001 年，胡永庆在型制分类基础上将三门峡地区秦人洞室墓分为三期，战国晚期、秦末汉初或汉代初期、西汉中期，认为该地区洞室墓的特点是"既有浓郁的秦文化因素，也有大量的中原文化因素"④。胡永庆还认为，三门峡市北、西部的上村岭、司法局墓地的秦人洞室墓年代最早出现，而南、东部的三里桥、刚玉砂厂秦人洞室墓年代较晚。秦人洞室墓最早出现于三门峡市北、西部，后逐渐向南、东部发展。

1996 年，日本学者大岛诚二撰文讨论秦的东进与带给陕县的影响。大岛赞成发掘报告的结论，即该地区葬制变化的原因在于秦对该地区的占领，关中秦地移民给陕县社会带来巨大影响⑤。后川墓地墓间距大，且未见围沟墓，这一现象暗示着墓地使用者之间亲缘关系相对淡薄，该地移民应来自众多不同的族群⑥。2006 年，柏仓伸哉对比陕县、曲沃与陇县店子墓地三地秦墓头向、葬式资料，认为"出其人"的主要目的是出于治安考量，在打破六国旧社会秩序的同时，将秦国的各种制度快速移植到占领区以建立新秩序⑦。

本讲拟在上述研究成果基础上，以三里桥墓地为中心，兼及三门峡一带其他墓地，从头向、葬式等墓葬要素出发，展开墓群划分及墓地分析，统计秦地移民在三里桥

---

① 上述发掘报告中的陕县即今河南三门峡市陕州区，位于三门峡市西部。1986 年，陕县划归三门峡市，2016 年成为三门峡市陕州区。

② 黄士斌：《上村岭秦墓和汉墓》，《中原文物》1981 年特刊。

③ 刘曙光：《三门峡上村岭秦人墓的初步研究》，《中原文物》1985 年第 4 期。

④ 胡永庆：《论三门峡秦人洞室墓的年代》，《中原文物》2001 年第 3 期。

⑤ ［日］大岛诚二：《秦の东进と陕县社会》，《アジア史における制度と社会》，刀水书房，1996 年。

⑥ ［日］大岛诚二：《秦の东进と陕县社会》，《アジア史における制度と社会》，刀水书房，1996 年。

⑦ ［日］柏仓伸哉：《秦による东方徙民の一侧面》，《学习院史学》第 44 号，2006 年。

墓地及周边其他墓地中的数量比例,探讨战国晚期至秦末三门峡一带人群流动状况。

二、墓 地 分 析

（一）三里桥墓地分析

三里桥墓地位于三门峡市湖滨区三里桥村,共清理发掘 76 座墓葬,其中 67 座墓葬为秦墓。简报将这些秦墓分为 3 期,1 至 3 期分别相当于秦末汉初、西汉初年、西汉早中期。从整体看,该墓地西部及北部墓葬年代较早,南部、东部墓葬年代较晚,呈现由东而西、由北而南的埋葬顺序[①]。

1. 三里桥墓葬随葬品

该墓地的随葬品主要是日用陶器。对比分析可以发现,该墓地随葬品存在年代及头向方面的细微差别。从年代上看,第 1 期墓葬大多没有随葬品,仅三座墓葬发现玉璧、铜环、铜带钩各 1 件,而第 2、3 期墓葬的随葬品比较多,个别墓葬可谓比较丰厚。从头向上看,与北、东、南头向墓葬相比,该墓地西头向墓葬随葬品普遍较多。

2. 三里桥墓地的打破关系及头向空间分布特点

该墓地绝大多数墓葬为洞室墓,仅有的 11 座竖穴墓分布在墓地西部及西北部,头向以北头向为主。该墓地西北部的墓葬排列无序,几乎不见相同头向墓葬聚集现象,且多座墓葬存在打破关系。如 1 期的竖穴墓 M38、M4、M54,分别被 2 期的洞室墓 M3、M6、M5 打破。这些打破关系说明,到了西汉初年,该墓地的地面空地已很有限,也有可能是年代稍早的一些竖穴墓葬上的标志物已不明显。相比之下,该墓地的东南部墓葬排列整齐,看得出有明显的规划意图。该墓地以西头向墓葬为主,南部夹杂了几座南、北头向墓葬。相同头向的墓葬按一定间隔聚集,且排列有序,显然这些墓葬当初是有计划建造的。

3. 三里桥墓葬头向散点分析

三里桥墓地 67 座秦墓中有 2 座墓葬(M1、M43)具体头向不清。图一散点图中每个散点代表一座墓葬,共计 65 座墓葬。图一中的每个散点代表一座墓

---

① 　三门峡市文物工作队:《三门峡市三里桥秦人墓发掘简报》,《华夏考古》1993 年第 4 期。

葬,坐标纵轴表示头向度数。如图所示,该墓地西头向群体从265度一直延伸到310度,比较集中。南头向群体在180至205度之间,北头向在0至25度之间,东头向在94至105度之间。虽然该墓地西头向、南头向均稍偏西,但与西安半坡等地秦人墓地相比,该墓地使用者对于方位的把握似乎更准确。西、南头向稍偏西现象在周边的上村岭、铁路区墓地也可以看到。

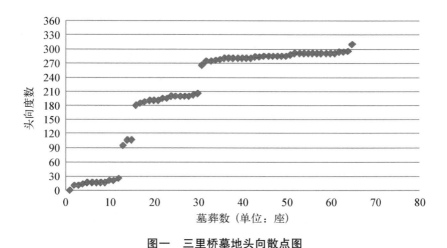

图一 三里桥墓地头向散点图

如表一及图二所示,从总体数据看,三里桥墓地中西头向墓葬最多,有35座(占墓葬总数的54%),南头向、北头向次之,分别是15座(占总数的23%)、12座(占总数的18%),东头向墓葬最少,仅有3座(占总数的5%)。该墓地第1期,北头向、南头向墓葬最多,均有8座(占墓葬总数的44%),东、西头向墓葬各自只有1座(6%)。第2期,西头向墓葬最多,有11座(69%),其次是南头向(19%),北、东头向墓葬最少,均只有1座(6%)。第3期,西头向墓葬最多,有23座(74%),其次是南头向4座(13%)、北头向3座(10%),东头向墓葬只有1座(6%)。

表一 三里桥墓地各时期头向

	北头向	东头向	南头向	西头向
1期	8	1	8	1
2期	1	1	3	11

	北头向	东头向	南头向	西头向
3 期	3	1	4	23
总数	12	3	15	35

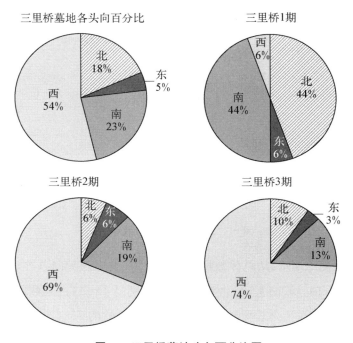

图二　三里桥墓地头向百分比图

从上面的数据我们可以清楚地看到三里桥墓地第 1 至 3 期,即秦末汉初到西汉早中期头向的变化。第 1 期,墓地中西、东头向墓葬最少,北、南头向占绝对多数。从第 2 期开始,西头向大幅增加,北、南头向墓葬则迅速减少。第 3 期,西头向墓葬依旧是墓地主流,北头向数目有所增加。该墓地的南头向墓葬各期数量均较多,仅次于西头向位居第二,而东头向墓葬始终都很少。这是该墓地头向的最大特点,也是与关中秦人墓地及睡虎地秦汉墓地的不同之处。

自新石器时代以来,我国各地墓葬就有了各自不同的头向特征,由头向大致可以判断墓主的族属来源。我国古代各地民间的葬礼,是遵循当时共同的信仰以及风俗习惯举行的,死者的头向及葬式等细节自然受到传统习惯的制约。因而,头向是一个短时期内不会轻易改变的、比较稳定的墓葬因素。头向可以代表墓主的族属来源,这一结论得到众多学者赞成①。因而,下文的三里桥墓群分析将主要根据墓主头向展开。

4. 三里桥墓地墓群分析(彩图九)

彩图九中各种色彩代表的方向与第七讲彩图八相同,即蓝、红、黄、绿色分别代表东、南、西、北方向。下文彩图十同此。从空间分布上,三里桥墓地至少可分出几个西、南、北向的小墓群。整个墓地中西头向最多,其次是北头向和南头向,东头向最少。西头向集中分布在墓地中南部及东部,而墓地西北角的墓葬头向比较混乱,有西、南、东三个头向。

(1) 南头向

观察墓地西北角各个墓葬的年代可以发现,南头向的 M4、M5、M9 年代均在秦末汉初,而打破 M4、M9 的西头向墓葬 M6、M8,其年代均在较晚的西汉初年。而南头向 M4、M5、M9 三座墓葬墓间距又很近,因此,可以判断南头向 M4、M5、M9 原本属于一个小墓群——南 1 群。

墓地南部的西头向墓葬之间,有 4 座大致呈东西向排列的南头向墓葬 M59、M61、M64、M65——南 2 群。南 2 群中 M59 年代最早,在西汉初年,其余 3 墓年代均在西汉早中期。该墓群是由西向东建造的。

(2) 北头向

墓地的西部,有 3 座北头向墓葬 M14、M16、M19——北 1 群,三座墓葬的入葬年代均在第一期秦末汉初。墓地的东南角,有 2 座东西并列的北头向墓葬 M76、M88,周围没有其他北头向墓葬,可视为一个的小墓群——北 2 群。该墓群 2 座墓葬的年代均在西汉早中期。

(3) 东头向

东头向墓葬仅有 3 座,M54 与 M5 紧紧相邻,且墓圹边缘稍有打破关系,前

---

① 张胜琳、张正明:《上古墓葬头向与民族关系》,《湖北省考古学会论文选集》,《武汉大学学报》编辑部 1987 年。宋公文:《楚墓的头向与葬式》,《考古》1994 年第 9 期。〔日〕松崎つね子:《楚、秦、汉墓の変遷より秦の統一を見る—頭向、葬式、墓葬構造等を通じて—》,《東アジア史における国家と地域》,刀水書房,1999 年。

者时代在秦末汉初，后者时代在西汉初年，或属于同一墓群。

（4）西头向

三里桥墓地中西头向墓葬最多，大致可分为 6、7 个小墓群。墓地西南部的 3 座西头向墓葬 M23、M24、M25 可划分为西 1 群。西 1 群北侧的 4 座西头向墓葬 M12、M17、M22、M20 可划分为西 2 群。

分布在墓地中南部及东部的西头向墓葬明显可以分成有序排列的三组。墓地中部偏南，有 6 座西头向墓葬，它们是 M44、M45、M46、M47、M50、M57，南北错落有致，大致成排，组成一个小墓群——西 3 群。该群中最北端的 M44 年代最早，在西汉初年，其余墓葬入葬年代均在西汉早中期。该群中除 1 期的 M44 随葬品较少，3 期的 M47 随葬品稍多外，其余几座墓葬随葬品相似，几乎均是两三件陶缶（即发掘报告所说的坛）、罐及甄各一件，外加一件铁釜（M45 为铜釜）。

西 3 群的东面，最东端墓葬 M57 的东侧，是另外一组西头向墓葬，由北向南分别是 M68、M69、M71、M75，可视为另一个小墓群——西 4 群，均为洞室墓，该群或可加上北侧与 M68 有一定距离的洞室墓 M01[①]。墓地最东侧有一排南北向排列的西头向墓葬，北端的墓葬墓间距虽然较大，大致亦可分出三组，由北向南分别是西 5 群（M79、M80），西 6 群（M89、M92、M94），西 7 群（M98、M99、M04）。

通过上述观察可以发现，三里桥墓地东头向墓葬仅 1 个墓群，北、南头向分别有两个小墓群，西头向小墓群最多，多达 7 个。这一现象表明，该墓地的使用者以居住在附近的西头向人群为主，兼有少量其他头向人群。

5. 三里桥墓地分析结论

以往的统计分析结果表明，从春秋早期到战国早期数百年间，西头向一直是关中地区秦人墓地的主流头向。直到战国中期，随着秦霸西戎，领土扩张，秦雍都周边墓地才开始出现西头向之外的其他头向墓葬[②]。西头向是秦人的本土文化头向，也是秦墓区别于关东六国墓葬的重要特征之一。

上文提到西头向墓葬主要分布在该墓地东南部，且墓葬排列整齐，看得出有明显的规划意图，这刚好说明这些相同头向的处于同一小群的墓主们，他们生前

---

① 该发掘报告所附墓葬登记表中，M1 头向不清。该墓地西头向洞室墓其墓道均在东侧，而东西向洞室墓 M1 的墓道亦在东侧，笔者以为，可由此判断 M1 墓主大概率也是西头向。

② 陈洪：《秦文化之考古学研究》，第 191～197 页，科学出版社，2016 年。

很可能有着比较亲密的血缘或宗族亲属关系。陕县在战国晚期之前极少有西头向墓葬，这里突然出现的西头向，与史书记载的秦人东进在时间上刚好吻合。

西头向成为战国晚期之后陕县周边三里桥等墓地的主流头向，同时各墓地兼有北、南、东头向，这说明该墓地使用者以来自秦地的移民为主，很可能还包括了一些来自其他地区的人们及没有离开的当地土著。

（二）火电厂墓地分析

火电厂墓地在原陕县大营乡黄村和南曲村之间，位于火电厂厂区西部的一处高岗上（图三）。1992 年，考古工作者为配合基建抢救发掘了 8 座围沟墓，竖穴土圹墓 7 座，洞室墓 1 座。它们形制较大，分布集中，墓坑较深，四周均有浅而窄的围墓沟环绕。围墓沟内一般有 2 座或 1 座墓葬。围墓沟宽 0.5～1.5 米，深

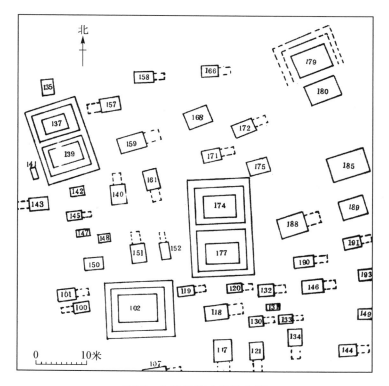

图三　火电厂秦人墓分布图

（三门峡市文物工作队：《三门峡市火电厂秦人墓发掘简报》，《华夏考古》1993 年第 4 期，第 55 页图二）

0.8～1.8 米,底部平坦,围沟填土中发现人骨及动物骨骼,并出土完整的马骨及其他文物。发掘报告认为这 8 座围沟墓是秦人墓,将墓葬年代定在秦代至西汉初期。这些围沟远较墓坑浅,钻探、发掘时易被忽略。8 座围沟墓周围分布有多座小型竖穴土圹墓、洞室墓。

围沟墓多数是竖穴土坑墓,仅 AM02047 是洞室墓。AM02047 洞室内有两具人骨架,均为西头向,人骨鉴定为一男一女。发掘者认为是夫妇同穴合葬墓。洞室内近墓门处有铜鼎、釜、壶及陶盆、缶等随葬品。男性人骨旁有铜钱及铁刀。该墓围沟内发现 5 具人骨、1 具马骨及 1 枚铁镞。

鉴于火电厂 CM09102 墓葬中出土遗物的年代要早于围沟内出土的五铢钱年代,发掘者认为围沟内的填土及遗物,或应形成于埋葬墓主之后[1]。这些围沟墓形制较大,与周围的小型竖穴土坑墓、洞室墓相间分布,彼此间没有叠压打破现象,它们应是一处同一时期的家族墓葬[2]。从墓地整体似经过了有序规划,东西向、南北向墓葬各自有聚集倾向,小墓群之间分界清晰,且相互间没有打破关系。显然,当时地面上应该是有标志物的。

三门峡市火电厂有 4 组方形围沟墓,即西北角 M137、M130 一组,中部 174、M177 一组,东北角 M179、M180 一组,其中东北角的一组(M179、M180)围沟不完整。这些墓葬均为西头向。发掘简报文末的统计表虽然只有 8 座围沟墓头向资料,但从简报提供的墓葬分布图上可以看到,该墓地除了这几座西头向墓葬外,还有 20 多座东西向墓葬,以及 9 座南北向墓葬。虽然不清楚具体头向,但这些东西向、南北向墓葬中,不排除存在南向、北向或者东向的墓葬。所以,笔者以为,火电厂墓地并非纯粹的秦人墓地,而是以秦人为主,并混杂了一些其他头向族群的人们。

山西省侯马乔村也曾发现多座围沟墓。早在 1959 年,山西侯马乔村就曾发现类似的围沟墓[3]。1959～1996 年,侯马乔村墓地共钻探发现 73 组围沟墓,发掘了其中的 40 组,围沟中共有 65 座墓葬[4]。围沟墓墓主的族属是秦人,学界几

①　三门峡市文物工作队:《三门峡市火电厂秦人墓发掘简报》,《华夏考古》1993 年第 4 期。
②　三门峡市文物工作队:《三门峡市火电厂秦人墓发掘简报》,《华夏考古》1993 年第 4 期。
③　山西省文物管理委员会、山西省考古研究所:《侯马东周殉人墓》,《文物》1960 年第 8、9 期合刊。
④　山西省考古研究所:《侯马乔村墓地(1959～1996)》,科学出版社,2004 年。

无异议。早期学界多认为围沟内发现的人骨属于"殉人"①,后来梁云等学者根据围沟内人骨等遗物年代要晚于围沟墓年代,认为这些凌乱的人骨有可能是被处决的罪犯或俘虏,与墓主人未必有直接关系,即围沟内人骨与墓葬不一定是一次形成的,围沟内人骨未必是殉人②。围沟(壕沟)内遗物晚于主体墓葬年代,这种现象在秦东陵也可以看到。赵化成先生认为,秦东陵二号陵园外围壕沟内所出陶器可晚至秦代,稍晚于小型陪葬墓所出陶器,壕沟内陶器"或为陵园管理者使用后的遗留"③。

综上可知,三门峡市火电厂墓地所见围沟(壕沟)内遗物晚于主体墓葬年代的现象,并非孤例,还见于秦东陵、侯马乔村墓地围沟墓。这些围沟墓的年代均在战国晚期至秦末汉初,应与围沟墓形成及后世的维护有关。

(三) 司法局、刚玉砂厂墓地分析

1. 司法局墓地(彩图十)

司法局墓地位于三门峡市湖滨区向阳村北,甘棠路西边,黄河路西段南侧。1985年冬,为配合基建,三门峡市文物工作队在司法局生活区内清理发掘了54座秦墓。其中竖穴墓22座,洞室墓32座。除1座不清,2座直肢葬外,其余葬式均为单人仰身屈肢葬。半数以上墓葬无随葬品,随葬品多为1~3件日用陶器。该墓地还发现19件铜镞、2件铁刀。

从司法局墓地墓葬的空间分布图可以看到,墓葬分布虽然集中,却无一定规律可言。墓间距较大,排列不整齐。这里看不到前面火电厂、三里桥墓地那样的,相同头向墓葬南北或东西成排、整齐有序的情形。

司法局墓地54座秦墓中,计有西头向墓葬35座、北头向墓葬16座、东头向墓葬2座、南头向墓葬1座。该墓地头向分布最大特点是西头向占绝对多数,其次是北头向,东、南头向极少。

遍及该墓地中部、东部及西北部的西头向墓葬至少可以分成三四组,这里对

①　山西省文物管理委员会、山西省考古研究所:《侯马东周殉人墓》,《文物》1960年第8、9期合刊。

②　梁云:《战国时代的东西差别——考古学的视野》,第128页,文物出版社,2008年。曹洋:《关于侯马乔村围沟墓"殉人"问题的讨论》,《文物世界》2016年第2期。

③　赵化成:《秦东陵刍议》,《考古与文物》2000年第3期,第56~63页。

西头向小墓群不再细分。两座东头向墓葬位于墓地西部，墓间距较大。南头向墓葬只有 1 座。东南头向墓葬不能构成墓群。值得注意的是，该墓地唯一的一座南头向墓葬也采用了平行式洞室墓。

由图中可以看出，绿色的北头向墓葬有 3 座墓葬 M126、M101、M48 单独出现，其余的北头向均三五成群，有聚集倾向。尤其是在墓地西北部，6 座北头向墓葬大致分成两排，南侧的 M20、M21、M23 可视为一组，北侧的 M15、M13、M11 可视为一组。M21、M23 中间的 M22 虽头向不清，大概率应是北头向。南侧 M20 无随葬品、M21 仅有 1 件带钩，M23 随葬有陶釜、陶壶各 1 件。这两组北头向小墓群均由 2 座竖穴墓及 1 座洞室墓组成，且墓主葬式均为仰身屈肢葬。该墓地其余的北头向墓葬至少还可以分出 2 个小墓群，即墓地中部偏南的 M130、M132 一组，墓地西南角的 M41、M42 一组。

从墓间距及头向、葬式、随葬品等方面看，司法局墓地存在几个头向相同的小墓群，而属于同一小墓群的墓主们，其生前很可能有亲属关系。

司法局墓地 32 座洞室墓中，除 2 座为直线式洞室墓外，其余 30 座均为平行式洞室墓。据学界研究成果，墓室开在墓道底部长边一侧的属于平行式洞室墓，其年代要早于墓室开在墓道底部短边一侧的直线式洞室墓。笔者以为，司法局多见的平行式洞室墓不见于三里桥等其他墓地，说明司法局墓地的移民来到该地的年代较早。该墓地发现 19 件铜镞、2 件铁刀，说明该墓地早期移民中包含了士兵。司法局墓地半数上墓葬无随葬品，且随葬品多为 1～3 件日用陶器，这也从侧面说明早期移民的生活并不富裕。

司法局 M48 为竖穴土坑墓，葬具为一椁一棺，方向 360 度。该墓随葬品较少，陶碗及铁带钩各一件，置于墓主头端，骨架下有 8 件铜镞。墓主左臂抱于胸前，右臂下垂，下肢屈曲叠于胸前。这种蜷曲较甚的屈肢葬常见于秦地，有别于三门峡一带传统的直肢葬。经鉴定 M48 人骨为一壮年男性，墓主生前曾从军，或曾是秦军士兵。

2. 刚玉砂厂墓地

刚玉砂厂墓地位于三门峡市黄河路的北侧。1985 年冬，三门峡市文物工作队在刚玉砂厂发掘 22 座墓葬。这些墓葬分布集中，排列较整齐。葬式均为屈肢葬，或仰身或侧身。除了 2 座墓葬（M43、M35）外，其余 20 座墓葬均为西头向。

位于墓地中部偏西北的 M43 方向不清,位于墓地中部的 M35 为南头向(图四)。该墓地只有 1 座竖穴土坑墓,其余 21 座墓葬均为直线式洞室墓。一些陶鼎、釜、罐、壶的肩腹等部位印有"陕亭""陕市"等陶文。多数墓葬随葬三五件陶器。未发现铜器随葬墓,说明该墓地属于平民墓葬区。该墓地使用年代较短,只从秦统一延续到汉初。

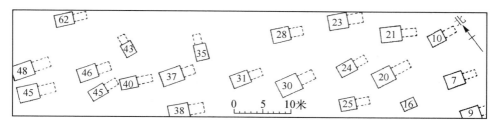

图四 刚玉砂厂秦人墓分布图

(三门峡市文物工作队:《三门峡市司法局、刚玉砂厂秦人墓发掘简报》,《华夏考古》1993 年第 4 期,第22 页图一五)

简报认为司法局墓地的年代在战国晚期,而刚玉砂厂墓葬的年代要稍晚些,在西汉初期。发掘者认为,从墓葬形制、器物组合以及葬俗等方面看,司法局、刚玉砂厂墓葬皆为秦人墓。

(四)上村岭、后川、李家窑、铁路区墓地分析

上村岭、后川、李家窑、铁路区几处墓地均发掘于 1950 年代,属于配合三门峡水库修建工程的随工清理,资料均收录于《陕县东周秦汉墓》。前文曾提及大岛诚二对三门峡一带秦汉墓葬有详细统计分析,尤其是有关这四个墓地的头向及葬式数据分析,笔者以为该结论翔实可靠,故下文相关数据均采用这一分析结论[①]。

1. 上村岭墓地

上村岭墓地共发掘墓葬 81 座,其中竖穴土坑墓共 19 座,洞室墓 60 座,2 座形制不清。年代从战国晚期延续到汉初,随葬品以日用陶器为主,仿铜陶礼器较

---

① [日]大島誠二:《秦の東進と陝県社会》,《アジア史における制度と社会》,刀水書房,1996 年。

少见。有 4 座墓随葬了鼎、壶之类的铜礼器①。据大岛诚二先生统计,该墓地西头向 38 座,占总数的 52.1%;北头向 17 座,占总数的 23.3%;南头向 15 座,占总数的 20.5%。东南及西北头向各 1 座,各占总数的 1.4%。另有 8 座墓葬头向不清。葬式为 15 座直肢葬,66 座屈肢葬②。

2. 后川墓地

后川墓地位于搬迁前的老后川村。墓葬年代从春秋战国延续到秦末汉初③。早期墓葬共 95 座,分布在后川村的北部、西部,年代从春秋中期延续到战国中期。据大岛诚二统计,该墓地北头向 74 座,占总数的 77.9%;东头向 17 座,占总数的 17.9%。南头向 4 座,占总数的 4.2%。葬式为 54 座直肢葬,11 座屈肢葬,30 座葬式不清④。该墓地墓葬大多随葬铜或仿铜陶礼器,极少数墓葬仅有日用陶器。与其他墓地相比后川墓地高等级墓葬较多,以小贵族墓葬为主,兼有少量平民墓。大岛诚二认为,后川墓地应是当地统治阶层的墓地⑤。后川墓地晚期墓葬共 34 座,分布在村子东部、南部,年代在秦统一至西汉初期。据大岛诚二统计,该墓地晚期墓葬西头向 28 座,占总数的 82.4%;东头向 2 座,占总数的 5.9%;南偏东头向 1 座,占总数的 2.9%;南头向 3 座,占总数的 8.8%。该墓地没有北头向。

3. 李家窑墓地

李家窑墓地共发掘 10 座春秋中期到战国早期墓葬,均为竖穴土坑墓。据大岛诚二统计,该墓地北偏东头向 7 座,占总数的 77.8%;北头向及东头向墓葬各 1 座,各占总数的 11.1%。此外有 1 座墓葬方向不清。该墓地没有西头向等其他头向墓葬。葬式为 6 座直肢葬,1 座屈肢葬,1 座葬式不清⑥。

4. 铁路区墓地

铁路区墓地共发掘墓葬 58 座,其中竖穴土坑墓 22 座,洞室墓 36 座,年代从战国晚期延续到秦末。据大岛诚二统计,除 4 座头向不清外,该墓地西头向多达

---

① 中国社会科学院考古研究所:《陕县东周秦汉墓》,科学出版社,1994 年。
② [日]大岛诚二:《秦の东进と陕县社会》,《アジア史における制度と社会》,刀水书房,1996 年。
③ 中国社会科学院考古研究所:《陕县东周秦汉墓》,科学出版社,1994 年。
④ [日]大岛诚二:《秦の东进と陕县社会》,《アジア史における制度と社会》,刀水书房,1996 年。
⑤ [日]大岛诚二:《秦の东进と陕县社会》,《アジア史における制度と社会》,刀水书房,1996 年。
⑥ [日]大岛诚二:《秦の东进と陕县社会》,《アジア史における制度と社会》,刀水书房,1996 年。

33 座,占墓葬总数的 61%,其次是南头向 9 座,占总数的 16.7%、东头向 8 座,占总数的 14.8%,北头向 3 座,占总数的 5.6%,西南头向仅 1 座,占总数的 1.9%[①]。

（五）小结——三门峡一带秦人墓地分析

上文对三门峡一带三里桥、火电厂、司法局及刚玉砂厂、上村岭、李家窑、后川、铁路区等富含秦文化要素的墓地进行了分析。

三里桥墓地墓葬头向涵盖东、南、西、北各个方向,具有多样性。本文分析结果表明,该墓地第一期即秦末汉初时,头向以南、北头向为主。该墓地西头向墓葬在西汉初年大幅增加,并迅速成为主流头向,直至西汉早中期,西头向墓葬依旧在墓地占绝对多数。除西头向——来自秦地的移民外,该墓地二、三期(西汉初年、西汉早中期)还有少量东、南、北头向存在。这说明,该墓地的使用者并非全部是秦地移民或秦人后裔,也包含了来自其他地区的人们。

司法局墓地的特点是,平行式洞室墓较多,刚玉砂厂则是直线式洞室墓较多,学界多以为平行式洞室墓流行时间要早于直线式洞室墓,说明司法局墓地要稍早于刚玉砂厂。简报将司法局墓地年代定在战国晚期。该墓地发现 19 件铜镞、2 件铁刀,可知该墓地早期移民包含了士兵。与周边多数墓地同样,司法局墓地也是以西头向人群为主,同时包含了北、东、南头向的人们。

火电厂墓地发现了 8 座围沟墓,年代均在战国晚期至秦墓汉初。火电厂 CM09102 围沟内五铢钱等遗物晚于墓葬出土器物年代,应与围沟墓形成及后世的维护有关。该现象在秦东陵及侯马乔村墓地围沟墓中同样可以看到。这些围墓沟远较墓坑浅,发掘时易被忽略。火电厂周边其他墓地多属配合基建随工清理,很多墓葬开口不清。如司法局墓地表土早年修路时被铲去二米左右,有的墓葬甚至已被破坏,因而发掘简报统计表中的墓葬深度多为残存部分。即便当时地表有围沟,也早已被破坏。因此,陕县一带的秦人围沟墓虽然目前只在火电厂墓地被发现,但不排除在周边其他墓地也有可能存在过。

使用年代在春秋中期到战国早期的陕县李家窑墓地及后川墓地早期(春秋

---

① ［日］大岛诚二:《秦の东進と陕県社会》,《アジア史における制度と社会》,刀水書房,1996 年。

战国)墓葬头向以北头向为主,兼有少量东头向和极少的南头向,无西头向。但在年代稍晚的战国晚期、秦末汉初,后川墓地头向布局发生巨大变化,此前不见于该地的西头向数量急剧增加。这种现象在上村岭、后川、三里桥、司法局、刚玉砂厂都可以看到。西头向墓葬在后川墓地晚期(秦汉)及刚玉砂厂墓地甚至占到墓葬总数的八九成。这个数字说明,这两个墓地的使用者主要是秦移民,极少有其他人群。而在三门峡一带其他墓地的情况则稍有不同,如上村岭、三里桥、司法局、火电厂、三里桥墓地,使用者以秦人移民为主,兼有一定数量的当地土著及其他外来者。

三、秦人墓地周边的环境与历史背景

(一) 秦人墓地的周边环境

上述墓地均分布在青龙涧河、黄河之间的河岸二级台地上。从图六墓葬分布图看,司法局位于刚玉砂厂的西侧,两者一东一西,直线距离四五百米。西侧司法局墓地的使用年代在战国晚期,东侧的刚玉砂厂墓地的使用年代在西汉初期,两者的使用年代一早一晚。这说明,这一片墓地最初是从西侧开始使用的,西侧地面逐渐被墓葬占满,空间不足后,逐渐向东延伸。司法局南面三百多米处有三里桥墓地,刚玉砂厂墓地的北面是上村岭墓地。因此,上村岭、后川、司法局、刚玉砂及三里桥,这几个陆续发现并发掘的秦汉时期墓地,在当时很有可能是连在一起的,这一带应该就是秦汉时期陕县居民的墓葬区。

现在这片墓葬区北靠黄河,南临青龙涧河,位于黄河之南、青龙涧河之北,两河之间的低矮的丘陵上。从古至今黄河曾多次改道,虽然我们现在还不清楚秦汉时期的黄河河道究竟在哪里,有一点可以肯定的是,当时秦汉时期人们的居住区距离这里应该不是很远,或许就在黄河南岸的台地上。黄河在这里突然向东北流,而后90度转弯,改为东南流向。这片墓葬区,就位于这个90度大转弯处。然而,已无法通过这批墓葬确认秦汉时期的地表,司法局生活区发现的这些墓葬,由于早年修路时已将地表土铲去2米左右,因而多数墓葬距离现代地表都非常近。

（二）陕县沿革及秦人墓地的历史背景

1. 陕县的沿革

据史书记载，西周初年，周封焦国、虢国于陕地，尔后，"自陕以东，周公主之，自陕以西，召公主之"。陕地成为西周初期周公、召公两大政治势力的分界。公元前 775 年，虢灭焦，陕地归虢。公元前 655 年，晋灭虢，陕地属晋。公元前 453年，韩、赵、魏三家分晋，陕地归魏，后一度属韩。秦惠公十年（公元前 390 年）"与晋战武城，县陕"（《史记卷十五·六国年表》）。文中的"晋"即指魏国，秦与魏国在武城（今陕西省华县东）交战，并在陕设置县治。然而，之后的公元前 361 年（秦孝公元年），秦"出兵东围陕城，西斩戎之源王"（《史记·秦本纪》）。这或许说明，自秦惠公十年"县陕"至秦孝公元年的三十年间，陕地曾经易手。公元前 325年（惠文王十三年），"使张仪伐取陕，出其人与魏"（《史记·秦本纪》）。从以上记载可以看出，即便从张仪伐陕算起，陕地归秦统治也比秦统一六国早百余年，这也是该地区秦墓众多的重要原因。

《水经注卷四·河水四槖水》载："（河水）又东过陕县北……又西迳陕县故城南。"这里的"陕县故城"或应是战国时期的陕城。20 世纪 50 年代因修建水库，陕县县城搬迁到今天的新址。《陕县东周秦汉墓》发掘者认为，战国时期的陕城位置在废弃的旧陕县城东城墙之外两三百米处[1]。从墓葬分布图看（图五），司法局、三里桥秦人墓地距离战国时期陕城仅数百米，不足一公里，铁路区、刚玉砂厂等秦人墓地则距离稍远。

2. 历史背景——秦国的移民政策

诸多文献记载表明，遣返新占领区原有居民，再从关中秦地招募移民或赦免罪犯迁往其地，是当时秦的政治举措。《史记·秦本纪》载："（秦惠文王）十三年（前 318 年）四月戊午，魏君为王，韩亦为王。使张仪伐取陕（在今河南三门峡市一带），出其人与魏。"[2]（秦昭襄王）二十一年，"错攻魏河内，魏献安邑，秦出其人，募徙河东赐爵，赦罪人迁之[3]"。"（秦昭襄王）二十六年，赦罪人迁之穰，侯冉

① 　中国社会科学院考古研究所：《陕县东周秦汉墓》科学出版社，1994 年。［日］大岛诚二：《秦の东进と陕县社会》，《アジア史における制度と社会》，刀水书房，1996 年。

② 　司马迁：《史记》卷五，第 206 页，中华书局，1982 年。

③ 　司马迁：《史记》卷五，第 212 页，中华书局，1982 年。

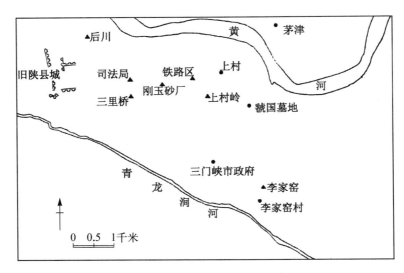

图五 三门峡地区秦汉墓葬分布图

（［日］大岛诚二：《秦の东进と陕县社会》，第 39 页图一，《アジア史における制度と社会》刀水书房，1996 年，有改动）

复相。二十七年，错攻楚，赦罪人迁之南阳。"①《史记·秦本纪》有多处"出其人""赦罪人迁之"的相关记载。《商君书·徕民》篇云："今以草茅之地徕三晋之民，而使之事本。此其损敌也与战胜同实，而秦得之以为粟，此反行两登之计也。"②即商鞅变法之后，秦国曾有过招徕三晋之民的"徕民"政策。

后世学者从文献及考古发现角度对秦移民问题多有研究。葛剑雄等学者认为："移民是具有一定数量、一定距离，在迁入地居住了一定时间的迁移人口。"③所谓移民，顾名思义，应是指以定居为目的，自发或由政府组织的，长距离迁徙移动的人员。《中国移民史》第二卷第三章《秦朝：大移民时代》，分区域对嬴秦移民进行了全面的分析论述。闫明恕认为，秦代出于政治、军事、经济目的而采取的大规模移民政策，客观上对中国历史发展产生了积极影响。"这种影响并不在于秦代移民本身所带来的对移民目的的直接作用，还在于这些措施被后世所采

① 司马迁：《史记》卷五，第 213 页，中华书局，1982 年。
② 徐莹注说：《商君书》，第 194～196 页，河南大学出版社，2012 年。
③ 葛剑雄、吴松弟、曹树基：《中国移民史》，第 10 页，福建人民出版社，1997 年。

纳和效仿,从而间接地发生作用"①。熊永撰文讨论"出其人"与"徙民"这两种截然不同的秦国移民政策,认为朝廷会主动采取措施缓和新旧黔首间的矛盾,"让新黔首能够通过劳、役、迁徙等方式获得爵位。随着国家统一的完成,秦国战时排外政策亦缓慢向徕抚东方转变,以便统合新、故黔首,构筑新的王朝认同意识。"②

　　无论是招徕三晋之民,还是将秦人迁往新占领的六国故地,战国晚期到秦统一六国后所采取的一系列移民措施,起到了增强国力、巩固统一局面、化解社会矛盾等客观作用,因而为后世统治者所仿效,其历史影响尤其深远。

四、结　　语

　　本文从头向、葬式、墓群分布等方面,对三里桥、司法局、刚玉砂厂等墓地进行了墓地分析。分析结果再次印证了发掘简报及学术史的结论,即战国晚期至秦末汉初三门峡一带的墓葬在随葬品、墓葬形制、头向及葬式方面发生了诸多变化。尤其是该地的墓葬头向,上文的数据分析使得各期变化脉络更为清晰。即在战国中晚期以前,该地墓葬(陕县李家窑、后川墓地)头向以北头向为主,兼有少量东头向和极少的南头向,不见西头向。但在年代稍晚的战国晚期、秦末汉初,西头向墓葬数量陡增,而原来的主流头向——北头向迅速减少。这一现象在上村岭、后川、三里桥、司法局、刚玉砂厂等大小墓地都可以看到。文献记载及学界研究成果表明,遣返新占领区原有居民,再从秦地赦免罪犯、招募移民迁往其地,是当时秦的重要政治举措。这些突然出现的西头向墓主无疑应是秦地移民及其后裔。就是说,该地区在战国晚期至秦末汉初有过大规模的人群流动,而人群流动的背景则是秦的统一战争。

　　在印证简报及学术史结论的同时,本文还有如下几个新的收获。

　　其一,三里桥墓地分期及各期墓葬的对应年代或可商榷。据简报分期,第一

---

① 闫明恕:《论秦代移民》,《贵州师大学报》2002 年第 5 期,第 67 页。
② 熊永:《排外抑或招徕:秦国惠昭之世的移民政策转向新探》,《史学月刊》2021 年第 7 期,第 37 页。

期秦末汉初之时该墓地西头向墓葬仅有 1 座,稍后的西汉初年西头向墓葬才大量出现。笔者以为,该墓地西头向墓葬出现较晚的根本原因,在于简报将该墓地除带钩外无其他随葬品的北、南、东头向墓葬全部划归秦末汉初。与此同时,简报划在第二期(西汉初年)、第三期(西汉早中期)的一些西头向墓葬,年代或可提早至秦末汉初。例如,西头向的双洞室墓 M77,简报将其划入第二期,但从该墓所出陶釜及陶瓿形制看,M77 的年代或应早至秦末汉初。此外,简报第三期的西头向洞室墓 M96,从出土 V 式陶坛(简报第 41 页的图一〇之 13)的形制看,其年代或可早至秦末汉初。其他还有一些墓葬年代亦可提前至秦末汉初,不一一举例。

其二,陕县一带南头向墓主的籍贯来源。陕县一带战国晚期之前极少有南头向墓葬,然而在秦末汉初时期,上村岭、三里桥、铁路区三处墓地中南头向墓葬比例较前大幅增加。尤其在三里桥和铁路区墓地,南头向墓葬数量甚至位居第二,仅次于墓地主流头向西头向。学术史及本文已经论证了该地西头向墓主应是来自关中秦地,那么南头向墓主来自哪里呢? 南头向多见于小型楚墓,原是楚国平民惯用头向。笔者以为,这些突然大量出现在陕县的南头向墓葬,其墓主原籍或应在陕县之南的楚地,很可能是随着秦的统一,北上来到了陕县。

其三,战国晚期至秦末汉初的陕县居民,应是以秦移民为主,本地人为辅,还有少数来自其他地区的人们。本文分析结果表明,战国晚期至秦末汉初陕县一带各墓地,墓主籍贯来源并不单一,大致以西头向的秦人为主体,还包括了采用南、东等其他头向的人群。各墓地中秦移民数量并不均衡,既有秦移民占绝对多数的墓地(如刚玉砂厂墓地及后川墓地晚期),也有以秦移民为主,兼有本地人及其他外来移民的墓地(如上村岭、铁路区、司法局及刚玉砂厂、三里桥、火电厂等墓地)。

后　　记

这本小书能够出版,需要感谢的个人和单位有很多。首先,本书能够列入《秦文明新探》丛书,特别需要感谢侯宁彬、李岗、田静、王原茵各位院长以及《秦文明新探》史党社先生、张卫星先生等各位主编、编委的大力支持和推荐。

非常感谢田亚岐、焦南峰二位先生于百忙之中抽出宝贵时间审阅书稿。二位先生对拙著赞誉颇多,看后感到甚是惭愧,我明白这些赞誉是对我的一种鼓励和期许。焦南峰先生在审稿意见中说:"作为一本书稿,其八讲之间的联系似乎有点薄弱,建议在前言、后记或文中予以补充和改善。"焦先生的这个意见非常好,可谓切中要害。拙著由蜻蜓眼式珠、肉红石髓及玛瑙、绿松石、铁农具、陶器、殉牲、墓葬头向分析等八个主题构成,形式有些散漫,内容也有些纷杂。之所以是这样一部纷杂散漫的书稿,还要追溯到十几年前。笔者博士论文答辩时,九州大学的评委老师们提出了一些很好的意见和建议,包括战国晚期至秦末汉初关中及江汉地区之外秦墓的头向、葬式等方面的变化,秦墓出土铁器,以及包括殉牲在内的秦人祭祀形态等等。拙著尝试解决其中几个遗留课题,因而可以算作博士论文的补充。

上海古籍出版社的贾利民先生为本书的出版付出了大量时间和精力,他校对书稿认真负责,还提出了一些非常好的意见建议,在此深表谢意。

笔者是西北大学83级考古专业本科生。九月初入学时恰逢秋雨连绵,通往边家村商场的路上积水没过脚踝。记得有一年的期末考试,我的商周考古专业课不及格,这让一直重视学习的我既震惊又羞愧。再后来发现全班只有少数人过了60分,心里才稍稍平衡。负责教我们班商周考古的刘士莪先生找我们一一谈话,白发苍苍的刘老师痛心疾首的模样至今历历在目。也是苦于考古的枯燥,加上一直喜欢唐诗宋词的缘故,大三时竟萌生了考中文系研究生的想法,甚至还混进中文系83级大教室听了几次课,后来得知中文系也有几个人考研,感觉自己不是对手,权衡再三,只好作罢。我的毕业论文题目是内蒙古匈奴墓葬,指导老师段连勤先生认真负责,提出了许多非常好的思路和建议,我才得以提交论文顺利毕业。1987 年的考研也是一波三折,我一度做好了服从分配回内蒙古的打算,不料后来峰回路转,最终被西大古文字学专业录取了。古文字学专业那一年只录取了我和师兄两个人,指导教师是李学勤先生,李先生的学术成就、博闻强识以及温文儒雅令我和师兄深深折服。那时的西大还是旧模样,砖木结构歇山屋顶的老图书馆犹未遭火灾。短短三十余年,却仿佛沧海桑田,如今几位恩师已驾鹤西去,每每想起先生们的教诲和期许,空留惆怅满怀。

在此谨向我的每一位师长、同窗以及领导和同事们致以最深厚的谢意,感谢你们的教诲、理解和支持帮助,并希望我的这本小书和我的努力没有让你们失望。

2022 年 12 月

陈洪于临潼